CUES 큐

CUES

큐

말에 힘을 더하는
소통의 신호들

바네사 반 에드워즈 지음
홍석윤 옮김

21세기북스

CUES

명사, 복수형.

인간이 서로에게 보내는 강력한
언어적·비언어적·음성적 신호

남편 스콧

그리고 딸 시에나에게.

내가 당신들의 신호를 얼마나 좋아하는지!

아이디어가 아니라
신호가 성패를 결정한다

멋진 아이디어를 다른 사람에게 설명했는데 그들이 전혀 이해하지 못한 적이 있는가? 당신만 그런 경험을 한 게 아니다.

영상 도어벨을 제조하는 스타트업 링Ring의 설립자인 거물 기업가 제이미 시미노프Jamie Siminoff도 그랬다. 그의 회사는 2018년 아마존이 10억 달러 넘는 금액으로 인수하면서 화제가 됐고 오늘날 이 회사의 제품은 전 세계 수백만 개의 현관문에 설치되고 있다. 하지만 제이미는 예전에 사업가들이 사업 아이템을 들고 나와 설명하면 '샤크'라고 불리는 심사위원들이 투자 여부를 결정하는 TV쇼 〈샤크 탱크Shark Tank〉에 나왔다가 잘못된 목소리 톤 하나 때문에 탈락하는 쓰라림을 겪은 바 있다.

제이미가 2013년에 자신의 회사(당시 회사 이름은 도어봇Doorbot이었다)를 홍보하기 위해 이 쇼에 출연했을 당시는 이미 상당한 초기 매출을 기록하며 가능성을 보이던 때였다. 하지만 모든 샤크는 그의 회사에 투자하기를 꺼렸다. 왜 그랬을까?

시미노프가 발표한 정보가 잘못됐거나 부족해서가 아니었다. 그의 발표 방법 때문이었다. 시미노프가 자신의 보디랭귀지, 억양, 목소리 톤 등을 통해 보여준 신호나 단서가 그의 신뢰성을 떨어뜨렸고, 결국 샤크들이 투자를 기피하게 만든 것이다. 시미노프의 아이디어는 잠재력이 엄청나고 훌륭했지만, 신호를 잘못 보내는 바람에 투자받을 기회를 망치고 말았다. 그의 잘못된 신호가 10억 달러짜리 아이디어보다 샤크들의 결정에 더 큰 영향을 미친 것이다.

시미노프의 목소리 톤을 하나하나 살펴보면, 그의 신호가 어디서 잘못됐는지 정확히 알 수 있다.

시미노프의 발표는 〈샤크 탱크〉의 문을 두드리는 데서부터 시작됐다. 그가 문을 두드리자 기술 투자자인 샤크, 마크 큐번Mark Cuban이 물었다. "거기 누구죠?" 닫힌 문 뒤에서 시미노프가 대답했다. "제이미입니다?"

이것이 시미노프의 첫 번째 신호, 그러니까 잘못된 신호였다. 자신의 이름을 대답해야 했는데 오히려 **질문하는 어투**가 돼버렸다. 그러니까 문장 끝의 억양을 올리는 업토크uptalk 톤으로 대답한 것이다. 연구에 따르면, 서술 문장에 질문하는 억양을 사용하면 확신이 없고 불안하다는 신호라고 한다. 서술 문장을 질문하는 억양으로 말하면 듣는 사람의 뇌는 화자話者의 신뢰성에 의문을 품게 된다. 뇌는 "방금 한 말에 당신조차 자신이 없는데 내가 어떻게 믿을 수 있단 말입니까?"라고 말한다.

엎친 데 덮친 격으로, 시미노프에게서 질문 어조가 한 번 더 나왔다. "내 사업에 대해 설명하려고 여기 나왔습니다?" 질문하는 어조를 반복함으로써 그는 자신감이 부족하다는 신호를 더욱 드러낸 셈이다. 아직 사업 설명을 제대로 시작하기도 전이었다! 어떻게 첫인상이 좋을 수 있단 말인가?

마침내 문이 열리더니, 또 다른 샤크인 캐나다의 기업가 로버트 헤이야비치Robert Herjavec가 거짓 미소라는 신호를 보냈다. 진짜 미소는 볼 위쪽까지 다다라 눈꼬리에 잔주름을 뚜렷이 만들어낸다. 하지만 가짜 미소는 얼굴의 아래쪽 절반에만 나타난다. 헤이야비치의 가짜 미소는 시미노프에게 발표하는 태도를 바꾸라는 신호였다. 시미노프가 그 신호를 이해했다면 그는 어떻게든 헤이야비치의 관심을 끌기 위해 노력했을 것이다. 하지만 그는 그렇게 하지 않았고 헤이야비치도 그의 아이디어를 외면하고 말았다.

마침내 시미노프가 공식적인 발표를 시작하자 상황이 다소 호전되는 것처럼 보였다. 그는 시장 규모에서 가격에 이르기까지 샤크들의 모든 질문을 잘 받아넘겼다. 그가 현재 100만 달러 이상의 매출을 올리고 있다고 말하자 마크 큐번은 "대단하군요!"라고 말하기도 했다. 하지만 시미노프가 보내는 신호는 발표 내내 불안하게 흔들리며 그가 입으로 말하는 성공 가능성과는 전혀 다른 메시지를 보내고 있었다.

3분이 지나자 큐번은 입꼬리를 끌어내렸다. 약간 찌푸리는 듯 보였지만 실제로는 **어깨를 으쓱하는 모양을 입으로 표현한 것**으로, 불신이나 의심을 나타내는 신호였다. 어떤 일과 단절된 느낌이 들거나

<샤크 탱크>에서 마크 큐번이 입으로 어깨를 으쓱하는 표정을 짓고 있다

무관심하다고 느낄 때 나타나는 신호였다.

연구자들이 이와 같은 모습을 무관심의 신호로 보는 이유는 입 모양을 그러고 있으면 말을 할 수가 없기 때문이다. 이는 굳이 응답할 필요를 못 느낄 만큼 관심이 없다는 비언어적 표현이며, 따라서 이제 설명을 종료하라는 표시다. 큐번은 시미노프에게 "이제 됐소. 충분히 들었소"라고 표정으로 말하고 있었다.

하지만 시미노프는 큐번의 그런 불신을 해소하기 위해 노력하기는커녕 그런 사실도 모른 채 아무렇지 않게 발표를 이어나갔다. 만약 그가 큐번의 신호를 알아차렸다면 "마크, 당신이 회의적인 건 알겠어요. 몇 가지 데이터를 보여드리겠습니다"라고 간단히 인정하면서 그의 의심을 해소할 수 있었을 것이다. 하지만 시미노프는 그렇게 하지 않았고, 결국 "잘됐네요!"라는 말만 들었을 뿐이다. 시미노프는 기본적인 비언어적 메시지를 놓쳤고, 몇 분 후 큐번은 시미노프의 회사에 대한 관심을 완전히 거둬들였다.

물론 시미노프가 발표를 하며 저지른 실수는 샤크들의 부정적 신호를 눈치채지 못한 것만이 아니었다. 그 스스로도 잘못된 신호를 수십 개나 보내고 있었다. 예를 들어 그는 제품의 가격을 언급하면서 **한쪽 어깨를 으쓱거렸는데**, 이 또한 낮은 자신감의 신호였다. 발표 후 5분 정도 지났을 무렵에는 회사의 스마트 기기(영상 도어벨)가 앞으로 어떻게 발전할지를 강조하면서 **침을 꿀꺽 삼켰다**. 이는 그가 긴장했다는 신호였다. 이 모든 태도가 완전히 이해된다고 해도(TV쇼에 출연해 회의적인 억만장자들 앞에 서서 자신이 수년간 해온 노력의 결과를 발표하는데 누가 떨리지 않을까?) 그가 보낸 잘못된 신호는 입으로 뱉은 명확하고 확신에 찬 말을 완전히 훼손했다. **강력한 아이디어는 홀로 설 수 없다. 거기에 강력한 신호가 동반돼야 한다.**

시미노프가 샤크들에게 '우주에서 우리를 당할 자는 없습니다'라고 설득하려 할 때 또 한 번의 실수가 나왔다. 그는 강력한 어조로 말했지만 **중간중간 말을 멈췄다**. "우리 제품에는 직접적인 경쟁자가 없습니다. 여기서 '직접적'이란 [일시 정지] 우리가 [일시 정지] 스마트폰용 영상 도어벨을 만드는 유일한 회사라는 의미지요." 여기서 알 수 있다시피, 그는 문장 중간의 엉뚱한 곳(멈추지 말아야 할 곳)에서 말을 멈췄다. 이는 거짓말쟁이에게서 주로 보이는 습관이다. 매우 긴장한 사람도 마찬가지다. 하지만 우리 뇌는 그 둘의 차이를 구분할 수 없기 때문에, 방어적 본능에 따라 그 사람이 부정직한 사람일지도 모른다고 우려한다. 이런 부자연스러운 멈춤은 자연스럽게 대답하다가 사전에 연습한 대답으로 넘어갈 때도 발생할 수 있다. 시미노프도 이에 해당할 것이다. 대답 도중에 그 질문에 미리 대비했었다는 걸 깨닫고는 준비한 대본으로 바꾼 것이다. 비록 말의 내용에는 흠잡을 데가 없었지만, 매끄럽지 못한 발표 태도가 그의 신뢰성을 또다시 떨어뜨리고 말았다.

사실 시미노프는 많은 똑똑한 사람이 행하는 전형적인 실수를 저질렀다. 바로 발표 내용에만 집중한 나머지 발표 태도가 보내는 신호가 얼마나 중요한지는 미처 생각하지 못하는 것이다. 그런 신호는 발표 메시지를 강화해줄 수도 있지만 시미노프가 보낸 신호는 오히려 발표 내용을 퇴색시켜버렸다. 결국 샤크들의 투자를 무산시키고 빈손으로 집에 돌아가게 만든 것은 기업가로서가 아니라 의사소통자로서의 시미노프였고, 의사소통자로서 그는 완벽히 실패했다.

● 좋은 아이디어가 누구에게도 가닿지 않는다면

나는 똑똑하고 창의적이며 전략적인 사고를 하는 사람이 저도 모르게 보내는 신호 때문에 발목 잡히는 모습을 거의 매일 지켜본다. 포부가 큰 정치 지도자, 야심만만한 직업인 그리고 시미노프 같은 잠재적 거물 기업가가 올바른 신호를 보내지 못하고 있으며, 동시에 자신에게 전달되는 상대방의 신호를 놓치고 있다.

그들은 좋은 아이디어를 가지고 있으면서도 안타깝게도 이를 설득력 있게 공유할 방법을 모른다. 그들은 상사나 고객에게 자신의 가치를 증명하는 방법을 몰라 마땅히 받아야 할 보상을 제대로 받지 못한다. 그들은 누군가와의 만남이 잘못돼가고 있다는 것을 느끼면서도 왜 그런지 그 이유를 확실히 모른다……. 설상가상으로, 이후 부정적인 피드백을 받고 나면 뒤통수를 맞았다고 생각하고 그 사람과의 관계를 끝내버리기도 한다.

매일 수백 개의 미묘한 신호가 우리에게 전달되고 있다. 인간은 사회적 동물이기 때문에 집단을 이루어 사이좋게 지내도록 진화했다. 그렇기에 우리는 끊임없이 우리의 사회적 지위, 동료로서의 잠재력 그리고 우리의 의도에 관한 정보를 상대방에게 보낸다. 마찬가지로 다른 사람이 우리에게 보내는 사회적 정보에 대해서도 계속해서 주의를 기울인다.

당신에게 전달된 신호의 의미를 제대로 알아채면, 모든 것이 더 명확해진다. 보이지 않는 상대방의 감정을 놓치지 않을 수 있을뿐더러 누가 그리고 어떤 정보가 믿을 만한지 알 수 있다. 또 그래야만 확실하고 단호한 의사소통을 할 수 있다.

다른 사람들에게 올바른 신호를 보내는 법을 배우면, 그들은 당신에게 귀를 기울이기 시작하고, 당신의 매력을 알게 되고, 당신이 하는 말에 더 관심을 두게 된다. 당신 역시 그런 상호작용을 통해 더 자신감을 갖게 된다.

올바른 신호는 흐리멍덩한 대화나 만남, 상호작용을 기억에 남는 것으로 바꿀 수 있다. 하지만 잘못된 신호를 보내면 잠재적인 기회를 놓치고 의심받고, 관심도 제대로 받지 못하게 된다.

연구원들은 오래전부터 신호의 힘에 대해 알고 있었고 사람들도 대부분 보디랭귀지가 중요하다는 사실을 어느 정도 알고 있다. 하지만 신호를 통해 그 사람의 행동, 성격, 성공 여부까지 놀라울 정도로 정확하게 예측할 수 있다는 사실은 잘 모른다. 예를 들자면 신호로 다음과 같은 것을 알 수 있다.

- 단 5초만 겪어봐도 리더의 카리스마를 예측할 수 있다.
- 어떤 사람들이 이혼하는지 알고 싶은가? 단 하나의 신호만으로도 어떤 부부가 조만간 갈라설지를 93%의 정확도로 예측할 수 있다. 그것도 이혼 몇 년 전에 앞서서.
- 어조에 숨겨진 특별한 신호만으로도 어느 의사가 더 자주 고소를 당할지 예측할 수 있다.
- 배심원들이 보여주는 비언어적인 신호 하나가 범죄자의 운명을 완전히 바꿀 수 있다.
- 즉석 데이트를 즐기는 사람들의 조용한 비언어적 신호만 관찰해도 누가 그날 밤 전화번호를 교환할지 예측할 수 있다.
- 선거일 전에 누가 당선될지 알고 싶은가? 연구에 따르면 유권자는 후보들의 유세를 단 1분만 듣고도 누가 더 우세한지를 결정한다. 그리고 연구자들은 그들이 누구에게 투표할지를 예측한다.

이런 신호들이 선거, 결혼, 의료 과실 소송 등과 같은 중요한 일의 결과 예측에 사용될 수 있다면, 그 의미를 익히는 것이 당신의 일상생활에 어떤 도움이 될지 상상해보라. 이 책의 목표는 대면, 전화통화, 영상통화, 심지어 이메일과 채팅 등에서 평소에는 보이지 않던 신호를 눈에 보이게 만드는 것이다. 신호가 어떻게 작동하는지 알면,

당신이 보내는 메시지를 증폭시키고 상대방에게 미치는 영향력을 키울 수 있다. 그러면 당신은 다시는 과소평가되거나, 무시되거나, 오해받지 않을 것이다.

● 신호가 인생을 바꾼다

12년 전, 나는 의사소통 방식을 크게 바꾸었다. 내가 '보이지 않는 언어'를 사용하고 있다는 사실을 깨달았기 때문이다. 그러고 나니 사람들이 내 의견을 왜 그렇게 자주 무시했는지, 직업적으로든 사회적으로든 관계를 구축하는 데 왜 그렇게 어려움을 겪었는지도 알게 됐다. 이는 수많은 상호작용에서 내가 불편함과 지루함, 어색함을 느꼈던 이유이기도 했다.

나는 그렇게 잘못된 신호를 보냈을 뿐 아니라 상대방이 내게 보낸 신호도 제대로 파악하지 못했다. 그러다가 신호를 해석하고 제어하는 법을 배우고 난 후 내 삶과 커리어는 완전히 달라졌다. 이제 나는 그 지식을 당신과 함께 나누고자 한다.

나는 아마존, 마이크로소프트, 펩시코, 인텔, 구글 같은 쟁쟁한 회사에서 수백 차례의 기업 워크숍을 주도하는 특권을 누렸다. 운 좋게도 내 강의를 통해 수백만 명의 수강생이 대인관계 기술을 향상시키도록 도왔고 3,600만 명 이상이 의사소통에 관한 내 유튜브 강의를 시청했다. 그리고 지금 이 책을 통해 당신에게도 그 지식을 전달할 수 있게 되어 매우 기쁘다.

내 수업의 비결은 최신의 연구(유튜브 채널 〈사이언스 오브 피플〉에서 우리 팀이 수행한 최초의 연구를 포함해서), 실제 성공사례 연구 그리고 미국의 사이클 선수 랜스 암스트롱Lance Armstrong(사이클 황제로 불릴 정도로 칭송받는 선수였지만 2012년 미국 반도핑 기구에 의해 금지약물 복용 사실이 밝혀지면서 1998년 8월 이후의 모든 수상 실적과 상금이 박탈된 바 있다-옮긴이), 오프라 윈프리Oprah Winfrey, 리처드 닉슨Richard Nixon, 브리트니 스피어스Britney Spears 등 유명 인사들의 매력적인 사례를 즉시 사용할 수 있는 실용적인 전략과 결합하는 것이다.

나는 이 신호를 비언어, 음성, 언어, 이미지라는 네 가지 범주로 분류했으며, 책도 그렇게 구성했다.

먼저 비언어적인 신호에 대해 배워볼 것이다. 연구원들은 비언어적 신호가 우리가 하는 전체 의사소통의 65~90%에 이른다는 점을 발견했지만, 안타깝게도 우리 대부분은 효과적으로 의사소통하기 위해 보디랭귀지를 사용하는 방법을 잘 알지 못한다. 비언어적 신호는 의사소통에서 가장 큰 부분을 차지하기 때문에 이 책에서도 가장 많은 분량을 할애했다. 당신은 해당 부분에서 말 한마디 하지 않고도 상대방에게 자신감을 보여주는 법을 배울 것이다(물론 당신의 자신감을 높이는 데에도 도움이 될 것이다). 또 짧은 시간 내에 신뢰를 구축하고, 어떤 환경에서든 강력한 존재감을 발휘하는 법도 배울 것이다. 더 똑똑하게 보이는 손동작이나 상대방의 숨겨진 감정을 재빨리 포착하는 방법도 보여줄 것이다.

다음으로 음성적 신호를 다루는 장에서는 말을 한 때 어떻게 하면 상대방에게 강력하게 들리는지를 배울 것이다. 실제로 많은 리더가 다른 사람들에게 강력한 영향을 미치기 위해 음성적 신호를 사용한다. 또한 우리 뇌가 왜 음성적 카리스마에서 리더십을 연상하는지 그리고 전화, 영상통화, 대면접촉 등에서 어떻게 하면 신뢰를 쌓을 수 있는지에 대해서도 깊이 있게 살펴볼 것이다.

언어적 신호 장에서는 이메일과 프로필을 더 효과적으로 적성하고 채팅을 효율적으로 나누는 방법을 보여줄 것이다. 특정 사람들이 왜 이메일에 느리게 응답하는지 궁금했던 적이 있는가? 이 장에서 우리는 어떻게 하면 언어적으로 더 주의를 사로잡을 수 있는지, 어떻게 해야 온라인에서나 오프라인에서나 영향력을 발휘하며 의사소통을 할 수 있는지에 대해 자세히 살펴볼 것이다.

마지막 장에서는 이미지 신호가 왜 생각보다 중요한지에 대해 알아볼 것이다. 당신이 원하든 원하지 않든, 당신의 옷차림, 책상, 당신이 입는 옷의 색상 같은 이미지 신호가 당신에 대해 무엇을 말해주는지 알게 될 것이다.

자, 그럼 함께 신호의 세계에 뛰어들어보자!

· 차례 ·

비언어적 신호:
말 아닌 것이 더 많은 말을 한다

음성·언어·이미지 신호:
관심을 사로잡고 소통의 격을 높여라

CUES

1부

사람들의 눈과 귀를
사로잡는 신호의 비밀

1장

호감과 존경을 얻는 사람은
무엇이 다른가

당신이 아는 가장 카리스마(상대방을 매료시켜 따르게 하는 능력이나 자질-옮긴이) 있는 사람은 누구인가? 이는 내가 청중에게 자주 하는 질문 중 하나다. 사람들은 즉시 저마다의 답을 외친다. "아빠요!" "선생님이요!" "친한 친구요!" 하지만 더 흥미로운 건 그다음 질문을 할 때다. "무엇이 그 사람을 그렇게 카리스마 있게 만들던가요?"

그러면 대개는 조용해진다. 사람들은 갑자기 답을 찾으려고 머리를 쥐어짠다. 그러다가 조심스럽게 말한다. "글쎄요, 그게 어떤 느낌인지 잘 아시면서……." 우리는 누군가에게 카리스마가 있다는 걸 곧바로 알아채면서도, 왜 그 카리스마를 제대로 정의하지는 못하는 것일까?

프린스턴대학교의 한 획기적인 연구에서 연구자들은 카리스마 넘치고 호감을 주며 매력적인 사람에게는 특히 두 가지 특성이 조화를 이루고 있음을 발견했다. 바로 온화한 품성과 냉철한 능력이다. 이를 간단한 방정식으로 표현하면 다음 페이지 표와 같다.

이 공식은 모든 상호작용에 적용될 수 있는 강력한 청사진이다. 이 공식의 사용법을 배우면 의사소통 방식을 완전히 바꿀 수 있다.

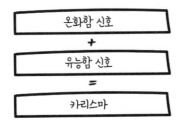

연구에 따르면, 온화함과 유능함의 신호는 우리가 그 사람에게서 받는 인상의 82%를 차지한다. 사람들은 먼저, '당신을 믿어도 될까요?'라는 질문에 답하면서 상대방이 온화한 사람인지 재빠르게 평가한다. 그런 다음 '당신에게 의지할 수 있을까요?'라는 질문에 답하면서 그의 능력을 파악한다.

이 공식은 비단 첫인상에만 적용되지 않는다. 당신과 교류할 때마다 사람들은 당신의 온화함과 유능함을 파악할 단서를 끊임없이 탐색한다. 물론 당신 역시 마찬가지다. 업무 회의 중이든, 데이트 중이든, 상사와 있든, 새로운 친구들과 있든, 이 두 가지 특성을 잘 관리하는 것이야말로 당신의 영향력을 발휘하는 데 매우 중요하다.

카리스마가 강한 사람들은 온화함과 유능함이 완벽한 조화를 이룬다. 그래서인지 그들에게서는 신뢰할 수 있고 의지할 만하다는 신호가 금방 드러나며, 우리는 그런 사람들을 보고 친근하고 똑똑하고 인상적이고 협력적이라고 생각한다. 그들은 그야말로 존경과 찬사를 한 몸에 받는다.

그런데 문제가 있다. 우리를 비롯한 대부분은 이 두 가지 특성을 불균형하게 가지고 있다는 것이다. 그래서 우리는 종종 자신도 모르게 사회적 어려움, 잠재력 상실, 잘못된 의사소통을 겪는다.

성공하기 위해서는 이 두 가지 특성을 균형 있게 갖춰야 한다. 카리스마가 강한 사람들은 온화함과 유능함이라는 두 가지 신호를 모두 사용해 의사소통을 성공적으로 수행한다. 우리는 안전하고 실력 있는 사람과 함께하고 싶어 하며 우리 리더가 매우 유능하고 친근하기를 바란다. 또한 가장 깊은 비밀을 나눌 수 있을 만큼 믿음직스럽고 위급할 때 도움을 청할 수 있는 파트너를 기대한다. 우리는 친절하고 생산적인 사람과 함께 일하고 싶어 한다.

우리는 항상 온화함과 유능함이 완벽한 조화를 이루는(아래의 카리스마 척도 사분면에서 별 표시 부분) 사람들을 찾으려 애쓴다. 이 카리스마 척도는 우리의 의사소통 지도를 만드는 데 도움이 된다.

당신은 이 척도의 어디에 해당한다고 생각하는가? 유능하다기보다 온화한 편(왼쪽 위 사분면)에 해당하는가, 아니면 온화하다기보다는 유능한 편(오른쪽 아래 사분면)이라고 생각하는가? 아니면 두 가지 특성이 완벽하게 균형을 이루는 카리스마 구역에 도달해 있는가? 확실

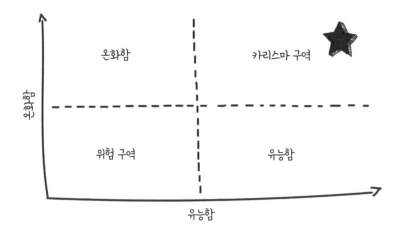

유능한 사람	온화한 사람
인상적이다	신뢰감을 준다
강력하다	협업을 잘한다
총명하다	친절하다
실력 있다	인정이 많다
전문가다	팀 플레이어다
눈에 띈다	마음이 열려 있다

치 않은가? 어쩌면 신호를 충분히 표현하지 않아 위험 구역에 속해 있는지도 모른다.

　다른 사람이 당신을 이 척도의 어디에 있다고 평가할지 생각해보라. 이어지는 설명에서 어느 쪽이 자신과 비슷하게 느껴지는지 점검해보라(scienceofpeople.com/cues/cues-bonuses에서 더 자세한 카리스마 진단을 받아볼 수 있다).

● 호감은 얻어도 인정받기는 어려운 사람

유능함보다 온화함 척도가 더 높은 사람이라면, 당신은 호감을 받고자 하는 욕구가 강한 사람이다. 물론 이는 좋은 일이다. 친근하고 개성적인 사람이 되려고 노력한다는 증거이니 말이다. 하지만 문제가 될 수도 있다. 온화함 척도가 높은 사람은 타인을 기쁘게 해주고 싶다는 생각에 부탁을 거절하거나 경계를 설정하는 데 애를 먹는다.

그래서 호감을 얻고자 하는 욕구가 존중받고자 하는 욕구에 지장을 줄 수 있다. 당신은 다음과 같은 사람일 가능성이 높다.

- 신뢰할 만하지만 항상 강력하지는 않다.
- 인정이 많지만 항상 유능하지는 않다.
- 친근하지만 항상 인상적이지는 않다.

당신이 이와 같은 사람이라면, 동료와 좋은 관계를 유지하지만 자기 생각을 자신 있게 표현하기 어려워하는 타입이다. 심지어 회의 도중에 발언이 끊기기 일쑤고 힘겹게 수행한 일도 제대로 평가받지 못할 수 있다. 사람들은 사교 모임에서나 평상시에는 당신과 즐겁게 대화하지만, 정작 당신의 명함은 요구하지 않을 수도 있다.

다른 사람들이 당신에게 다음과 같은 말을 한다면 당신은 유능함보다는 온화함이 더 높게 평가되는 타입일 가능성이 높다.

- 당신과 함께 있으면 항상 편안함을 느껴요!
- 당신은 정말 좋은 사람이에요.
- 당신은 오래전부터 알던 사람 같아요.
- 당신 얼굴을 보면 신뢰가 가요.

이런 타입의 가장 좋은 예가 바로 애플의 공동 창업자인 스티브 워즈니악Steve Wozniak이다. 그는 쾌활하고 친절한 사람으로 잘 알려져 있지만, 뛰어난 능력으로 이름 높은 그의 파트너 스티브 잡스Steve Jobs

만큼은 자신의 업적에 대해 기업가로서 크게 인정받지 못했다.

● 온화함 없는 유능함은 양날의 검이다

온화함보다 능력 면에서 뛰어나다고 평가된다면, 당신은 유능하고 인상적으로 보이고 싶은 욕구가 강한 사람이다. 사람들이 당신과 당신의 아이디어를 충분히 인정하지만, 관계를 형성하는 데에는 어려움을 겪는 타입일 수 있다. 당신은 다음과 같은 사람일 가능성이 높다.

- 똑똑하지만 다른 사람들과 항상 쉽게 친해지지는 못한다.
- 믿을 수는 있지만 항상 협력적인 타입은 아니다.
- 중요한 인물인 건 분명하지만 항상 친절하지는 않다.

심지어 사람들이 당신에게 위화감을 느낄 수도 있다. 당신더러 대화하기 어렵다거나 차가운 사람이라고 말할지 모른다. 비즈니스 환경에서 이는 양날의 검이 될 수 있다. 당신은 리더로서 진지하게 받아들여지지만, 다른 사람과 팀으로 함께 일하기는 어려울 수도 있다.

의뢰인, 고객, 동료는 당신을 신뢰할 만한 사람이라고 생각하지만, 당신에게 자신의 모든 요구를 말하기는 어려워할 수도 있다. 심리학자 수전 피스크Susan Fiske는 **"온화함 없는 유능함은 의구심을 남기기 쉽다"**고 말한다. 사회적 환경에서 유능함은 당신이 중요한 사람으로 인식된다는 것을 의미하지만, 이는 사람들과 깊은 관계를 구축하고 친구를 사귀는 데 오랜 시간이 걸린다는 의미이기도 하다.

사람들이 당신에게 다음과 같은 말을 한다면 당신은 온화함보다는 유능함이 더 높이 평가되는 타입일 가능성이 높다.

- 당신이 무슨 생각을 하는지 전혀 모르겠어요.
- 당신에게서 약간 위화감이 느껴져요!
- 당신은 이해하기 어려운 사람이에요.
- 당신이 여기 책임자인가 보군요.

페이스북(현 메타)의 창업자 마크 저커버그Mark Zuckerberg, 패션잡지 『보그Vogue』의 편집장 안나 윈투어Anna Wintour, 테슬라의 창업자 일론 머스크Elon Musk 등은 탁월한 능력으로 성공했지만 성품이 엄격하고 이해하기 어려우며 냉정한 인물의 대표적인 예라고 할 수 있다.

유능한 사람이 온화한 사람과 협력하여 이 두 가지 특성을 균형 있게 맞추는 사례를 종종 봤을 것이다. 유명한 듀오 중에는 성품이 온화한 인물과 능력이 뛰어난 인물이 짝을 이룬 경우가 많다.

- 〈스타트랙Star Trek〉에서의 커크 함장(온화함)과 스팍(유능함)
- 버크셔 헤서웨이Berkshire Hathaway의 워런 버핏Warren Buffett(유능함)과 찰리 멍거Charlie Munger(온화함)
- 어린이 프로그램 〈세서미 스트리트Sesame Street〉의 어니(온화함)와 버트(유능함)
- 〈셜록 홈즈〉 시리즈의 셜록 홈즈(유능함)와 왓슨 박사(온화함)

이들 듀오는 서로 협력해서 최고의 상황을 연출한다.

◉ 위험 구역에서 벗어나 온화함과 유능함을 보여라

사분면의 마지막 부분은 위험 구역으로, 당신은 이 구역에 발을 들어
놓지 않기 위해 노력해야 한다. 연구원들은 온화함과 능력 양 측면
모두에서 낮게 평가되는 사람은 무시되고, 해고되고, 불쌍히 여겨지
고, 과소평가될 가능성이 크다는 점을 발견했다.

〈샤크 탱크〉에서 발표하는 동안의 제이미 시미노프도 바로 이 위
험 구역에 처해 있었다. 그의 아이디어 자체는 나쁘지 않았지만, 자
신의 온화함과 유능함 신호를 제대로 보내지 못했다. 그 결과, 샤크
들은 그를 믿지 않았다.

당신이 세상에서 가장 좋은 콘텐츠를 가지고 있다고 한들 올바른
신호가 동반되지 않으면 그 아이디어는 제대로 평가받지 못한다.

유능함과 온화함의 신호를 제대로 보내지 못하면서 시미노프의
메시지도 힘을 잃었다. 그는 샤크들의 모든 구두 질문에 논리적으로
답변했지만 그들의 비판적인 비언어적 피드백 신호를 놓치고 말았
다. 또 회사 실적에 관한 여러 수치 자료를 준비하고 도움이 될 만한
메모도 마련했지만, 그의 위험 구역 신호가 발표의 모든 단계에서 신
뢰성을 떨어뜨리고 말았다.

여기에 핵심이 있다. 아무리 유능하고 온화한 사람이라고 해두
그것을 제대로 보여주지 못한다면, 사람들은 당신을 믿지 않는다.

다행히 좋은 소식이 있다. 위험 구역에 빠졌다 해도, 거기 계속 머물러 있으리라는 법은 없다는 것이다. 시미노프의 아이디어 자체는 대단히 성공적이고 훌륭했으며, 그는 5년 후에 다시 〈샤크 탱크〉에 초청됐다. 이번에는 발표자로서가 아니라 샤크로서 말이다! 그가 투자자로서 〈샤크 탱크〉에 출연했을 때 그는 전혀 다른 사람이 되어 있었다. 그의 신호는 예전의 그 신호가 아니었다. 그는 방으로 성큼성큼 걸어 들어갔고, 다양한 제스처를 취했으며, 여유 있는 미소를 지으며 다른 샤크들과 악수했다. 그의 목소리도 전혀 다르게 들렸다.

시미노프는 한 번의 발표에서 실수를 저질렀지만 실패를 딛고 멋지게 다시 일어섰다. 시미노프만이 아니다. 우리 모두는 자신의 신호를 향상시킬 수 있다.

◉ 사람들을 내 편으로 만드는 카리스마 신호

골든글로브상을 수상한 여배우 골디 혼Goldie Hawn은 미모뿐 아니라 유머, 카메라 앞에서의 재치 등으로도 유명하다. 그런 그녀가 2023년에 전혀 뜻밖의 목표를 세웠다. 바로 학교에 '마음 훈련' 프로그램을 도입하는 것이었다. 그녀는 이 프로그램을 '마인드 업MindUp'이라고 부르기로 하고 아이들이 평소에 교실에서 활용할 수 있는 정신건강 프로그램을 만들기 시작했다. 그런데 한 가지 문제가 있었다. 사람들이 여배우가 하는 것이라고 얕잡아보며 이 프로그램을 진지하게 받아들이지 않진 않을까 하는 걱정이었다.

혼은 온화한 성품으로 이미 정평이 나 있지만 능력 측면에서 꼭 그렇지만은 않다는 것을 스스로 잘 알고 있었다. 그녀는 "지난 수십 년간 그저 웃기고 때로는 어리벙벙한 사람으로 알려진 골디가 이런 프로그램을 만든다는 게 쉬운 일은 아니었습니다"라고 말했다.

사람들에게 신뢰감을 주기 위해 그녀는 신경과학자와 심리학자를 동원해 프로그램을 검증하는 연구를 대대적으로 시작했다. 혼은 사람들이 이 프로그램을 신뢰하고 의지하도록 하려면 자신의 온화함과 유능함이 균형을 이뤄야 한다는 것을 직감적으로 깨달았다. 그리고 그녀의 시도는 적중했다!

혼과 그녀의 팀은 이 프로그램을 14개국 700만 명 이상의 학생을 돕는 프로그램으로 성장시켰고 17만 5,000명이 넘는 교사를 훈련시켰다. 마인드 업 프로그램을 거친 아이들의 86%는 이 프로그램 덕분에 행복감이 높아졌다고 보고했고, 83%는 긍정적인 사회적 행동이 개선된 것으로 나타났다.

그뿐 아니다. 마인드 업 웹사이트에 들어가면, 온화함을 보여주는 신호(미소 짓는 아이들, 활짝 웃는 골디, 멋진 이야기 등)가 유능함을 보여주는 신호(통계 수치, 사회적 증거, 각종 데이터 등)와 잘 어우러져 있는 것을 볼 수 있다. 당신의 브랜드, 웹사이트, 소셜 프로필, 회사 정보도 온화함과 유능함 면에서 바람직하게 조화를 이뤄야 한다.

당신이 어떤 사람이고 무엇을 성취했든 간에, 온화함과 유능함의 균형을 맞추는 것이야말로 성공의 핵심이다. 한 유명한 연구에서 의사의 온화함과 유능함을 환자가 어떻게 평가하는지를 조사한 결과를 『미국의학협회지Journal of the American Medical Association』에 발표했다.

연구원들은 과연 의사를 평가할 때도 이 두 가지 개념에 대한 인식이 중요할지 궁금했다. 의사를 평가할 때는 당연히 능력을 더 중요하게 생각하지 않겠는가? 의과대학에서 몇 년이나 공부했는데?

하지만 그렇지 않았다. 연구원들은 실제로 의료 실수를 저지른 의사보다 온화함에서 나쁜 평가를 받은 의사가 의료 과실로 고소당할 가능성이 더 크다는 사실을 발견했다. 온화함의 신호를 충분히 사용하지 못하는 의사는 그들의 능력도 제대로 평가받지 못하고 고소도 더 자주 당한다는 것이다.

온화함을 제대로 보여주지 못한다면 사람들은 당신의 능력도 믿지 않을 것이다. 그런데도 이 두 가지 가운데 한 가지에만 치중하는 사람이 너무나 많다. 회사에서는 실력은 탁월한데 사람들이 좋아하지 않거나 기피하는 엔지니어를 흔히 볼 수 있다. 그들은 왜 자신의 아이디어가 혁신 아이디어로 선택되지 못하고, 팀 동료와 단절감을 느끼며, 프로젝트에서 항상 힘든 일만 맡게 되는지 의아해한다.

관리자들도 마찬가지다. 사람들에게 좋게 비치는 데만 급급한 나머지 회의에서 자신의 목소리를 높이지 못하거나 마땅히 받아야 할 존경조차 받지 못하는 소심한 관리자를 쉽게 볼 수 있다. 자신에게 해를 끼치는 사람에게 흔들리지 않고 그들의 부당한 요청을 단호하게 거절할 만큼 강력해지기를 원하면서도 말이다.

친절하기만 하면 주위의 인정과 존경을 덜 받기 쉽고, 반면 능력만 있다고 평가받는 사람은 동료 및 팀원과의 사이가 원활하지 않을 수 있다. 새로운 프로젝트를 시작하든, 팀에 아이디어를 제안하든, 회사에서의 당신 평판을 재설정하려 하든, 주위에서 호감과 존경을 모두 받아야 성공할 수 있다. 올바른 카리스마 신호가 필요한 이유가 바로 여기에 있다.

> **원칙**
> 온화함과 유능함의 신호가 균형을 이룰 때에만
> 카리스마를 발휘할 수 있다.

● 카리스마 성향은 사람마다 다르다

강연 중에 청중에게 아는 사람 중에서 가장 카리스마 있는 사람을 대보라고 하면 대개 두 사람의 이름이 등장한다. 바로 토크의 여왕 오프라 윈프리와 영국의 전 총리 마거릿 대처Margaret Thatcher다.

두 사람 모두 존경받는 성공한 여성이며 카리스마 넘치는 인물로 여겨지지만, 그들의 카리스마는 완전히 다르게 느껴진다. 왜 그럴까? 한 연구는 윈프리와 대처의 의사소통 방식을 조사했고, 그 결과 그들이 매우 다른 신호를 사용한다는 점을 발견했다.

대처는 분위기를 완전히 자기 위주로 장악하는 것으로 유명하다. 그녀의 신호를 연구한 연구원들은 이렇게 설명한다. "그녀는 의회 연단에 설 때도 연단이 마치 자기 것인 양 여유롭게 기대서서 팔꿈치를 쭉 뻗어 연단을 밀어낸다. 그러고는 고개를 치켜올린다. 그녀의 목소리는 강하고 크며, 말을 잠시 멈췄다 이어가는 호흡도 조절한다……. 그러면서 몸과 얼굴은 평정을 유지한다."

반면 윈프리는 다양한 표현을 구사하는 것으로 유명하다. 그녀의

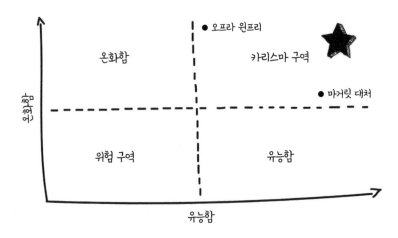

신호를 연구한 연구원들은 "그녀는 몸을 신명 나게 움직인다. 긴 팔을 충분히 활용해 제스처를 취하고, 얼굴에는 모든 감정이 담겨 있다. 그녀는 울고 웃는다……. 그녀는 앉았다 일어났다 하며 사방으로 움직인다"라고 설명한다.

윈프리와 대처는 모두 카리스마 척도 사분면에서 카리스마 구역에 있지만 서로 다른 성향을 보인다. 그리고 그것은 제각각 좋아 보인다! 우리는 모든 사람이 똑같아 보이거나 로봇처럼 신호를 흉내 내는 것은 원하지 않는다.

윈프리는 온화함 쪽으로 치우쳐 있지만, 그 온화함은 충분한 유능함 신호를 기반으로 하기 때문에 진지하게 받아들여진다. 이런 성향은 그녀가 진행하는 쇼의 모든 에피소드에서도 분명하게 드러난다. 그녀는 사람들과 함께 울고 그들의 팔을 만지기도 하지만, 그들의 이야기를 열심히 듣고 도전적인 질문을 던지기도 한다. 그녀는 자유롭게 웃으면서 가슴 뭉클한 이야기와 냉철한 관점을 결합한다.

대처는 유능함 쪽에 치우쳐 있으나 신뢰할 만큼 충분한 온화함의 신호도 함께 보여준다. 대처는 연설할 때 미사여구를 거의 사용하지 않고 명확하고 정확하게 말하지만, 그녀의 말에는 열정이 가득 차 있다. 제스처를 자주 사용하지는 않지만, 고개를 높이 들고 한쪽 옆으로 기울임으로써 온화함과 낙관성의 비언어적인 제스처를 보여주곤 한다. '철의 여인'이 온화함의 신호를 보냈다는 사실이 놀라운가? 당신은 온화하게 보이면서도 여전히 진지함을 잃지 않을 수 있다. 실제로 효과적인 의사소통을 위해서는 두 가지 요소가 모두 필요하다.

그렇다. 카리스마에는 한 가지 공식이 있다. 바로 온화함의 신호에 유능함 신호가 더해져야 한다는 것이다. 하지만 카리스마라고 해서 모두 똑같지는 않다. 우리 각자에게는 자신만의 특별한 균형점이 있다. 어떤 형태로든 카리스마 구역에 머무르는 한, 당신은 신뢰할 수 있고 또한 신뢰할 만하다고 인식될 만큼 온화함과 유능함의 신호를 충분히 보여주고 있는 것이다.

요리사 제이미 올리버Jamie Oliver(온화함이 더 돋보이는 유형)와 고든 램지Gordon Ramsay(유능함이 더 돋보이는 유형)를 비교해보라. 두 사람 모두 강한 카리스마를 보이지만 그 느낌은 서로 다르다.

나의 목표는 당신에게 이 모든 신호에 대해 알려주는 것이다. 그러면 당신은 당신만의 독특한 카리스마 최적점에 이르기 위해 각 요소를 얼마나 갖춰야 할지 선택할 수 있을 것이다. 이것이 우리가 카리스마 구역 안에서 적절하게 의사소통을 하는 방법이다. 물론 당신이 필요하다고 생각히는 신호를 **추가할 수도** 있다.

최적점이 어디냐고? 카리스마가 강한 사람은 카리스마 구역 내에

서 유연하게 움직인다. 온화함이 좀 더 필요한 상황에서는 온화함의 신호를 더 많이 사용하고, 유능함이 더 필요한 상황에서는 유능함의 신호를 더 많이 사용한다. 당신은 카리스마 척도를 마치 다이얼처럼 뜻대로 조절할 수 있다.

● 카리스마 다이얼을 유연하게 조절하라

카리스마 구역에 머물면서, 당신이 처한 상황과 상대방의 성향에 따라 온화함과 유능함의 신호를 조절할 수 있어야만 최고의 카리스마를 발휘할 수 있다. 아마존 창업자인 억만장자 제프 베이조스Jeff Bezos를 예로 들어보자. 베이조스가 창업 초기에 호주의 〈60분 오스트리아 60 Minutes Australia〉라는 프로그램에서 인터뷰를 했을 때, 그는 기자를 사무실 여기저기로 안내하면서 온화함의 신호를 많이 사용했다. 미소를 짓고 크게 웃고, 제스처를 자유롭게 구사했다. 기자는 베이조스에 대해 이렇게 언급했다. "제프 베이조스를 처음 봤을 때 가장 인상 깊었던 것은 그의 웃음이었습니다." 〈60분 오스트리아〉와의 인터뷰에서 베이조스는 온화함을 통해 큰 호감을 얻었지만, 이는 그가 유능함 신호도 균형감 있게 내보인 덕분이었다. 그는 웃음 사이사이에 인상적인 통계 수치와 목표를 공유하고 회사의 성장에 대한 믿음 등을 이야기했다.

세월이 더 흐른 뒤 〈비즈니스 인사이더Business Insider〉와의 인터뷰에서 베이조스는 리더로서 어떤 유산을 남길지에 관한 진지한 질문

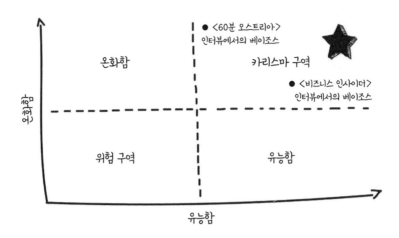

을 받았다. 이때 베이조스는 유능함 신호 쪽으로 다이얼을 돌렸다. 그는 편안한 자세로 앉아 인터뷰 진행자와 의도적으로 눈을 맞추며 목소리도 이전 인터뷰 때보다 낮은 톤으로 조절했다. 물론 카리스마 구역에 여전히 머물면서 온화함의 신호를 보내는 것도 잊지 않았다 (그의 유명한 웃음소리에는 청중을 함께 웃게 만드는 힘이 있었다).

상호작용을 개선하는 가장 좋은 방법은 목표에 따라 명확한 신호를 보내는 것이다. 협상, 발표, 중요한 인터뷰처럼 신뢰성을 강조해야 하거나 진지함을 보여줘야 할 때는 유능함 쪽으로 다이얼을 돌린다. 특히 지적이고, 능력 있고, 효율적인 사람을 높이 평가하는 상대방에게는 유능함 신호를 더 많이 사용한다.

반면 협업이 더 많이 필요하고 신뢰를 쌓아야 한다면 온화함 쪽으로 다이얼을 돌린다. 특히 유대감, 관계, 공감능력을 중요하게 여기는 상대방에게는 온화함의 신호를 더 많이 사용해야 한다.

카리스마가 강한 사람은
카리스마 구역 내에서 유연하게 움직인다.

● 적절한 신호로 성공을 거머쥐어라

우리는 매일, 카리스마 척도의 다른 영역에 속하는 사람들과 상호작용을 한다. 그러다 보면 온갖 종류의 관계 단절과 소통 오류가 발생할 수 있다. 예를 들어 당신은 유능함보다 온화함 측면이 더 높게 평가되는 사람인데 당신의 의뢰인이나 고객(또는 상사나 동료)은 유능함 측면으로 치우쳐 있다면 관계에 문제가 생길 수 있다.

당신은 매우 온화한 사람이기 때문에 관계를 중요하게 생각한다. 그래서 성공적인 상호작용을 하려면 허심탄회한 대화가 필수적이라고 생각한다. 아이디어를 제시할 때는 멋진 스토리, 사례 연구, 본보기를 중요하게 여긴다. 의사결정을 할 때도 직감에 따라 행동할 때가 많다. 또한 당신은 다른 사람의 추천을 크게 신뢰한다.

반면 당신의 고객은 능력에 치우친 사람이기 때문에 정보를 중요하게 생각한다. 그런 사람은 누구를 만나든 곧바로 업무 얘기로 들어간다. 그들은 비생산적인 잡담으로 시간을 낭비하고 싶어 하지 않으며, 충분한 자료, 연구, 사실에 근거한 설명을 선호한다. 당신이 하는 말이 의심스럽다면 그들은 곧바로 구글에 검색해서 당신 말이 맞는지 확인한다. 그들은 사회적 증거social proof(특정 상황에서 깊이 생각하지 않고 다른 사람의 의견을 따르는 심리적 현상-옮긴이)를 별로 신경 쓰지 않으며(그것은 단지 어느 한 사람의 의견일 뿐이라고 생각한다!) 어려운 숫자 데이터를 선호한다. 그들은 관련 없는 이야기로 주제에서 벗어나는 것을 가장 싫어한다. 그들은 "나는 내 나름대로 신중을 기해야 해"라는 말을 입에 달고 산다.

자, 이렇게 서로 완전히 다른 사람이 만나면 어떤 일이 벌어질까? 그는 생산적이고자 노력하는데 당신은 유대감을 형성하려고 노력한다. 그는 정보를 얻으려고 노력하는데 당신은 신뢰를 쌓으려고 노력한다. 당신은 당신의 설명이 영감을 준다고 생각하지만, 그는 그것이 체계적이지 않다고 생각한다. 당신은 판매를 완료하기 위해 그에게 추천서를 보여주지만, 그는 더 많은 증거와 데이터를 원한다. 당신은 온화함을 기르기 위해 노력하지만, 그는 능력을 키우길 원한다.

이러한 접근법이나 선호도에 대해 무엇이 옳고 그르다고 판단할 수는 없다. 단지 서로 다를 뿐이다. 사람들은 그들만의 독특한 카리스마 성향을 지니고 있고, 그것은 그들 각자에게 어울린다. 온화한 사람과 유능한 사람 모두 각기 다른 재능을 가지고 있고, 둘 다 우리 팀에 필요하다. 이 책은 당신이 이러한 차이점을 어떻게 발견할 수 있는지, 당신에게는 어느 쪽이 더 효과적인지 가르쳐줄 것이다.

당신이 겪는 많은 불편함은 바로 이런 카리스마가 서로 일치하지 않는 데서 비롯된다.

- 왜 상사와 잘 맞지 않는 걸까?
- 왜 발표나 아이디어가 인정받지 못하는 걸까?
- 왜 승진에서 탈락하거나 잠재적 친구에게 거부당하는 걸까?

• 왜 가끔 어색함이나 거부감이 느껴질까?

그 사람과 더 많은 신뢰, 협업, 개방성을 만들고 나눌 필요가 있다고 생각하는가? 그렇다면 온화함 신호 쪽으로 다이얼을 돌려보라.

능력을 더 중시하는 사람과 교류하고 있는가? 그렇다면 존중의 표시로 유능함 신호 쪽으로 당신의 다이얼을 돌려보라.

이런 신호들을 적절히 구사하면 직접 사람을 만나 대화하거나, 소셜 미디어의 프로필을 작성하거나, 음성 메일을 보내거나, 슬라이드를 사용해 강의하거나, 설명회를 열거나, 회사 업무를 수행하는 데 있어 성공을 거둘 수 있을 것이다.

이 장의 과제

이 책을 최대한 활용할 수 있도록 공식 카리스마 진단 프로그램을 만들었다. 이 프로그램을 사용하면, 당신이 카리스마 척도 사분면의 어디에 있는지를 정확하게 알 수 있을 것이다. 다음 사이트에서 공식적인 질문과 결과를 확인해보라.

scienceofpeople.com/cues/cues-bonuses

해당 주소에서 이 책에 사용된 디지털 자료와 동영상도 찾아볼 수 있다.

2장

신호를 감추지 말고
내 편으로 만들어라

1498년, 레오나르도 다빈치Leonardo da Vinci는 마침내 〈최후의 만찬〉을 완성했다. 아름답고 역사적인 예술 작품이지만, 좀 더 깊이 들여다보면 또 다른 차원을 발견할 수 있다. 바로 다빈치가 이 그림에 비언어적인 신호를 눈에 띄지 않게 숨겨놓았다는 것이다.

이 그림에 다빈치는 어떤 신호를 숨겨놓았을까? 먼저 예수의 손을 살펴보라. 그는 팔을 크게 벌리고 보는 사람을 향해 한쪽 손바닥을 펼쳐 보이는 모습으로 그려져 있다. 이는 개방성의 보편적 신호다. 누군가가 **손바닥을 펼쳐 보이는 자세**를 취한다면 이는 그들이 숨길 것이 전혀 없다는 것을 우리 뇌에 알려주는 것과 같다. 예수의 또 다른 손바닥은 아래로 향해 있는데, 이는 매우 이례적이다. 예수는 대개 보는 사람을 향해 두 손바닥을 펼쳐 보이는 모습으로 묘사돼왔기 때문이다. 이 그림에서는 왜 이런 차이가 나타났을까?

손바닥을 위로 향하는 것은 개방성과 신뢰의 신호다. 이는 더 협력적이고 개방적으로 보이고자 할 때 사람들이 가장 잘 사용하는 강렬한 온화함의 신호다. 나도 프레젠테이션을 마치고 질의응답 시간

이 되면 손바닥을 위로 향한 채 질문을 유도한다.

반면 **손바닥을 아래로 향하는 것**은 권위와 지배적 태도를 보이는 것으로, 강력한 능력의 신호다. 손바닥을 아래로 향하는 자세는 질문이나 피드백을 요구하지 않고 지시, 명령, 지침을 내릴 때 가장 많이 쓰인다. 주로 권력을 가진 사람이 자주 사용한다.

이 그림에서 예수는 두 가지 신호를 모두 사용하고 있다. 이 신호를 함께 사용함으로써 온화함과 유능함의 완벽한 조화를 보여주는 것이다(한 손바닥은 위로, 다른 한 손바닥은 아래로 향하는 모습이 사후 세계의 심판을 나타낸다고 믿는 종교학자도 있다. 종교적 관점에서는 이처럼 추가적인 신호로 해석될 수 있다).

이 그림에서 예수는 또 다른 신호도 사용한다. 그의 자세는 다른 열두 사도의 자세와는 크게 다르다. 다른 사람들은 비좁게 앉아 있지만 예수는 가장 넓게 자리를 차지하고 개방적인 자세를 취하고 있다. 이는 그가 테이블에 있는 다른 사람들보다 중요한 인물임을 적절하게 보여준다. 동시에 이는 유능함의 신호이기도 하다. 더 많은 공간을 차지할수록 그 사람은 더 자신감 넘쳐 보인다. 다빈치는 이 **넓은 자세 신호**expansion cue를 사용해 예수가 중요한 인물임을 강조했다.

다빈치는 넓은 자세라는 유능함 신호에 최고의 온화함 신호인 **머리 기울이기**head tilt 자세를 함께 구사하며 균형을 맞췄다. 머리 기울이기는 보편적으로 관심 표시의 신호다. 우리는 누군가의 말을 더 잘 들으려고 할 때 한쪽 귀가 상대방 쪽으로 향하도록 머리를 기울인다.

그림에서 몇몇 사도는 넓은 자세를 취하고 있지만 고개는 기울이지 않았거나, 고개는 기울였지만 넓은 자세는 취하지 않았음을 볼 수 있다. 두 자세를 균형 있게 취하고 있는 사람은 예수뿐이다. 무의식적으로 그랬는지 의도적으로 그랬는지는 알 수 없지만, 다빈치는 예수가 매우 능력 있고(강력하고) 매우 온화한(신뢰할 수 있는) 사람으로 보이도록 신호의 균형을 완벽하게 사용했다.

넓은 자세 신호의 반대는 **움츠린 자세 신호**contraction cue다. 몸을 움츠리고 가능한 한 작은 공간을 차지하는 사람은 낮은 자신감을 보여준다. 그렇다면 가장 움츠린 자세를 취한 자는 누구일까? 두말할 것 없이 예수를 배신하는 유다이다.

게다가 유다는 **차단 신호**blocking cue를 보여주고 있다. 그의 팔은 몸통 앞에 놓여 있다. 이런 차단 자세는 나와 다른 사람 사이에 뭔가를 끼워 넣어 자기 몸을 보호하려는 자세다. 팔짱을 끼거나 노트북, 클립보드 또는 소파 쿠션을 앞에 들고 있는 등의 간단한 자세다. 예수는 보는 사람의 시야를 전혀 가리지 않고 완전히 열려 있는 반면, 유다는 움츠리는 차단 자세를 취하는 유일한 사람으로 묘사돼 있다. 다른 사람들은 결백하게 손을 들고 있거나 뭔가를 가리키거나 어떤 제스처를 취하고 있지만, 유다만이 손으로 몸을 막고 있다. 이는 유다의 죄를 알리려는 다빈치의 영리한 방법이라고 할 수 있다. 범죄를 저지른 사람은 자기 몸을 차단하는 비언어적인 방법으로 자신을 보호해야 할 필요성을 더 크게 느끼기 때문이다.

유다는 또한 뒤를 쳐다보는 모습으로 묘사되어 있다. 그 이유를 알겠는가? 이는 흥미로운 **거리 두기 신호**distancing cue다. 우리는 어떤 것이나 누군가에게서 벗어나려고 할 때, 무의식적으로 물리적 거리를 둬야 한다고 생각하고 뒤로 물러난다. 거짓말쟁이도 죄책감을 느끼면, 머리를 뒤로 젖히거나 몸을 뒤로 움직이거나 시선을 돌린다. '뒤를 조심하라'라는 말에는 바로 이런 비언어적인 진실이 담겨 있다. 이는 유다의 배신과 수치심을 알리는 또 하나의 신호다.

이 외에도 유다는 또 다른 결정적 신호를 보인다. 그는 오른쪽 주먹을 꼭 쥐고 있다. 이는 손바닥뿐 아니라 뭔가 다른 것을 숨기고 있다는 신호이기도 하다. 주먹은 독특한 비언어적 신호다. 때로는 확고한 의지의 신호로 작용하지만, 때로는 은폐와 분노의 신호로 사용된다. 연구원들은 우리 손이 펀치를 날리기 위해 주먹을 쥘 수 있도록 진화했다는 사실을 발견했다. 우리는 누군가를 때리기 직전에 주먹을 쥔다. 유다가 주먹을 쥐고 있는 것은, 그가 예수에게 분노하고 있고 예수를 공격할 것이라는 또 다른 교묘한 암시라고 할 수 있다.

이런 신호들은 이 그림에 담긴 전체적인 의미를 보여준다. 다빈치는 신호들을 능숙하게 사용함으로써 하나의 그림으로 풍부한 이야기를 전달하고 있다. 신호를 읽으면 그림에 숨겨진 의미가 보이고 더 많은 것이 이해되며, 모든 것이 더 명확해진다.

다행히 우리 뇌는 이런 신호에 숨겨진 의미를 찾을 수 있도록 서로 연결돼 있다. 뇌는 항상 우리 실생활에서 일어나는 상호작용을 스캔해 실시간으로 추가적인 사회적 정보를 제공해준다. 이로써 당신도 다빈치의 〈최후의 만찬〉에서 이런 신호의 일부를 찾을 수 있게 됐다. 이제 그 힘을 연마할 차례다.

● 당신 안에 감춰진 초능력

당신이 구직 면접을 보고 있다고 가정해보자. 서류상으로 그 회사는 당신과 딱 맞고 면접관도 당신의 답변에 만족하는 것 같다. 그런데 면접 도중에 합격하지 못할 것 같다는 느낌이 계속 든다. 왜 그럴까?

발표를 하는데 사람들이 별로 관심이 없는 것처럼 보인다. 어디서부터 잘못됐을까? 면접관이 말로는 '좋아요'라고 했지만 사실은 '좋지 않다'는 것을 직감적으로 확실하게 알 수 있다.

당신도 이런 느낌을 받은 적이 분명히 있을 것이다. 이 느낌은 대개 '직관'이나 '본능적 감각'의 형태로 온다. 하지만 실제로는 당신의 뇌가 카리스마 척도의 위험 구역에서 발생한 신호를 봤을 것이다. 바로 이런 능력, 이 본능적 감각은 우리 안에 감춰진 초능력이다. **신호를 해독하는 방법을 배우면 당신의 직관에 이름을 붙일 수 있다.**

당신이 알든 모르든, 당신의 머릿속에는 신호를 읽을 수 있는 정교한 판독기가 있다. 우리 뇌에는 사회적 신호를 처리하고 관리하기 위한 전용 신경 도구가 있다. 뇌의 어느 한 부분이 0.03초 만에 상대방의 얼굴에 비친 감정을 읽고 식별하는 것이다!

이러한 미묘한 신호를 우리 뇌가 매우 능숙하게 포착함에도, 이 초능력은 개발되지 않은 채 방치되는 경우가 너무나 많다. 위험을 감지하는 뇌의 특정 부분이 사회적 신호를 재빨리 포착하지만 이를 이해하고 해석하는 데에는 어려움을 겪기 때문이다.

문화적으로 우리는 의사소통의 수단으로 주로 언어를 강조하고, 아이들에게도 언어로 자신을 표현하라고 가르친다. 하지만 이런 방식이 우리의 신호 해독 기술을 위축시켰다. 신호는 여전히 가장 강력한 의사소통 메커니즘 중 하나이다. 이 장에서는 신호가 어떻게 그리고 왜 작동하는지에 대한 기본적인 규칙을 살펴볼 것이다.

● 신호에는 전염성이 있다

카라모 브라운Karamo Brown은 "그녀와 함께 있는 것만으로 불안해집니다"라고 시인했다. 브라운은 넷플릭스의 인기 쇼 프로그램인 〈퀴어 아이Queer Eye〉의 진행자 다섯 명 가운데 한 명인데, 그는 '늘 불안해하는 활동가' 애비 리디Abby Leedy 때문에 애를 먹는다. 불과 몇 시간만 함께 있어도 그녀의 불안감에 자신도 휘말려든다는 것이다.

이 쇼에서, 진행자들(멋쟁이 5인방Fab Five이라는 별명으로 불림)은 출연자의 외양을 새롭게 꾸며주고 자신감을 심어주면서 그가 '영웅'으로 변화해가도록 돕는다. 이번 출연자 리디는 항상 위험 구역에 빠져 있는 모습이었다. 그녀는 두 손을 움켜쥐거나, 어깨를 웅크리거나, 불안하게 걷거나, 손톱을 물어뜯는 등 연신 불안한 신호를 보낸다.

동료 진행자인 안토니 포로스키Antoni Porowski가 그녀에게 "당신은 왜 부엌에서조차도 불안해 보이죠? 혹시 불안인격장애가 있나요?" 라고 물었을 정도다. 리디는 여전히 움츠린 자세로 대답한다. "아, 네……. 그런 것 같아요……. 항상 불안해 보인다는 말을 듣거든요. 음, 그건 아마 내가…… 내가 항상 몹시 불안하니까요."

우리는 그녀의 불안감이 진행자 5인방에게까지 서서히 퍼지는 모습을 지켜본다. 하지만 TV쇼가 끝날 때쯤, 다행히 리디는 진정한 자신감의 원천을 발견하고 자신을 위해 더 노력하겠다고 약속한다.

이 쇼에서 진행자들에게까지 리디의 불안감이 퍼지는 것을 **감정의 전염**emotional contagion이라고 부른다.

다른 사람의 기쁜 소식에 당신도 덩달아 흥분한 적이 있는가? 혹은 힘든 시간을 겪고 있는 누군가와 함께하고서는 당신도 슬픔을 느낀 적이 있는가? 뇌가 다른 사람의 감정을 접하고 그것을 알아채면, 그 감정은 당신의 뇌도 같은 방식으로 느끼도록 자극한다. 당신이 보내는 신호는 당신의 감정뿐 아니라 다른 사람의 감정에도 영향을 준다. 그래서 우리는 종종 다른 사람의 나쁜 기분에 휘말린다.

한 실험에서 연구원들이 학생들을 몇 개의 '급여지급 위원회' 그룹으로 나눴다. 각 그룹은 회사의 자금을 가상의 직원들에게 할당하는 임무를 받았다. 그러나 여기에는 함정이 있었다. 각 그룹에 배우를 지정해, '즐거운 열정', '평온한 온화함', '적대적 짜증', '침울한 부진' 등 각기 다른 네 가지 분위기를 보여준 것이다.

결과적으로 각 배우가 만들어낸 분위기가 각 그룹에 투영됐고,

이는 위원회의 결정을 완전히 바꿔놓았다. 지정된 배우가 즐거운 열정과 평온한 온화함의 분위기를 보여준 그룹은 서로 간에 더 사이가 좋았고 갈등도 적었으며 더 많이 협력했다. 또한 과제를 더 잘 수행했을뿐더러 가상의 직원들에게 더 공평하게 임금 인상분을 나눠줬다. **한 사람의 기분이 다른 사람의 기분과 그룹 전체의 협력 분위기와 결정에 영향을 미친 것이다.**

여기서 중요한 것은, 그 누구도 자신들이 회의에서 왜 그런 결정을 했는지 그 이유를 정확히 설명할 수 없었다는 것이다. 우리는 긍정적이든 부정적이든 다른 사람에게 전염될 수 있는 우리 힘을 완전히 알지 못한다.

또 다른 연구는 우리가 다른 사람의 얼굴을 보자마자 안면 근육이 활성화되고 미묘하게 다른 사람의 표정을 모방한다는 사실을 발견했다. 다른 사람의 감정이 우리에게 그대로 전달되는 것이다. 연구에 따르면 사람들은 서로 5분만 가까이 있어도 상대방의 기분을 감지한다. 심지어 서로 다른 프로젝트에서 일할 때도 그렇다.

피곤함, 두려움, 행복 등을 표현하는 얼굴 근육이 조금만 움직여**도 우리의 자율신경계가 활성화돼 같은 감정을 느끼게 된다.** 결국 다른 사람의 비언어적인 신호가 우리의 호르몬 수치, 심혈관 기능, 심지어 면역 기능에까지 영향을 주는 셈이다.

다행히 신호를 배우면 다른 사람으로부터 부정적인 감정이 전염되는 것을 예방할 수 있다. 어떻게 그럴 수 있느냐고? 바로 **신호에 이름을 붙이면**labeling **된다.** UCLA의 신경과학자 매튜 리비먼Matthew Lieberman은 부정적인 신호에 이름을 붙이는 순간, 그 이름이 우리 뇌의 편도체amygdala(동기와 기억, 주의 및 학습, 감정과 관련된 정보를 처리하는 부분-옮긴이)를 비활성화시킨다는 사실을 발견했다. 한 실험에서 연구원들은 참가자들의 자기공명영상fMRI을 찍으면서 화난 얼굴의 사진을 보여줬다. 그러자 그 사진을 보는 것만으로도 참가자들의 뇌의 공포 중추가 활성화되는 것으로 나타났다. 우리는 화난 사람을 보고 싶어 하지 않고 그런 사람을 보면 자기도 모르게 긴장하기 때문이다(당연히 우리는 그에게 휘말리고 싶어 하지 않는다!). 하지만 중요한 것은, 참가자들에게 그들이 본 감정에 이름을 붙이라고 요청하자마자 편도체가 비활성화되면서 두려움이 가라앉았다는 사실이다.

부정적인 신호에 이름을 붙이면 그 영향력이 현저히 떨어진다. 이처럼 신호를 배우면 당신에게 전달되는 부정적 신호를 발견하고 이를 멈출 수 있으며, 당신이 다른 사람에게 보내는 신호도 더 잘 통제할 수 있게 된다.

당신의 신호는 다른 사람에게 좋은 영향을 주고 긍정적으로 옮아갈 수 있다. 대부분의 리더는 다른 사람에게 생산적인 감정을 전파하는 법을 배운다. 당신이 온화함을 보여주면 다른 사람도 당신에게 더 온화해진다. 당신이 유능하고 자신감 넘치는 침착함을 보여주면 그들도 당신을 따라 할 가능성이 높다. 당신의 카리스마 신호가 다른 사람의 부정적인 신호를 뒤집을 수도 있다. 우리는 다른 사람들에게 불어넣고자 하는 신호를 설계하기만 하면 된다.

● 신호의 사이클을 정복하라

사람들은 의사소통을 할 때, 먼저 상대방의 신호를 어떻게 **디코딩** decoding할지에 대해 생각한다. **디코딩이란 다른 사람이 보내는 사회적 신호를 읽고 해석하는 방법을 말한다.** 우리는 사회적 신호를 통해 상대방에 대한 모든 것, 즉 그들의 의도, 신뢰성, 능력, 심지어 성격까지 해석할 수 있다. 하지만 우리는 너무나 자주 신호를 놓치고 사람들이 왜 그렇게 행동하는지 궁금해한다. 상대방의 감정을 정확하게 읽고, 행동을 예측하고, 그들의 문제를 해결하는 데 신호 해석은 필수적이다. 신호 해석에 더 능숙해지면 사람들이 느끼고 있다고 말하는 감정과 실제로 느끼는 감정의 차이를 알아낼 수 있다.

하지만 디코딩은 방정식의 일부에 불과하다. 이 방정식에는 우리가 다른 사람들에게 보내는 신호도 들어가 있으니 말이다. 이를 **인코딩** encoding이라고 한다. **인코딩은 우리가 사회적 신호를 보내는 방법을 말한다.** 우리는 의도적으로 신호를 보내기도 한다. 예를 들어 자신감을 보이기 위해 멋진 자세로 서 있거나 친근함을 드러내기 위해 미소 짓는다. 하지만 우리가 보내는 대부분의 신호는 의도적이라기보다는 우연적일 때가 많기 때문에 내보내는 모든 신호를 통제하기는 어렵다(예를 들어 눈 깜빡임을 조절하기는 거의 불가능하다). 그러나 중요한 신호는 조절할 수 있다.

의도적인 인코딩을 통해 다른 사람이 당신을 인식하는 방식을 제어할 수 있다. 또 자신감을 높여서 강한 첫인상을 만들고 기억에 남는 존재감을 연출할 수 있다. 또한 강한 능력의 소유자라는 인상을

디코딩
다른 사람이 보내는 신호를 읽고 해석

신호 사이클

인코딩
우연히 또는 의도적으로
다른 사람에게 신호를 보냄

내면화
신호가 우리 행동과 기분에
영향을 미침

주고 싶은데 온화함의 신호를 과하게 보낸다거나, 친밀함을 표시하고 싶은데 유대감을 차단하는 유능함 신호를 보낸다거나 하는, 당신의 관계 목표에 어긋나는 신호를 보내는 것을 피할 수 있다.

제이미 시미노프는 운명적인 〈샤크 탱크〉 발표에서, 디코딩과 인코딩 모두에서 실패했다. 그의 제품은 훌륭했지만 샤크들의 관심을 끌어내고 자신을 신뢰하도록 하는 올바른 신호를 인코딩하지 못했다. 게다가 발표의 성공을 좌우하는 샤크들의 신호를 디코딩하는 데도 실패했다. 샤크들의 신호를 조금만 해석할 수 있었어도 시미노프는 그들이 초기에 가진 의심을 뒤집을 수 있었을 것이다.

그리고 내면화internalizing란, 신호가 당신의 내적 감정 상태, 즉 당신의 생산성, 성공, 분위기 등에 영향을 미치는 방식을 말한다. 우리가 세상에서 받는 신호를 어떻게 디코딩하느냐에 따라 세상에 대한 우리 감정은 변화한다. 우리가 받는 모든 신호는 우리 안에서 내면화되어 우리가 다시 인코딩하는 신호에 영향을 미친다.

동료들과 회의를 하면서 몇 가지 부정적인 신호를 받았다고 해보

자. 예를 들어 그들이 인사를 대충 얼버무린다. 당신이 말하는데 딴 청을 부리고, 추가 설명을 할 때도 거친 한숨을 내쉰다. 그런 신호가 무슨 의미인지 생각하기 시작하면, 당신 몸 안에서는 그 신호를 이해하는 데 도움이 되는 어떤 일이 일어난다. 연구원들은 사회적 거부 신호를 디코딩하면 우리 시야가 더 넓어져 사회적으로 더 위험한 신호가 다가올 때를 대비하게 해준다는 사실을 발견했다.

다시 말해, 특정 신호를 발견하면 그것이 우리 몸 안에 내면화되고, 우리 몸은 다음에 오리라고 예상되는 상황에 대응하도록 변화한다는 것이다. 즉, 우리에게 들어오는 신호를 디코딩하고 그 의미를 내면화한 다음, 그 반응을 인코딩하는 것이다.

그런데도 우리는 신호가 원활한 상호작용, 명확한 의사소통, 스트레스 감소, 동기 부여, 직장에서의 포용력 등 성공의 많은 측면에 영향을 미친다는 것을 깨닫지 못하고 있다. MIT의 한 연구원은 상사와 동료들로부터 긍정적인 신호를 받은 직원이 소속감을 더 느끼고, 더 많은 일에 참여하고, 더 높은 충성심을 갖고, 결과적으로 더 나은 성과를 낸다는 점을 관찰했다. 반면 부정적인 신호를 받은 직원은 더 배제되고 소외되며 과소평가된다고 느끼기 때문에, 결과적으로 생산성이 떨어지고 덜 협력적이며 사기도 저하된다고 한다.

> **원칙**
>
> 신호는 당신과 다른 사람들 사이에
> 긍정적 연결 고리와 부정적 연결 고리를 모두 유발한다.

● 신호에는 '음 소거' 버튼이 없다

포커를 쳐본 적이 있는가? 나는 포커에서 가장 어려운 게 허세 부리기bluffing라고 생각한다. 좋은 패를 들고 있든 나쁜 패를 들고 있든, 신호음을 소거하기는 정말 어렵다. MIT는 한 흥미로운 연구에서 포커 게임 참가차가 완전 정지 상태로 아무 말도 하지 않음으로써 신호음을 '소거'하려고 애쓴다는 것을 발견했다. 모든 제스처를 숨겨서 어떤 신호도 발신되지 않기를 바라는 것이다. 하지만 신호음을 '소거'하는 것 자체가 바로 신호다. 아무 말도 하지 않고 아무 표정을 짓지 않는 것 자체가 허세임을 드러내기 때문이다.

나는 많은 직업인도 자신의 감정을 감추기 위해 '음 소거'를 시도하고, 무표정한 얼굴로 무미건조한 목소리를 내면서 상대방이 자신의 의도를 읽지 못하게 하려고 한다는 사실을 발견했다. 하지만 거기에는 문제가 있다. 우리는 결코 우리의 신호를 '소거'할 수 없다. 신호음을 소거하려는 시도는 오히려 당신을 위험 구역으로 몰아간다.

신호음 소거는 당신이 무미건조한 사람임을 드러낼 뿐이다. 무미건조한 사람은 지루하고, 잘 잊히고, 차가운 사람으로 여겨진다. 신호를 숨기는 것은 우리의 목적이 아니다. 우리의 임무는 우리 신호를 직업상 혹은 관계상의 목적에 적절하게 조정하는 것이다.

당신이 다른 사람들에게 어떤 인상을 주는지 알고 싶은가? 당신이 인코딩하는 신호를 정확하게 평가하는 유일한 방법은 비디오를 찍어 자신이 말하는 모습과 제스처를 직접 확인하는 것이다(물론 이것이 고통스러운 일이라는 것을 잘 안다!).

회의나 화상통화를 하면서 자신의 모습을 되도록 자연스럽게 녹화해보라. 이때 당신의 신호에 대해 지나치게 의식하지 마라. 그래야 당신의 출발점이 어디인지 정확하게 알 수 있다.

또는 예전 영상통화 기록이나 연설하거나 건배사를 외치는 당신의 모습이 담긴 소셜 미디어 게시물을 찾아보라. 당신의 신호에 대해 많이 연구하면 할수록 더 좋은 결과를 얻을 수 있다.

다음 장에서 여러 가지 신호에 대해 배우며, 동영상에서 당신이 어떤 신호를 자연스럽게 사용하는지 다시 확인해보라.

CUES

2부

비언어적 신호:
말 아닌 것이 더 많은 말을 한다

3장

카리스마 신호로
최적의 영향력을 발휘하라

코피 에셀Kofi Essel은 아칸소주 리틀록에서 자라면서 의사도 되고 NBA 선수도 되겠다는 큰 꿈을 꾸었다. 세월이 흐른 뒤 우리 둘 다 에모리대학교에 진학하면서 나는 코피를 만났다. 그를 만난 그 순간부터 나는 그가 앞으로 큰일을 할 사람임을 알았다. 비록 NBA 선수는 못 됐지만 그는 의사, 소아과 교수, 어린이 건강 지킴이가 됐다.

에셀 박사는 현재 어린이 국립병원Children's National Hospital에서 소아과 의사로 일하는데, 그는 환자를 만나는 첫 몇 초 동안 신속하게 유대감을 형성하고 신뢰를 쌓으며 자신의 능력을 유감없이 보여준다. 진료하면서 그는 대개 최소한 두 가지 유형의 사람을 만난다. 아이 환자를 부모가 데려오기 때문이다.

"나는 환자들을 볼 때 내 가족처럼 유대감을 형성해야 한다고 생각합니다……. 처음 몇 초간 그들에게 정말로 영향을 미칠 수 있는 말을 생각합니다. 그런 다음 말을 걸지요. 그렇게 하지 않았다면 내 환자들을 전부 잃어버렸을 겁니다."

에셀 박사는 그가 돌보는 모든 가족(환자)에게 한 가지 원칙을 적용한다. "제일 먼저 아이에게 인사를 합니다. 대개는 아이들과 하이파이브를 하지요. 그런 다음 시선을 아이의 눈높이와 맞춥니다. 아이들과 정말로 교감하려면 허리를 굽히거나 무릎을 굽혀야 하지요."

에셀 박사는 우선 아이에게 인사를 하면, 부모의 관심을 끌 수 있다는 점을 알았다. 그는 부모의 얼굴 신호를 디코딩함으로써 이를 알아차렸다. "내가 아이와 교감하는 모습을 보면서 아이가 아파서 생긴 부모의 스트레스가 풀린다는 것을 알아챘지요. 부모 얼굴에 변화가 생기거든요. 내가 아이들과 편안하게 교감하는 모습을 본 부모들은 내게 더 편안함을 느끼게 됩니다."

아이들과의 교감은 에셀 박사에게 있어서 진료의 핵심이다. "**사람들은 항상 감사와 인정을 받고자 하죠.**" 그의 목표는 이런 감사와 인정을 언어적으로만이 아니라 비언어적으로 보여주는 것이다.

일단 아이가 환영받는다는 느낌을 받으면, 에셀 박사는 아이의 부모에게로 몸과 시선을 향하고 그들과 눈을 마주치며 악수를 건넨다. 에셀 박사는 이 작은 비언어적 신호가 무척 중요하다는 것을 알았기 때문에, 컴퓨터로 메모를 하면서도 환자와 교감할 방법을 고안했다. "나는 항상 가족(환자)과 직접적인 시선을 유지하지요. 그들과의 사이에 벽이 생기는 건 싫거든요."

에셀 박사는 자신과 환자 사이에 어떤 장애물도 있어서는 안 된다고 생각한다. 그에게는 이를 위한 자기만의 비언어적인 전략이 있다.

"그들이 하는 말을 내가 듣고 있다는 것을 강조하기 위해⋯⋯ 나는 중간중간 컴퓨터 메모를 멈추고 몸을 그들 쪽으로 돌립니다. '나 여기 있어요'라고 말하는 것처럼 말이지요."

몸을 상대방 쪽으로 돌리는 것은 "내가 바로 옆에 있어야 하고자 하는 말을 하시겠다면 당연히 그렇게 해드려야죠"라는 신호다.

에셀 박사는 환자들과 상호작용하기 위해 이미 오래전에 검증된 비언어적 원칙을 구사했는데, 이것이 그를 더욱 카리스마 있게 만든다. 그가 구사하는 신호의 의미를 따져보기 전에, 비언어적 신호가 왜 카리스마적 의사소통에 중요한지부터 살펴보도록 하자.

● 소통의 8할은 비언어적 신호다

사람들은 의사소통할 때 언어적 소통에만 집중한다. 물론 말은 중요하지만, 안타깝게도 말만으로는 충분하지 않다. 비언어적인 신호가 말이 상대방에게 어떻게 이해될지에 영향을 미치기 때문이다(이해를 도울 수도 있고 방해할 수도 있다). '눈으로 듣는다'라는 옛말은 참이다.

당신에게는 아주 좋은 이야기, 최고의 데이터, 가장 인상적인 자격증이 있을 수 있다. 하지만 올바른 신호가 동반되지 않는다면 아무리 좋은 것이 있어도 상대방에게 제대로 전달되지 않을 수 있다.

앞서 비언어적 신호가 전체 의사소통의 65~90%를 차지한다고 말한 것을 기억할 것이다. 우리는 몸짓, 표정, 몸의 움직임, 자세 등을 통해 끊임없이 타인에게 비언어적인 신호를 보내거나 인코딩한다. 그리고 상호작용하는 동안 다른 사람의 신호도 우리에게 바로 전달된다. 그런 신호를 정확하게 해석하는 방법을 알게 되면, 그의 내면 세계도 살짝 엿볼 수 있다. 연구에 따르면 비언어적 신호를 이해하는 능력을 향상시키면 성공할 가능성도 그만큼 높아진다. 비언어적 역량은 사회적 측면에서만이 아니라 남녀 관계나 직업적 측면에 이르기까지 우리 삶의 거의 모든 영역에서 도움이 된다.

한 연구는 비언어적 신호를 인식하는 능력이 탁월한 사람들이 직업적으로 더 많은 돈을 번다는 사실을 발견했다. 왜 그럴까? 상대방의 감정을 빠르고 정확하게 읽으면 상대방의 행동을 더 잘 예측하고 상대방이 감추고 있는 감정을 더 잘 발견할 수 있을뿐더러 당신의 생각을 더 명확하게 전달할 수 있기 때문이다. 이 연구의 저자는 "비언어적 기술에 능숙한 사람은 동료들 사이에서 다른 사람보다 사회적, 정치적으로 더 노련한 사람으로 간주된다"고 설명한다.

비언어적 신호를 이해하면 모든 관계에서 도움을 받을 수 있다. 연구원들은 상대방의 표정과 억양에 담긴 감정을 이해하는 데 어려움을 겪는 사람은 관계에서 행복을 훨씬 덜 느낀다는 점을 발견했다.

빅토리아대학교의 연구원들은 실제 면접 장면을 촬영한 다음, 소리를 제거한 상태로 심사위원들에게 영상을 보여줬다. 심사위원들은 지원자의 비언어적 신호만 보고서도 그들의 고용 가능성과 사회적 능력을 정확하게 평가했다. 놀랍게도 그들에게서 가장 높은 평점을 받은 지원자가 실제 면접에서도 채용됐다. 한번 생각해보라! 면접을 보기 전에 예상 질문에 대한 답변을 만들고 연습하는 데 얼마나 많은 시간을 보냈던가? 하지만 면접을 볼 때 어떤 자세로 앉을지, 인사는 어떻게 할지, 어떤 제스처를 사용할지 등의 비언어적 신호를 준비하는 데는 과연 얼마나 시간을 들였는가? 어떻게 말하느냐가 무엇을 말하느냐만큼이나 중요하다는 사실을 명심하라.

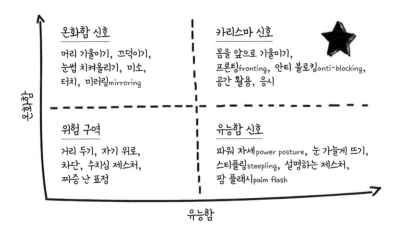

우리는 비어적 신호를 통해 능력, 사회성, 고용 가능성 등 모든 것을 평가한다. 비언어적인 신호는 당신이 하는 말을 돋보이게 할 수도 있고 훼손할 수도 있다. 이 장에서는 에셀 박사 같은 리더들이 비언어적으로 상대를 사로잡을 때 사용하는 카리스마적인 비언어적 신호에 대해 살펴볼 것이다. 앞서 언급한 대로, 이 특별한 신호는 온화함과 유능함이 높은 수준에서 적절하게 균형을 이룰 때 발현된다.

에셀 박사는 목적에 맞는 신호를 사용해, 환자들과 좀 더 신속하게 신뢰감과 친밀감을 구축하기 위한 비언어적 규칙을 만들었다. 이제 당신의 비언어적 규칙을 만들어보자.

◉ 카리스마 신호 #1: 몸을 앞으로 기울이기

여기서 잠깐, 우리 함께 심리 게임을 해보자. 당신이 지금 앉아 있든

서 있든, 몸을 앞으로 기울여보라. 너무 많이 기울일 필요는 없고 몇 인치 정도면 충분하다. 약 10초 동안 그 자세를 유지하라. 어떤 느낌이 드는가? 뭔가 흥미로운 점을 발견했는가?

이 간단한 동작이 뇌의 특정 부분을 자극해 더 강한 동기를 느끼게 한다. 이 흥미로운 실험에서 연구원들은 몸을 앞으로 구부리라고 요청한 이후 사람들의 좌측 전두엽 피질에서 신경 활성화 반응이 증가한다는 것을 발견했다. 좌측 전두엽 피질은 욕망과 동기 부여와 관련된 부분으로, 뭔가를 향해 나아가려는 열망을 만든다. **반면 몸을 뒤로 젖히라는 요청을 받은 그룹에서는 신경 활성화 반응이 전혀 일어나지 않았다.**

인간은 자기가 좋아하는 사람, 사물, 생각 쪽으로 몸을 기울이게 되어 있다. 몸을 기울이면 우리의 오감이 더 쉽게 작동한다. 우리는 뭔가를 더 명확하게 **보려 할 때** 몸을 기울인다. 더 잘 **들으려 할 때** 몸을 기울인다. 뭔가를 **만지려 할 때**, 더 좋은 **냄새를 맡으려 할 때**, 뭔가를 집어서 **맛보려 할 때** 몸을 기울인다.

어떤 것을 좋아하거나, 어떤 것에 관심이 있거나, 어떤 것을 원할 때, 우리는 그것에 더 가까워지려고 한다. 따라서 몸을 앞으로 기울이는 것을 관심의 신호로 해석하는 것은 지극히 타당하다. 우리는 또 다른 사람이 우리 쪽으로 몸을 기울이는 것을 좋아한다. 몸을 기울인다는 것은 상대방이 내게 흥미가 있고 함께하고 싶다는 궁극적인 칭찬이기 때문이다. 단 몇 인치만 기울여도 효과는 충분하다.

기울이기 신호는 상대방에게 나의 관심을 전달할 뿐 아니라 나의 내적 관심을 촉발하는 강력한 카리스마의 비언어적 신호다.

대부분의 비언어적인 신호는 세계 어디서나 일반적으로 통용되지만, 문화적 차이를 보이는 것들도 있다.

이탈리아 사람은 미국 사람보다 손동작을 더 많이 사용하는 경향이 있다. 인도와 파키스탄에서 고개 끄덕임은 서양 문화에서의 그것과 의미와 다르다. 아시아와 중동의 특정 문화에서는 상사와 눈을 마주치면 무례하다고 여기지만, 미국에서는 상사와 눈을 마주치지 않는 것을 무례하다고 여긴다.

다행히도 비언어적 행동은 문화 간 차이점보다 유사점이 더 많다. 연구원들은 97개의 연구에 메타 분석을 수행한 결과, 사람의 감정은 문화 전반에서 대체로 유사하게 인식된다는 것을 발견했다.

물론 사람들은 동일 국가, 민족, 지역 그룹 내에서 다른 사람의 감정을 더 정확하게 감지했다. 이는 동일 집단 내에서 비언어적 신호를 해석할 때 더 유리하며, 집단 밖 사람들의 신호를 해석할 때는 확실히 불리하다는 사실을 보여준다. 이 책에서는 되도록 보편적으로 인정받는 신호만 다루었지만, 문화적 차이가 심한 신호에 대해서는 따로 설명을 달았다.

또 다른 연구에서, 참가자들은 앞으로 몸을 기울인 사람과 뒤로 젖힌 사람의 사진을 보라는 요청을 받았다. 그런 다음 어떤 사람에게 더 호감이 느껴지는지 물었다. 답은 명확했다. 몸을 앞으로 기울인 사람에 대한 호감도가 훨씬 높았다.

몸을 기울이는 것은 상대에게 흥미를 느끼고 몰입하는 가장 빠른 방법이다. 나는 몸을 앞으로 기울이는 것을 '비언어적 굵은 글자체'라고 생각한다. 몸 기울이기 자체가 상대방과 방금 나눈 정보나 이야기에 강조 표시를 하는 것과 같기 때문이다. 몸 기울이기는 다음과 같은 의미를 갖는다.

Fun Tip ──── **감염 걱정 없는 포옹** ╱

기울이기 자세를 취하면 세균에 감염될 염려를 하지 않아도 된다. 다른 사람에게 인사하면서 악수나 스킨십을 하고 싶지 않다면, 그 대신 기울이기 자세를 취하면 좋다. 보도에 따르면 동물학자 데즈먼드 모리스Desmond Morris는 사람들이 서로 인사하는 동작을 느린 화면으로 분석해서, 실제로 포옹하지 않고 그저 눈에 띌 정도의 기울이기 자세를 취하기만 해도 상대를 포옹하고 싶다는 의도를 표현할 수 있다는 사실을 발견했다.

- **강조:** 상대방이 뭔가 중요한 말을 하면 나는 그에게 몸을 기울인다. 내가 중요한 말을 할 때도 내 몸을 살짝 기울인다.
- **동의:** 상대방의 말에 동의할 때 나는 몸을 기울인다. 상대방에게 '당신 말에 푹 빠져 있다'는 것을 보여주기 위해서다. 나는 그의 말을 더 잘 듣기 위해 더 가까이 다가간다. 게다가 몸을 가까이 기울이면 훨씬 더 동기를 부여받는 느낌이 든다.
- **파트너십:** 상대방에게 친밀감을 느끼거나 나도 같은 생각이라는 것을 보여주고 싶을 때, 몸을 앞을 기울인다. 특히 누군가와 상호작용을 시작하고 처음 몇 분 동안 이 동작을 하면 큰 효과를 볼 수 있다. 앞서 언급한 에셀 박사도 몸을 앞으로 기울여 환자(어린이)와 눈높이를 맞춤으로써 친밀감을 표현한다.

앉아 있을 때나 서 있을 때나, 무대 위에서나 심지어 영상통화를 하면서도 기울이기 자세를 구사할 수 있다. 뒤로 기대는 자세가 멋있어cool 보인다는 생각은 큰 오해다. 그것은 말 그대로 냉담함cold의 표현이기도 하다. 실제로 몸을 뒤로 젖히거나 **웅크리는 자세**는 당신이 위험 구역에 있다는 신호다. 상대방이 중요한 이야기를 할 때 뒤로 젖히거나 웅크리거나 비스듬하게 기대는 것이야말로 카리스마 없어 보이는 자세 중 하나다. 리더들은 대개 앞으로 기울이는 자세를 취한다.

> **원칙**
>
> **몸을 앞으로 기울이는 것은**
> **상대방의 말에 흥미와 관심이 있으며 동의한다는 표시다.**

몸을 앞으로 기울여야 할 때

- 동료나 파트너와 이야기하면서 그들을 얼마나 지지하고, 그들의 아이디어에 얼마나 관심이 있고, 그들과 얼마나 교감하고 싶은지를 보여주고 싶을 때.
- 다른 사람의 아이디어에 주의를 기울이고 있으며 그 생각에 동의하고 있다는 것을 보여주고 싶을 때.
- 발표를 하면서 가장 중요한 내용을 강조하고 싶을 때.

몸을 앞으로 기울이지 않아야 할 때

- 다른 사람과 의견이 다를 때. 사실, 몸을 앞으로 기울이지 않는 것은 상대방의 말에 관심이 없다는 것을 정중하게 표현하는 좋은 방법이기도 하다.
- 당신만의 공간이나 경계를 만들 때. 당신의 삶에 해를 끼치는 사람이 있는가? 그렇다면 당신의 요구사항을 말할 때 몸을 기울이

지 마라. 몸을 똑바로 곧게 세워라.

• 절을 하는 듯한 기분이 든다면 그건 너무 많이 기울인 것이다.

● 카리스마 신호 #2: 안티 블로킹

〈최후의 만찬〉에서 예수가 팔짱을 끼고 있는 모습으로 그려졌다고 생각해보라. 또 자유의 여신상이 햇불을 든 손을 자랑스럽게 머리 위로 뻗어 올리지 않고 가슴 앞에 움켜쥐고 있다면? 이 멋진 예술 작품들은 지금처럼 강력해 보이지 않았을 것이다. 그렇지 않은가?

닫힌 몸은 마음이 닫혀 있다는 신호이며, 다른 사람들에게 자신이 편협한 사람임을 보여준다. 나는 내 친구이자 유명한 온라인 마케팅 전문가인 브라이언 딘Brian Dean과 이에 관해 이야기를 나눈 적이 있다. 어느 날 그의 웹사이트에 들어갔다가 첫 페이지에 그가 팔짱을 끼고 있는 사진을 발견했을 때였다.

나는 데이터에 관한 브라이언의 재능을 알고 있었기 때문에 한 가지 테스트를 제안했다. "이 사진을 팔짱을 끼지 않은 사진으로 바꿔봐. 그러면 웹사이트에서 구매전환이 크게 늘어날 거야. 팔짱을 끼지 않은 사진이 너를 더 개방적으로 보이게 만들어주고, 그러면 훨씬 더 많은 사람이 마음을 열고 네 이메일 뉴스레터를 받아보려 할 테니까."

브라이언은 그렇게 하기로 했고, 그의 웹사이트에서 스플릿 테스트split test(원인과 대안을 동시에 운영한 후 각각의 성과를 비교하여 우수한 것을 선정하는 테스트 방식-옮긴이)를 시도했다. 즉, 그의 사이트 방문자

중 50%에게 팔짱을 끼고 있는 브라이언의 사진을 보여주고, 나머지 50%에게는 팔짱을 끼지 않고 몸을 활짝 연 모습의 사진을 보여줬다. 그 외의 다른 모든 것에는 일절 손을 대지 않았다.

스플릿 테스트를 하면 수천 명의 방문자를 대상으로, 하나의 변수에 대한 두 가지 버전(이 경우 몸의 자세)의 반응을 비교해볼 수 있다. 90일의 테스트 기간 동안 23만 7,797명이 웹사이트를 방문했다. 결과는 열린 자세의 승리였다. 사진만 바꿨는데 웹사이트의 구매율이 5.4% 증가한 것이다! 그렇게 큰 수치가 아닌 것처럼 들리겠지만 웹 방문자 구매율 관점에서 볼 때 이는 놀라운 진전이다. 단지 작은 신호를 바꿨을 뿐인데 수천 이메일 가입자의 마음을 움직인 것이다.

비언어적인 신호는 누군가와 직접 대면하는 상황에서만 효과를 발휘하지 않는다. 프로필 사진, 웹사이트, 소셜 미디어 사진, 마케팅 자료에서도 그 진가를 발휘한다. 연구원들은 회사원을 대상으로 영업사원들이 말하는 장면을 찍은 동영상을 평가해달라고 요청했다. 참가자들은 동영상의 소리가 정상으로 작동하든 소리를 소거하든,

동일한 평가 결과를 내놓았다. 팔짱을 낀 사람에게 더 거리감을 느꼈고, 그들이 더 방어적이고 덜 카리스마적이라고 평가했다.

우리는 다른 사람들과의 사이에 장벽이 있는 것을 좋아하지 않는다. 〈최후의 만찬〉에서 유다가 가슴 앞에 팔을 올린 자세를 취하면서 자신과 다른 사람 사이에 장벽을 치는 차단 신호를 보이는 모습으로 그려졌음을 기억하라.

문제는 대부분이 팔짱 끼는 자세를 좋아한다는 것이다. 팔짱을 끼면 스스로 약해 보이지 않는다는 느낌이 들기 때문이다. 또 팔을 가슴에 대면 중요한 장기를 보호한다는 느낌이 들기도 한다. 하지만 이 자세는 대가를 치른다. 조금의 편안함을 얻는 대신 당신의 카리스마가 손상되고 있음을 깨달아야 한다. 대부분은 그저 습관적으로 팔짱을 낀다. 하지만 이 작은 비언어적 신호가 당신이 관계를 맺으려는 사람들과 당신 사이에 신체적·정서적 장벽을 만든다.

회의 중에 혹은 데이트를 하다가 긴장하면 갑자기 또는 무의식적으로 팔짱을 끼는 사람을 알고 있을 것이다. 이는 그들을 불안하게 만드는 것으로부터 자신을 보호하려는 본능에서 나오는 제스처다. 그런 상황에서 팔짱을 끼면 마치 누군가 자신을 안아주는 것 같은 느낌이 들기 때문이다. 그래서 나는 누군가가 갑자기 차단 행동을 하면, 그 행동에 주의를 기울이고 그들이 안정감을 느끼고 싶어 한다는 사실을 알아챈다. (항상 맥락을 살펴봐야 한다. 예를 들어, 에어컨이 방금 켜졌다면 어떤 사람은 추위를 느끼고 팔짱을 낄 수도 있다. 맥락 파악에 대해서는 나중에 더 자세히 설명할 것이다.)

에셀 박사는 장벽을 없애기 위해 노력하고 있음을 환자에게 보여주기 위해 의도적으로 컴퓨터를 옆으로 치운다. 우리 몸이 열리지 않

 무대에서 발표할 때

무대에 설 때는 대개 마이크와 연단을 사용한다. 이때 자칫 잘못하면 마이크와 연단이 자신과 청중 사이를 차단할 수 있다. 마이크를 다룰 때는 절대 가슴 앞에서 움켜잡지 마라. 그런 자세에서는 마이크에 대고 말할 때 턱을 집어넣고 몸을 웅크리는 실수를 하기 쉽다. 반드시 마이크 잡은 손을 위로 올려야 한다. 아니면 핸즈프리 마이크를 사용해라!

연단도 조심해야 한다. 물리학자 닐 디그래스 타이슨Neil deGrasse Tyson은 많은 단체로부터 연설 요청을 받는데, 그때마다 연단이 골칫거리라고 말했다. "항상 연단 뒤에 서서 연설하라고 요청하거든요." 그는 무대 전체를 사용해 의사소통하는 것을 좋아한다. "두 시간이나 여기 한 자리에만 서서 말하라고요? 아니요, 저는 무대 전체를 사용할 건데요." 연단은 가끔 당신의 무대 움직임, 제스처의 유동성을 제한하고 당신을 작아 보이게 만들 수 있다.

연구원들은 연단이 때로 새로운 자료를 공유하는 발표자의 능력을 방해한다는 사실을 발견했다. 할 수만 있다면 어떻게든 연단 뒤에 서는 것을 피해라. 이는 당신의 카리스마에 큰 걸림돌이 될 수 있다.

으면 상대방도 몸을 열지 않는다는 것을 잘 알고 있기 때문이다.

차단 신호와 달리, 장벽을 제거하려고 노력한다는 사실을 강조하는 것은 안티 블로킹 신호라고 한다. 이는 나의 카리스마를 보여주는 동시에 상대방의 마음을 여는 멋진 방법이다.

에비 품푸라스Evy Poumpouras는 전직 비밀경호국 요원으로, 브라보 TV의 쇼 프로그램 〈스파이 게임Spy Game〉을 진행하는 사회자로 활약하고 있다. 그녀는 비밀경호국 요원으로서의 경험을 바탕으로 질문과 인터뷰를 통해 사람들이 마음을 터놓고 이야기하도록 유도한다. 이때 그녀는 안티 블로킹을 포함한 일련의 비언어적인 전략을 사용한다.

"나는 인터뷰를 할 때 내 전화기, 시계 등을 상대방이 보는 앞에서 치웁니다. 그 순간에는 내가 아무것도 신경 쓰지 않으며, 상대방이 내게 가장 중요한 존재임을 알려주려는 것이지요."

카리스마 있는 사람은 자신이 개방적이며 다른 사람들과의 사이에 장벽이 없음을 강조한다. 신호가 전염된다고 했던 말을 기억하는가? 당신이 개방적이면 상대방의 개방성도 자극을 받는다. 당신이 장

Fun Tip **안티 블로킹을 위한 작은 장치**

나는 차단 자세가 우리의 생각까지 방해할 수 있다는 걸 알고는, 다른 사람들도 차단 자세를 취하지 않게 하려고 노력한다. 몇 번의 발표를 하면서 나는 강연 시작 전에 유인물을 나눠주면 강의를 듣는 내내 청중이 유인물을 가슴에 움켜쥐거나 몸 앞에 둔다는 걸 알아챘다. 그래서 지금은 강의 중간의 휴식 시간이나 질의응답 시간에 유인물을 나눠준다.

벽이 없는 편안한 사람이라는 것을 상대방이 알게 되면 그것이 그들
또한 개방적이 되도록 격려하는 것이다.

개방성은 다른 사람들에게 보내는 사회적 신호로서만이 아니라
자신에게도 중요한 신호다. 2017년 한 놀라운 연구에서 연구원들은
몸의 자세가 생각하는 방식도 바꾼다는 점을 발견했다. 연구원들이
참가자들에게 각각 다른 자세로 창의적인 작업을 하도록 요청했더니,
참가자들은 열린 자세로 앉았을 때 훨씬 더 창의적이었다! 결론은 닫
힌 자세를 취하면 우리 마음도 덜 창의적이고 덜 열린다는 것이다.

> **원칙**
> 개방성을 고취하기 위한 비언어적 신호를 사용하라.

몸과 마음을 열어야 할 때

- **일대일 상호작용으로 관계를 구축해야 할 때.** 당신이 상대방과의
  모든 장벽을 제거하려고 노력하고 있다는 것을 보여줘라. 고객과
  회의를 하기 전에 테이블을 치운다거나 브레인스토밍 시간에는
  컴퓨터를 옆으로 밀어놓는다거나, 상대방과 대화할 때는 클립보
  드를 옆으로 치운다거나, 데이트할 때 커피를 치운다거나 등등.
  몸과 마음과 가슴을 모두 열어야 한다.

- **아이디어를 내야 할 때.** 좀 더 창의적이고 개방적이고 상상력이
  풍부해지기를 원하는가? 팔짱을 풀어라. 다른 사람들도 그러기
  를 바라는가? 팔짱을 풀 수 있도록 격려하라. 그들에게 물 한 컵
  을 건네주고, 메모할 수 있는 펜을 주고, 가족사진을 보여주며 마

음을 열고 몸을 앞으로 기울이게 하라.

- **발표할 때나 설명할 때.** 항상 장애물을 없애라. 몸을 활짝 여는 것이 가장 카리스마 있는 자세다. 컴퓨터 앞에 앉는 대신 리모컨을 사용하라. 연단 뒤에 서 있지 마라. 두 팔을 양옆으로 내려서 제스처를 쉽게 취할 수 있게 하고 몸통은 항상 청중을 향해 열어놓아라.

- **프로필 사진을 선택할 때**(특히 구직 사이트인 링크드인LinkedIn이나 데이트 앱 프로필 사진). 몸이 닫혀 있으면 마음도 닫힌 것처럼 보인다.

몸과 마음을 열지 말아야 할 때

- **개방성이 올바른 메시지가 아닐 때.** 아일랜드의 종합격투기 선수 코너 맥그리거Conor McGregor는 거의 항상 팔짱을 끼고 있는 사진을 사용한다. 그 자세가 자신의 브랜드에 완전히 부합하기 때문이다. 그는 개방적으로 보이기를 원하지 않는다! 폐쇄적이고 위협적이며 강인한 모습이 그의 명성에 더 잘 어울린다. 적어도 그에게는 팔짱을 낀 자세가 올바른 신호다. 그는 자신이 위험 구역에 있는 것을 좋아한다.

- **관심을 보이고 싶지 않을 때.** 누군가 당신을 불편하게 하는가? 팔짱 낀 자세를 취하라! 비즈니스 관계를 종료하고 싶거나 상대방의 아이디어에 관심이 없다는 신호를 보내고 싶다면 과감하게 차단하라. 불쾌할 정도로 가까운 거리에서 말하는 사람들close talkers이나 지나치게 추근대는 사람들over-touchers에게 효과가 좋다.

● 카리스마 신호 #3: 프론팅

존 스톡턴John Stockton은 곤자가대학교의 평범한 4학년생 대학 농구 선수였다. 그런데 1984년 6월, 그의 삶이 송두리째 바뀌었다. 1984년 NBA 드래프트 1라운드에서 프로농구팀 유타 재즈Utah Jazz에 깜짝 선발된 것이다. 이는 유타의 지역 스포츠 전문지 「데저렛 뉴스 Deseret News」가 '이 발표가 2,000명의 팬에게 전해졌을 때, 식전의 축복 기도가 시끄럽게 느껴질 만큼 절대적인 침묵이 흘렀다'라고 보도할 정도로 충격적인 소식이었다.

당시 어떤 신문도 스톡턴이 앞으로 유타 재즈에서 19시즌을 뛸 것이고, NBA 올스타에 열 번이나 선정될 것이며, 미국 남자 올림픽 대표 선수가 되고 역사적으로 손꼽히는 위대한 NBA 선수 50인 중 한 명으로 선정되리라는 사실을 알지 못했다.

무엇이 스톡턴을 그렇게 성공적으로 만들었을까? 여기 눈에 띄는 통계가 하나 있다. 2003년에 은퇴했음에도 '배달부'라는 별명답게 스톡턴의 1만 5,806개 어시스트 기록은 역대 최다 어시스트 기록으로 여전히 깨지지 않고 있다(2위에 올라 있는 제이슨 키드Jason Kidd의 어시스트 기록은 1만 2,091개로 스톡턴과 무려 3,000개 이상 차이가 난다).

농구에서 어시스트는 동료가 골을 넣도록 공을 패스하는 것이다. 농구를 자주 보는 사람이라면 아마도 수천 개의 어시스트를 봤을 것이다. 하지만 어시스트를 성공으로 이끄는 중요한 비언어적 신호가 있다는 사실은 몰랐을 것이다. 스톡턴은 그 신호를 사용하는 데 전문가였다. 바로 '프론팅'이다.

프론팅이란 상대방의 주의를 끌기 위해 자신의 몸을 상대방 쪽으로 향하는 것이다. 이를 구체적으로 표현하면, 우리의 발끝, 몸통, 상체 세 가지 모두를 우리가 주목하는 대상에 맞추는 것이다. 몸의 방향은 상대방에게 우리 마음의 방향을 알려주는 신호다. 그러므로 프론팅은 누군가가 무엇을 생각하고 있는지를 알 수 있는 좋은 신호다.

예를 들어 어떤 사람이 곧 떠나려고 마음먹으면, 그의 발끝은 출구 쪽을 향한다. 두 사람이 열심히 논의할 때는, 온몸이 평행을 이루며 두 사람의 발끝, 엉덩이, 어깨가 나란한 평행선이 된다. 누군가 배가 고프면 그의 몸은 음식이 있는 쪽을 향한다.

반대로, 사람들은 주의를 기울이고 싶지 않은 쪽으로는 몸을 돌리지 않는다. 앞에서 진행되는 발표보다 이메일에 더 관심이 있을 때 그들의 몸, 발, 머리는 컴퓨터를 향하고 그저 대충 가끔만 앞을 본다. 사교 행사나 파티 중에 대화에 관심이 없는 사람은 오직 그 자리에서 빨리 벗어나고 싶어서 몸과 발이 출구 쪽으로 향해 있다. 원치 않는 데이트를 할 때 사람들은 몸을 상대방과 다른 쪽으로 향하게 하고 되도록 멀리 떨어져 있다.

평범한 선수와 역대 최고의 어시스트를 기록한 선수와의 차이점은 패스하기 전에 다른 선수에게 비언어적 신호를 보내는 능력 차이에 있다. 스톡턴은 팀 동료들과 비언어적인 의사소통을 하기 위해 프론팅 기술을 사용했다. 그는 이 기술은 상대방의 마음을 읽는 것과 같다고 말한다. 팀 동료인 칼 말론Karl Malone에게 아무 말도 하지 않고 기가 막힌 패스를 하는 장면을 설명하며 그는 다음과 같이 말했다. "내가 말도 안 되는 패스를 해도 말론은 그 패스를 여지없이 잡아

Fun Tip | **발끝이 향하는 곳에 마음도 함께**

나는 우리 회사 직원들과 한 회사의 파티를 구경하다가, 참석자 대부분의 발끝이 상사(그 방에서 가장 중요한 사람)를 향해 있다는 걸 발견했다. 심지어 상사와 어떤 대화도 나누고 있지 않은데 말이다. 사람들이 정말 존경하는 사람이 누구인지 알고 싶은가? 그렇다면 그들의 발끝이 어디를 향하고 있는지 보면 된다.

사람들은 또 자신이 짝사랑하는 사람에게 발끝을 향하는 경향이 있다. 마음이 누군가에게 쏠릴 때, 발끝은 그(그녀)를 향해서 언제든 달려갈 준비가 되어 있다.

내지요. 그러면 사람들은 '와, 스톡턴은 동료의 마음까지 알고 있나 봐'라고 말하곤 합니다." 스톡턴과 말론은 환상의 듀오로 불릴 만큼 명콤비로 알려져 있다.

스톡턴의 어시스트 영상을 보면, 패스를 하기 직전에 그의 머리가 먼저 패스할 동료에게 향하고 곧이어 몸통이 동료를 향한 다음, 마지막으로 시간과 충분한 공간을 확보한 후 발끝이 그 동료를 향한다는 것을 알 수 있다.

그는 이 방법으로 수천 번의 어시스트를 성공시켰다. 그리고 마침내 오늘날 역사적으로 손꼽히는 위대한 포인트가드 중 한 명으로 칭송받고 있다. 스톡턴은 팀 동료를 그가 패스할 곳으로 미리 유도한다. 그의 관심이 동료들의 주의를 사로잡는 것이다. 스톡턴은 패스하기 전에 공을 어디로 보낼지 동료들과 비언어적으로 소통한다. 어쩌면 아직 깨닫지 못했지만 당신도 그렇게 하고 있는지도 모른다.

프론팅은 실생활에서 어떻게 이뤄질까? 우리 몸의 위에서부터 아래로 진행된다. 어떤 것이 처음 주의를 끌면 우리는 머리부터 그쪽으로 돌린다. 생물학적으로 머리만 움직이는 것이 더 쉽고 에너지도 덜 들기 때문이다. 그러다가 정말로 관심이 생기면, 몸통을 돌린다. 이 단계에서 우리는 그 관심 대상에 참여하거나 포용할 준비가 된 상태다. 그다음, 그에게 전적으로 관심을 쏟고 싶어지면 더 깊이 알아보기 위해 마침내 발끝도 그쪽으로 돌려 가까이 다가간다.

우리 몸의 방향을 바꾸는 데 필요한 모든 신체적 노력을 고려하면, 프론팅이 존중의 비언어적 신호라는 것은 전혀 놀랍지 않다. 프론팅은 관심을 비언어적으로 표현하는 가장 좋은 방법이다. 리더는 함께 있는 모든 사람에게 전적으로 비언어적 관심을 보인다. 그들은 상대방이 자신에게 매우 중요한 존재임을 몸으로 표현한다. '당신은 내게 중요한 사람이므로 나의 온몸이 당신을 향하고 있답니다'라고 말하는 셈이다.

누군가에게 관심이 있고, 함께 있고 싶고, 관계를 맺고 싶다는 것을 보여주는 가장 빠른 방법은 몸을 정면으로 그들에게 향하게 하는 것이다. **관계 구축을 시도하면서 저지르는 가장 큰 실수는 다음과 같이 비언어적인 신호에 별다른 주의를 기울이지 않는 것이다.**

- 누군가가 말을 거는데 그들과 시선을 마주치지 않는다. 하던 일에서 눈을 떼지 않고 대충 '으응' 하고 얼버무린다.
- 회의에서 동료가 목소리를 높여도 앞에 있는 슬라이드 화면만 쳐다보면서 말하는 사람을 향해 돌아앉지 않는다.
- 배우자가 좋은 소식을 가지고 집에 돌아왔는데, 시선을 맞추지 않고 TV에 눈을 고정한 채로 어깨 너머로 '그렇군, 좋은 소식이네'

라고 대꾸한다.

누군가에게 그들이 내게 중요한 존재임을 보여주고 싶은가? 당신
이 그의 말에 귀를 기울이고 있다는 것도? 그렇다면 **그들을 향해 몸
을 돌려라.** 에셀 박사는 자신이 환자의 말에 귀를 기울이고 있다는
것을 방에 있는 모든 사람에게 실제로 보여준다. 〈최후의 만찬〉에서
예수는 정면으로 몸을 향하고 있는 유일한 인물이다. 다른 사도들은
손짓하거나 비스듬히 서서 우리와 거리를 두고 있다. 오직 예수만이
머리부터 발끝까지 우리를 향하고 있다.

프론팅은 가장 쉽게 습득할 수 있는 신호지만 효과는 가장 크다.
프론팅은 다음 두 가지 이유로 강력한 카리스마를 발휘한다.

1. 프론팅을 사용하면 비언어적 신호를 쉽게 인코딩하고 디코딩할
   수 있다. 당신은 상대방을 머리부터 발끝까지 볼 수 있고 그들도
   당신을 잘 볼 수 있다.
2. 신호 사이클에서 배웠듯이, 우리 몸을 상대방을 향해 돌리면 감
   정적으로나 정신적으로나 더 쉽게 마음의 일치를 느낄 수 있다.

프론팅의 가장 좋은 사용법은 상대방을 향해 몸을 돌려서 그와
평행을 이루는 것이다. 다른 사람에게 프론팅을 하면 당신의 카리스
마는 즉시 높아진다. 휴게실에 서 있을 때나, 회의실에서 사람들과
어울릴 때, 심지어 아이들과 이야기할 때도 프론팅을 사용해라. 앉아
있을 때도 프론팅하는 것을 잊어서는 안 된다. 회의 테이블에 앉은

바에 가거나 사교 모임에 참석했을 때 다른 사람들이 당신에게 다가와주기를 바라는가? 바를 등지거나 높은 테이블에 기대어 되도록 여러 공간에 당신을 프론팅하라. 이 자세가 당신이 열린 마음으로 관계를 맺는 사람임을 보여주기 때문에 당신과 대화하도록 사람들을 유도할 것이다.

혹은 다른 사람들에게 다가가고 싶은가? 발끝이 열려 있는 사람을 찾아라. 사람들이 대화에 열중할 때는 몸 전체가 서로에게 향하게 마련이다. 그래서 그들의 발끝은 평행선을 이룬다. 이런 종류의 대화에 끼어들어서는 안 된다! 하지만 새로운 대화 상대에 개방적일 때는, 크루아상 모양처럼 발끝을 벌린 자세로 서 있는다. 마치 "지금도 좋지만, 한 명 더 들어올 수 있는 공간이 있습니다. 들어와요!"라고 말하는 것처럼 말이다.

그 반대의 경우, 그러니까 말을 멈추지 않는 사람으로부터 '벗어나고' 싶을 때는? 당신을 구원해줄 수 있는 친구나 호스트를 향해 프론팅하라. 이는 그들에게 '와서 구해달라'는 미묘한 신호를 보내는 방법이다.

누군가가 목소리를 높이면, 의자를 돌려 몸이 그에게 향하게 하고 프론팅해라.

> **원칙**
>
> 상대방이 당신의 말을 경청하게 하고
> 그에게 인정과 존중을 받고 싶다면, 당신의 몸이 그들을 향하게 하라.

프론팅을 사용해야 할 때

- **존중과 보살핌을 표현하기 위해.** 당신에게 중요한 사람들을 향해 몸을 돌려라. 상사가 사무실 문으로 들어올 때는 안전히 정면을 향해full fronting 인사하고, 배우자가 좋은 소식을 이야기할 때는 배

우자를 향해 몸을 돌리며, 항상 말하는 사람 쪽으로 의자를 돌리는 것을 잊지 마라.

- **다른 사람들이 무엇을 중요하게 생각하는지 알아보기 위해.** 다른 사람의 발끝, 몸, 머리가 어디를 향하고 있는지 주의 깊게 보라. 그러면 그가 어디에 초점을 맞추고 있는지 더 깊이 이해할 수 있다.
- **사무실에서.** 프론팅하기에 좋게 사무실 환경을 조성할 수 있다. 의자와 책상을 모든 사람이 쉽게 프론팅할 수 있게 배치한다. 테이블은 사각형보다 원형이 좋다. 회전의자도 프론팅에 도움이 된다.
- **어떤 자리에서 퇴장할 시간이 되었을 때.** 때로는 파티에서 일찍 나와야 할 때가 있다. 나의 양향성 자아(내향성과 외향성을 동시에 갖고 있는 성격. 양향성에 대한 자세한 설명은 scienceofpeople.com/ambivert 참조)는 오후 9시 이후에 카리스마가 가장 낮게 떨어진다. 그래서 나는 통상 몸을 출입문 쪽으로 향하게 함으로써 이제 그만 대화에서 떠나고 싶다는 의사를 표시한다. 사람들이 이 미묘한 신호를 얼마나 자주 알아차리는지 알면 놀랄 것이다.

프론팅을 사용해서는 안 될 때

- **주의가 산만해지는 것을 원치 않을 때.** 뭔가에 집중하고 있어서 '지금은 방해받고 싶지 않아요'라는 신호를 정중하게 보내고 싶다면, 프론팅을 하지 않는다.
- **누군가가 너무 나설 때.** 당신에게 끝없이 말을 토해내는 사람이 있는가? 혹은 너무 많은 정보를 말하는 사람too-much-talker이 있는가? 지나치게 말이 많은 사람 앞에서는 프론팅을 하지 않는다! 아

마도 당신이 그 사람에게 너무 많은 관심을 표명했는지 모른다. 그런 사람과는 몸의 각도가 커지게 만들어 '진정하고 뒤로 물러나 달라'는 신호를 보내는 것이 좋다.

- **시간이나 공간이 없을 때.** 존 스톡턴은 프론팅을 통해 수천 번의 성공적인 패스를 수행했다. 하지만 때로는 패스하려던 동료를 재빨리 쳐다보고 고개를 돌리고도 패스를 하지 않기도 했다. 공간적으로나 시간적으로 패스하기에 적절하지 않다고 생각했을 때다. 물론 고개를 돌리지도 않는 것보다 결과는 훨씬 더 낫다!

- **은밀하게 해야 할 때.** 스톡턴의 어시스트 가운데 일부는 은밀하게 이뤄진다. 패스를 은밀하게 하고 싶을 때는 프론팅을 하지 않는다. 관심과 의도를 숨기고 싶다면, 프론팅을 해서는 안 된다.

● 카리스마 신호 #4: 현명한 공간 활용

제리 사인펠드Jerry Seinfeld가 말했다(〈사인펠드〉는 코미디언 제리 사인펠드가 자신의 삶을 무대로 옮겨 직접 연기한 미국 TV 드라마로, 극중 일레인은 사인펠드의 전 여자친구다-옮긴이). "일레인이 엄마한테 인사하고 싶대요. 지금 새 남자친구와 함께 있어요."

제리의 어머니가 물었다. "어떤 사람이니?"

제리가 대답했다. "좋은 사람이죠, 뭐. 하지만 너무 가까이 들이대는 스타일인 거 같아요."

어머니가 물었다. "뭐라고?"

제리가 말했다. "일단 한번 보세요."

몇 분 후 일레인의 새 남자친구가 제리의 아파트로 걸어 들어왔는데, 그는 만나는 사람마다 불과 15cm도 되지 않을 만큼 가깝게 접근했다. 사람들의 입에 거의 닿을 듯한 가까운 거리에서 말하는 통에 얼굴에 숨결이 느껴질 정도였지만, 그는 자신의 무례함을 전혀 인지하지 못했다. 사인펠트의 이 에피소드는 **공간**이라는 비언어적 신호가 얼마나 중요한지를 잘 말해준다.

인류학자이자 다문화 연구자인 에드워드 T. 홀Edward T. Hall은 각 개인 사이에는 서로 어느 정도의 거리를 유지한다는 불문율이 있다는 사실을 발견했다. 인간은 각자 처한 환경 속에서 다른 사람을 어떻게 생각하는지에 따라 그들과의 공간을 설정한다. 즉, **누군가를 더 가깝게 생각할수록 신체적으로 더 가까이 다가오도록 허용한다.**

홀은 사람들이 친밀감의 신호를 보내는 데 물리적 거리를 사용한다고 주장한다. 그러니까 다른 사람이 나에게 얼마나 가까이 접근하느냐에 따라 그가 나를 어떻게 생각하는지를 알 수 있다는 것이다. 물론 당신 역시 누군가에게 얼마나 가깝게 다가가느냐에 따라 당신이 그를 어떻게 생각하고 있는지에 대한 신호를 인코딩한다.

사람들은 끊임없이 사람들 사이의 공간을 드나드는데, 홀은 이 공간을 네 개의 구역으로 구분한다. 사람마다 또는 문화에 따라 공간에 대한 선호가 있지만, 평균적으로 볼 때 서로 다른 범주의 사람들과 상호작용할 때 선호하는 구역은 다음 네 가지로 나눌 수 있다. 우리 몸에서 약 45cm 이내의 친밀 구역intimacy zone, 45cm에서 1.2m까지의 사적 구역personal zone, 1.2m에서 2.1m까지의 사교 구역social zone, 2.1m 이상 떨어진 공적 구역public zone이 바로 그것이다.

1. **친밀 구역:** 타인이 너무 가까이 다가오면 위험해질 수 있다고 생각하기 때문에, 매우 신뢰하는 사람들만 이 구역에 들어오는 것을 허용한다. 누군가가 이 구역에 있으면 손을 뻗어 우리를 만지거나, 키스하거나, 주먹을 날리거나, 또는 우리에게서 뭔가를 빼앗아 갈 수 있다. 그렇기에 신뢰하지 않는 누군가가 이 구역에 들어오면 불편함을 느낀다.

2. **사적 구역:** 가장 흔히 사용되는 구역으로 여기서 우리는 쉽게 손을 뻗어 누군가와 악수할 수 있다. 동료, 친구, 가족과 대화하며 상대방의 이야기를 알아들을 수 있고, 팔을 건드리거나 하이파이브를 하는 등 친숙한 제스처를 교환할 수 있다.

3. **사교 구역:** 접촉이나 깊은 대화가 필요 없는 업무적 또는 직업적 상호작용을 할 때 가장 많이 사용된다. 파티에서 사람들과 교제하거나, 바에서 주문할 때, 또는 테이블에 둘러앉아 회의를 할 때

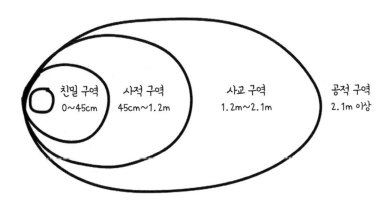

바로 이 구역에 머물게 된다.

4. **공적 구역:** 누군가에게 접근하기 전에 그의 의도를 파악할 수 있는 공간이다. 당신이 누군가로부터 2.1m 정도 떨어져 있다면 그의 몸 전체, 손동작, 자세를 확실하게 볼 수 있다. 우리는 누군가에게 가까이 초대받기 전에 이 공적 구역에서 손을 흔들거나 고개를 끄덕이거나 소리를 칠 수 있다.

누군가가 당신을 어떻게 생각하는지 확신이 서지 않는가? 충분히 그럴 수 있다. 요즘에는 온라인 친구, 인스타그램 친구, 고향 친구, 친구의 친구, 친구인지 적인지 헷갈리는 친구frenemies, 사업 친구 등 다양한 종류의 관계가 있으니 말이다. 그들이 당신을 어떻게 생각하는지 파악할 수 있는 팁을 말하자면, 그 사람이 당신에게 얼마나 가까이 다가오는지를 살펴보면 된다. 그가 당신의 사적 구역으로 바로 들어온다면 그 사람은 당신에게 매우 편안함을 느끼고 당신과 관계를 맺는 것을 매우 좋아하는 사람이다. 만약 그가 다가오지 않고 멀찌감치 서서 사교 구역에 머무른다면(또는 심지어는 공적 구역에서 손을 흔들

Fun Tip   **영상에서의 적정 거리**

영상통화를 하며 저지르는 매우 큰 실수 중 하나를 들자면 카메라에 너무 가까이 접근하는 것이다. 상대방의 친밀한 공간에 들어가고 싶은 마음 때문이다. 하지만 당신의 머리, 어깨, 손동작이 잘 보이게 하려면 카메라에서 최소 60cm 이상은 떨어져야 한다. 그러면 상대방도 더 편안함을 느낄 것이다.

거나 고개를 끄덕이는 데 그친다면), 그가 당신과 친해지는 데는 좀 더 많은 시간이 필요할 것이다. 행여나 당신의 친밀 구역으로까지 들어온다면 주목할 필요가 있다! 그런 사람은 육체적으로나 감정적으로나 당신과 매우 가까워지기를 원하는 사람이니 말이다.

한 연구에서 연구원이 참가자들에게 "당신은 글씨를 잘 못 쓰는군요"라는 부정적인 말을 했다. 그리고 그런 논평을 들은 참가자들은 연구원(자신을 모욕했다고 생각하는 사람)에게서 멀리 떨어진 자리에 앉는다는 점을 발견했다. 사실 놀라운 일도 아니다. 우리는 우리를 위협한다고 생각되는 사람들과 가까이 있고 싶어 하지 않는다. 회사에서 누가 우리에게 부정적인 감정을 품었는지를 항상 알 수는 없지만, 공간(나와 가까운 곳에 오고 싶어 하는지 아니면 싫어하는지)이 단서를 제공해줄 수 있을 것이다.

어쩌면 레오나르도 다빈치도 이 구역에 대한 개념을 무의식적으로나마 알고 있었을지 모른다. 그는 공간을 충성심의 단서로 삼아 〈최후의 만찬〉을 그렸다. 종교학자들은 평소 예수와 가장 가까운 사도들

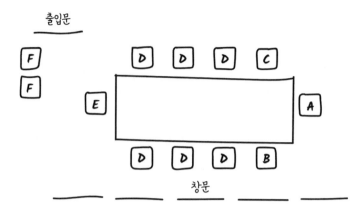

이 식탁에서 예수와 가장 가까운 곳에 배치되어 있다고 주장한다. 흥미롭게도 다빈치는 예수의 친밀 구역에는 아무도 배치하지 않았다.

이 구역 개념은 현대 사회에도 적용된다. 일반적인 이사회실이나 회의실 테이블을 생각해보라. 당신은 회사의 회의 테이블에서 어디에 앉는가? 당신의 자리가 상사와 물리적으로 가까울수록 당신은 그와 더 가까운 사이일 것이다. 예를 들어, 일반적으로 회의실에서 상사나 리더는 출입문이 마주 보이는 테이블 머리(A)에 앉는다(때로는 프레젠테이션이나 화이트보드를 마주 볼 수 있는 테이블 머리(E)에 앉기도 한다). 이 자리는 모든 사람에게서 가장 멀리 떨어져 있으면서도 사람들이 가장 잘 볼 수 있는 위치이기 때문에 가장 능력 있는(지위가 높은) 사람이 앉는다.

A 자리와 가장 근접한 B와 C 자리에 앉는 사람들은 상사 다음으로 영향력이 있다. 아마도 높은 온화함으로 상사를 보좌하는 사람일 가능성이 크다. 코넬대학교 연구진은 누군가와 물리적으로 가까이 앉는 사람일수록 그와 더 가까운 사이라는 사실을 발견했다. 이처

럼 상사와 가까이 있는 사람은 그의 사적 구역으로 몸을 기울여 문서를 같이 보기도 하고 조용히 생각을 나누기도 한다. 물론 팔을 살짝 건드리거나 하이파이브를 하기 위해 손을 뻗을 수도 있다. 당신이 이 자리에 있다면, 모든 사람이 동시에 이야기하는 상황이라 해도 당신의 의견이 상사에게 더 잘 들릴 수 있다.

메이오 클리닉Mayo Clinic의 리처드 윈터스Richard Winters 박사는 이 자리(B, C)를 최측근 자리flanking position라고 부른다. "이 자리에 앉으면 수시로 훈수를 두면서 회의의 흐름에 영향을 줄 수 있습니다. 이들은 회의 주제에 대한 관심을 이끌거나 주제를 전환할 수도 있지요. 의제의 진행 속도를 높이거나 늦추도록 유도할 수도 있고요."

반면 회의의 리더에게서 멀리 떨어져 앉을수록, 당신은 덜 중요하게 인식되거나 발언 요청을 덜 받게 된다. 중간 자리(D)는 오직 회의실 테이블 배치의 특성상, 시선 접촉이 줄어들고 리더와 밀접하게 상호작용할 가능성도 적다. 이런 자리에 앉는다면 열외로 취급될 가능성이 크다. 하지만 이 자리가 항상 나쁜 것만은 아니다. 회의에서 단지 듣고 메모만 하고 싶다면, 중간 자리가 다른 사람들과 함께 어울리면서 모든 것을 수용하기에 좋은 위치가 될 수 있다.

중간 자리에 앉는 사람을 위해 특별한 팁을 제시하자면, 프론팅과 기울이기를 특히 더 잘 사용해야 한다는 것이다. 존경과 참여를 보여주려면 말하는 사람을 향해 몸을 돌려야 한다. 지지를 보여주려면 몸을 앞으로 기울여야 한다. 만일 의사와 관계없이 중간 자리에 앉게 됐다면, 말을 하고 싶을 때 목소리를 높일 만반의 준비를 해라.

상사와 멀리 떨어져 있지만 그가 볼 수 있는 곳에 앉는 건 어떨까? E(상사 자리의 맞은편)는 매우 흥미로운 자리다. 상사의 맞은편에 앉게 된다면 할 말을 많이 준비해놓는 것이 좋다. 물론 상사와 가까운 B와 C 자리도 좋긴 하지만, 가까이 앉는 것만이 능사는 아니다. 상사의 시선 안에 있는 것도 중요하다. E는 상사가 앉은 A 위치에서 정면으로 눈을 마주칠 수 있는 유일한 자리다. 상사의 눈에 잘 띄고 싶거나 할 말을 많이 준비했다면, E 자리를 고려할 수 있다.

E는 또 다른 의미에서 능력자의 자리가 될 수 있음을 명심해라. 그 자리를 선택했다면, 반드시 온화함 쪽으로 카리스마 다이얼을 맞춰야 한다. 언어적·비언어적 지지의 신호를 되도록 많이 보내라. 더 많이 웃고, 더 많이 끄덕이고, 더 많이 지지한다는 피드백을 계속 보내야 한다.

F 자리는 어떨까? 나는 이 자리를 사이드라인 좌석sideline seats이라고 부른다. 회의가 끝나면 일찍 빠져나가고 싶은가? 의견을 말하고 싶지도 않고? 아직 영향력 있는 존재가 아니라고? 사이드라인 좌석은 바로 그런 사람을 위한 자리다. 이 자리는 사건과 가장 멀리 떨어져 있다. 열외 취급받는 것을 원치 않거나 회의에서 목소리를 내고 싶다면, 이 자리는 피하는 것이 좋다. 이 자리에서는 목소리를 높여도 다른 사람들이 당신을 바라보기 어렵다. 그들이 당신을 바라보려면 목을 길게 빼야 할 것이다. 그곳은 침묵의 자리다.

결론적으로, 그럴 수 있다면 회의를 할 때 자리를 현명하게 선택해라. 하고 싶은 말이 많고 다른 사람들의 사적 구역에 들어가고 싶은 회의가 있는가 하면, 그저 거리를 유지하면서 관찰하고 싶은 회의도 있다. 당신의 목표에 따라 적절한 자리를 선택하면 된다.

테이블 모양이 미치는 영향

테이블 모양이 회의의 결정에 영향을 줄 수도 있다! 연구원들은 광고 효과를 평가하기 위해 참가자 350명에게 원형 테이블과 직사각형 테이블 중 원하는 대로 선택해서 앉으라고 요청했다. 원형 테이블에 앉은 참가자들은 친구나 가족이 나오거나 소속감을 전달하는 광고에 더 호의적인 반응을 보인다. 반면, 직사각형 테이블에 앉은 참가자들은 성공과 경쟁을 묘사하는 광고를 선호했다.

다른 사람이 왜 그 자리를 선택했는지 그 의미를 해석할 수도 있다. 나는 다른 사람들이 선택한 자리를 보고 그들이 그 회의를 어떻게 생각하는지에 대해 많은 것을 알아낼 수 있었다.

공동 사무실, 바, 파티 등에서 다른 사람의 공간적 요구를 파악하는 것은 매우 중요하다. 타인의 공간에 너무 빨리 들어가면 그들의 경계심이 자극될 것이다. 또 누군가가 당신의 공간 원칙을 깨뜨리면 당신 역시 경계심이 높아지고 심한 경우 위협에 시달릴 수도 있다.

다른 사람의 공간에 언제 들어가도 되는지는 어떻게 알 수 있을까? 다른 사람의 공간 원칙을 판단하려면 그들의 공간에 들어와도 좋다는 초대 신호나 외부인의 공간 침입에 대한 그들의 인내심 신호를 찾아야 한다. 우리 역시 이런 신호를 사용해 우리의 공간 원칙을 다른 사람에게 인코딩할 수 있다. 먼저, 초대 신호는 '좋아요, 들어오세요!'라는 비언어적 신호로, 대개 친숙한 느낌을 준다.

- **프론팅:** 누군가가 우리를 향해 프론팅하고 있다면, 그것은 전적

으로 관계를 맺고 싶다는 비언어적 표현이다.

- **개방성:** 당신과 그들 사이에 장벽이 없다면, 그들이 당신에게 열려 있다는 좋은 신호다.
- **기울이기:** 누군가가 당신에게 몸을 기울이고 있다면, 당신과 더 가까워지기 위해 노력하고 있다는 의미다.

그 외의 초대 신호에는 다음 장에서 배울 온화함의 신호들이 포함되는데 모두 미소, 끄덕임, 따라 하기, 눈썹 치켜올리기 등과 같은 친근함과 신뢰를 나타내는 신호다.

한편으로 상대방의 인내심 신호도 항상 주의 깊게 살펴봐야 한다. 인내심 신호는 '다른 사람이 내 공간에 들어오는 것을 허용할 준비가 아직 안 됐다'는 뜻으로 다음과 같은 예를 들 수 있다.

- **차단:** 누군가가 갑자기 팔짱을 끼거나, 노트북을 가슴 앞에 들고 있거나, 몸 앞으로 음료수를 움켜쥐는 자세를 취하면, 그들은 당신과 자신 사이에 장벽을 세우려는 것이다. 이때는 뒤로 물러나라.
- **거리 두기:** 당신이 한 발짝 앞으로 나갔는데 그들이 한 발짝 뒤로 물러난다면, 너무 빨리 접근한 것이다.
- **자기 위로:** 때로 우리가 너무 가까이 다가가면 상대방이 불안함을 느낄 수 있다. 누군가가 자신의 손을 비틀거나, 손을 가슴에 대거나, 손톱을 물어뜯는다면 불안하다는 증거다.

이런 인내심 신호를 사용하면 너무 들이대는 스타일의 사람들을 물러나게도 할 수 있다. 누군가가 너무 빨리 가까이 접근한다면 팔짱을 끼거나 손을 뻗어 차단 신호를 보내라. 또한 상대방에게서 인내심의 신호가 보인다면, 천천히 친밀감을 더 형성하기 위해 노력해라.

맥락도 공간 사용 방법에 영향을 미치는 또 다른 중요한 측면이다. 예를 들어, 어떤 상황에서는 의도치 않게 친밀 공간에 빨리 들어가야 할 때도 있다. 붐비는 술집, 콘서트장, 댄스 클럽 같은 곳에서다. 이러한 환경이 만들어진 이유는 사람들의 로맨스를 촉진하기 위해서다! 그러한 공간은 사람들에게 빨리 가까워지라고 요구하고, 우리 마음은 그런 분위기를 잘 따른다.

에셀 박사에게는 공간에 관한 독특한 어려움이 있었다. 아무리 낯선 환자라 해도 불과 몇 분 후에는 그들의 심박수를 잴 정도로 친밀한 관계로 변해야 한다는 것이다. 이는 치과의사, 마사지사, 의사, 트레이너, 간호사, 물리치료사, 교사 등 접촉이 불가피한 직업에 종사하는 모든 사람에게 쉽지 않은 일이다. 이들은 자기 일을 잘 수행하기 위해 누군가의 사적 공간에 들어가야만 한다.

낯선 사람의 친밀 공간을 해석하는 일은 당혹스러울 수 있다. 하지만 두려워하지 마라. 우리에게는 공간 영역을 빠르게 넘나들 수 있는 비언어적 기술이 있다. 나는 그것을 **비언어적 다리**nonverbal bridge라고 부른다. 비언어적 다리는 실제로 누군가의 친밀 공간에 들어가지(이는 매우 위험하다) 않고도 친밀감을 느낄 수 있게 해주는 훌륭한 준비 단계다. 비언어적 다리는 그저 잠시 당신의 한쪽 팔이나 몸의 일부를 상대방의 친밀 구역 안에 슬쩍 밀어넣는 것이다.

에셀 박사는 환자의 말을 잘 듣기 위해 몇 가지 의례를 행하는데 그중 하나가 어린이 환자에게 하이파이브를 하는 것이다. 이는 비언어적 다리의 완벽한 예다. 에셀 박사는 이 의례를 통해 환자의 공적 구역에서 사적 구역, 친밀 구역으로 빠르게 이동한 다음 다시 사적 구역으로 돌아 나간다. 그러고 나서 허리를 굽히거나 무릎을 꿇어 아이들과 눈높이를 맞춘다. 그는 이런 특별한 방식으로 아이들에게 스스럼없이 다가간다. 그리고 아이와 이야기를 나누면서 몸을 기울이는데 이 또한 훌륭한 비언어적 다리다.

나는 주로 다음과 같은 비언어적 다리를 사용한다.

- **기울이기**: 누군가에게 직접적으로, 또는 테이블을 사이에 두고 몸을 기울이면 우리는 그들의 공간에 더 가까이 다가갈 수 있다. 기울이기는 누군가를 알아가는 과정에서 그들을 은근한 방식으로 따뜻하게 해준다.
- **눈높이 맞추기**: 당신은 서 있고 상대방은 앉아 있을 때 상대방과 유대감을 형성하려면 어떻게 해야 할까? 물론 쉽지는 않다! 먼저

눈높이를 맞추도록 해라. 나는 책에 서명해주며 독자들을 만나는 것을 좋아한다. 하지만 그때마다 어색한 문제에 직면한다. 나는 의자에 앉아 있는데 독자들은 서는 상황이 연출되는 것이다. 그런 상황에서 상대방이 마음을 열기란 쉽지 않다. 그래서 나는 행사장에 높은 바 테이블을 갖다놓고 독자들과 마찬가지로 서서 그들을 맞이하며 책에 서명한다. 불가피하게 일반적인 탁자를 사용해야 한다면, 항상 선 채로 독자들을 맞으면서 악수한 다음 앉아서 책에 서명한다.

- **제스처:** 제스처를 사용하면 다른 사람의 공간에 간단히 들어갈 수 있다. 나는 손으로 상대방을 가볍게 가리키는 제스처를 자주 사용하는데, '당신과 나you and I'라고 서로를 지칭하는 제스처다. 나는 또한 누군가에 대한 감사의 표시로 그들을 가리키거나 그들을 향해 손바닥을 펴 보인다. 그러면 온몸을 움직이지 않고도 팔 하나만 사용해서 그들에게 더 가까이 다가갈 수 있다.

- **접촉:** 일시적으로 누군가의 친밀 구간으로 건너가는 또 다른 방법은 접촉이다. 몸은 사적 구간이나 사교 구간에 머물면서, 손을 뻗어 악수를 하거나 상대방의 팔을 만지거나 주먹을 부딪치거나 혹은 어깨를 두드리며 그들의 친밀 구간에 들어가려는 시도를 할 수 있다. 접촉은 몸 전체가 상대방의 친밀 구간으로 이동하는 것이 아니라, 손이나 팔만 뻗는 것이기 때문에 상대방이 더 안전하게 느낄 수 있다.

- **각종 도구:** 문, 유인물, 리모컨, 접시 등 상대방이 필요로 하는 물건을 건네주는 것도 일시적으로 그들의 공간으로 들어갈 수 있는

손쉬운 방법이다. TV쇼 〈샤크 탱크〉에 출연하는 기업가들은 샤크들로부터 상당히 멀리 떨어진 지점(자신들의 사교적 구간)에서 설명을 시작한다. 우리 팀은 수많은 시간을 들여 〈샤크 탱크〉에서 이뤄진 495개의 발표를 분석하면서, 성공적인 발표자들은 샤크들에게 더 가까이 다가가기 위해 비언어적 다리를 사용한다는 사실을 발견했다. 그들은 샘플을 배포하거나, 샤크들이 직접 시연試演에 참여하도록 하거나, 실제 제품을 나누어주기도 한다. 샤크들이 동의를 표하면 그들과 하이파이브를 하거나 주먹을 부딪치기도 한다. 기업가들은 이를 통해 자연스럽게 샤크들의 친밀 구간에 진입한다. 이런 비언어적 다리가 투자 유치에 일조하는 것은 물론이다.

원칙

**카리스마 있는 사람들은
공간을 활용해 친밀감을 보여주고 고취한다.**

공간을 현명하게 활용하기

• 누군가에게 편안함을 느껴서 물리적으로 더 가까이 다가갈 때도 **그들의 공간 경계를 존중하라.**

• **상대방과 몸을 나란히 하라.** 누군가의 사적 구역이나 친밀 구역의 상황을 알아보기 위한 방법이 하나 있다. 그와 나란히 앉는 것이다. 사실 친밀 구역에서 프론팅을 하면, 키스하기 직전의 자세가 되어 다소 부담스러울 수 있다. 하지만 누군가의 친밀 구역에서 나란히 앉으면, 내성적인 사람이라도 편안하게 마음을 열 수

Fun Tip

직접 느껴보게 하라

비언어적 다리를 사용하는 재미있는 방법이 많다. 예를 들어 누군가가 당신의 집을 방문한다면 맛있는 음식을 대접하거나 향기로운 양초를 피워 그들이 직접 맛보고 냄새를 맡게 해라. 저녁 식사를 준비하고 있다면 맛을 보여주며 어떤지 물어보라. 당신이 부드러운 옷을 입고 있다면 그 옷의 질감을 느껴보게 하라.

있다. 그래서 나는 새로운 친구들과 하이킹 가는 것을 좋아한다. 무작정 프론팅을 하기보다는 그와 함께 나란히 걸으면 보다 깊은 이야기를 나눌 수 있기 때문이다. 아마도 사람들이 술집에서 누군가와 나란히 앉아서 자신들의 인생 이야기를 나누는 것도, 10대들이 부모와 함께 차를 타고 어딘가를 갈 때 종종 부모에게 마음을 터놓는 것도, 치료사들이 환자들에게 굳이 프론팅을 하지 않고 소파에 눕히면서 친밀감의 압박에서 벗어나는 것도 바로 이 때문일 것이다.

• **비언어적 다리를 사용해 다른 사람들의 내부 공간으로 천천히 진입하라.** 사람들에게 유인물, 간식, 펜 같은 물건을 건네며 친밀감을 표시해라.

공간 활용을 할 때 주의할 점

• **너무 빨리 가까이 다가가지 마라.** 초대 신호를 확인하고, 인내심 신호를 살펴라.

• **누군가를 구석으로 몰아넣지 마라.** 당신이 누군가에게 말하는데

그가 벽에 등을 대고 있다는 사실을 알아차린 적이 있는가? 그렇다면 당신은 들이대는 사람일 가능성이 있다.

- **자리 선택을 쉽게 하지 마라.** 회의, 바, 레스토랑에서 당신의 사회적 목표에 맞는 자리를 선택해야 한다.

● 카리스마 신호 #5: 응시하기

당신은 사람들의 눈만 보고도 그들의 감정을 읽을 수 있는가? 한번 알아보자. 각 사진 속 인물의 생각이나 느낌을 가장 잘 묘사한 단어를 골라보라.

1.
A. 놀람
B. 두려움
C. 불안함
D. 스트레스 받음

2.
A. 분노
B. 실망
C. 두려움
D. 혼란스러움

3.
A. 지루함
B. 슬픔
C. 혼란스러움
D. 경멸

어땠는가? (정답은 1. A / 2. A / 3. D)

1만 5,000명이 넘는 사람들에게 이 퀴즈를 풀게 했는데, 대부분은 부정적인 감정을 알아맞히는 데 애를 먹었다. 3번 질문에서 'D. 경멸'을 정확하게 맞춘 사람은 42.2%에 불과했다('A. 지루함'을 더 많이 선택했다). 2번 질문에서 'A. 분노'를 정확하게 맞춘 사람은 고작 41.3%였다('D. 혼란스러움'을 더 많이 선택했다).

이는 매우 큰 차이다! 분노는 혼란과는 완전히 다른 감정이며, 따라서 다르게 다뤄져야 한다. 또 경멸을 지루함으로 오해한다면, 완벽하게 부정적인 단서를 놓치게 된다.

앞선 퀴즈는 '눈을 보고 마음을 읽는 테스트RMET, Reading the Mind in the Eye Test'에 바탕을 두고 만들어졌다. RMET은 케임브리지대학교의 심리학자 사이먼 배런 코언Simon Baron-Cohen 박사(유명 배우 사샤 배런 코언Sacha Baron Cohen의 사촌이다)가 만든 것으로, 그는 눈을 보면 사람들의 내면 상태를 정확하게 알 수 있다고 주장한다.

결국 '눈은 영혼의 창이다'라는 오래된 금언이 사실임이 밝혀진 셈이다. 최소한 우리의 감정적인 자아를 들여다볼 수 있는 창이니 말이다. 게다가 생후 7개월이 된 유아도 어른의 눈에서 감정적 신호를 읽을 수 있다고 한다. 눈은 얼굴의 다른 어떤 부분보다 더 많은 정보를 제공한다. 연구원들은 얼굴 사진의 각 부분을 잘라내 한데 붙여놓으면, 사람들은 항상 눈을 먼저 보고 사진 속 인물의 감정을 확인한다고 말한다. 다시 말해, 화난 눈의 사진 조각을 웃거나 무표정한 입 모양의 사진 조각과 붙여놓아도 늘 화난 사람으로 판단한다는 것이다.

사람들의 눈 신호를 읽는 것은 특히 코로나19 팬데믹 기간 동안 더욱 중요한 기술이 되었다. 모든 사람이 마스크를 착용하고 다녔기에 눈 부위만 보고 사람들의 감정을 디코딩할 수밖에 없었다.

우리는 관계를 맺기 위해서는 눈을 마주치는 것이 중요하다고 배워왔다. 그것은 사실이다! 눈 맞춤이 사람들과 신뢰를 쌓는 매우 중요한 방법 가운데 하나라는 것을 보여주는 연구는 수없이 많다. 코언 박사의 RMET도 이에 대한 중요한 이유를 제시한다. **눈을 마주치는 것이 상대방의 감정을 디코딩하는 데 도움이 된다는 것이다.**

당신은 눈을 마주친다는 신호가 단순한 아이 콘택트eye contact가 아니라 응시한다는 것임을 알게 될 것이다. 응시란 단지 눈을 바라본다는 것 이상의 의미다. 누군가를 응시한다는 것이, 실제로는 얼굴의 다양한 부분을 모두 받아들이는 것이라는 사실을 우리는 쉽게 깨닫지 못한다. RMET에서도 눈 주변 근육이 눈 자체만큼이나 중요하다고 강조한다. 연구원들은 "누군가의 얼굴을 응시하면, 우리의 시선은 그 사람의 눈, 코, 입, 턱, 이마까지 빠르게 훑어보고 얼굴 각 부분은 우리 마음속에서 조립되어 전체의 얼굴을 형성한다"고 말한다.

우리는 누군가를 응시하면서 눈의 신호에서 그 사람의 감정을 파악한다. 눈 신호에 관해 우리가 알아야 할 중요한 사항은 다음과 같다.

- **이맛살:** 이맛살은 눈썹을 아래로 당겨서 이마에 두 개의 평행 수직선을 만드는 것이다. 누군가의 눈썹 사이에서 평행 수직 주름을 발견했다면, 그것은 대개 분노나 짜증의 초기 신호다.

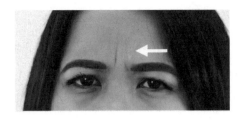

- **눈가 주름:** 행복하다는 감정을 보여주는 유일한 지표가 양 눈가에 생긴 주름이라는 사실을 알면 놀랄지 모르겠다. 누군가의 눈가 주름을 본다면, 그는 당신에게 관심이 있거나 긍정적인 느낌을 가지고 있는 것이다.

- **처진 눈꺼풀:** 우리는 슬플 때 눈꺼풀을 내리깔거나 시선을 아래로 향한다. 누군가의 눈꺼풀이 갑자기 처진다면 주의하라. 특히 시선을 아래로 향하고 있을 때는 더욱 그렇다. 이는 슬픔의 초기 신호다(여기에 하품이 동반되면 피곤한 경우일 수 있다).

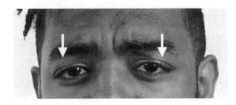

눈을 마주치는 또 다른 큰 이유는 **옥시토신** 때문이다. 누군가와 눈을 마주칠 때마다 옥시토신이 생산되는데, 이는 우리가 유대감을 느끼고 신뢰감을 형성하도록 돕는다. 하지만 이 호르몬의 진짜 중요한 효과는 아직 잘 알려지지 않았다. **옥시토신은 우리가 상대방의 신호를 더 잘 디코딩할 수 있게 돕는다.** 즉, 눈을 마주치면 관계를 맺는 데만 도움이 되는 것이 아니라 다른 사람들의 신호를 더 잘 발견하고 읽을 수 있다. 연구원들은 코에 옥시토신을 뿌린 사람들이 RMET에서 더 나은 결과를 낸다는 사실을 발견했다!

상호 응시의 또 다른 놀라운 이점은 뇌 활동을 동기화하도록 돕는다는 것이다. 연구원들은 뇌 스캔으로 사람들이 상호작용을 하는 동안 신경활동의 변화를 관찰했는데, 서로 응시하는 시간이 많을수록 사람들의 뇌파가 더 많이 동기화된다는 사실을 발견했다. 당신과 같은 생각을 하는 사람을 만나길 원하는가? 누군가를 계속 응시하면 말 그대로 정신적으로 동기화하는 데 도움이 될 수 있다. 아기들이 태어날 때부터 자신을 응시하는 얼굴을 더 잘 바라보는 것도 바로 이 때문이다. 아기가 4개월이 되면, 누군가가 한눈을 팔 때보다 직접 눈

Fun Tip · **시선의 방향**

수많은 리더가 오른쪽이나 위쪽을 바라보는 사진을 사용한다는 것을 알고 있는가? 연구원들은 서양 문화에서는 오른쪽을 올려다보는 것이 낙관적, 미래 지향적, 성공적 등 긍정적인 특징과 관련 있다는 것을 발견했다. 영웅처럼 보이고 싶은가? 그렇다면 사진 찍을 때 오른쪽이나 위쪽을 응시하라.

을 마주쳤을 때 신경활동이 더 증가하는 것으로 나타났다.

응시는 또한 관심의 신호이기도 하다. 우리는 관심이 가는 사람이나 대상을 보기 위해 응시한다. 누군가 우리를 보고 있는가? 좋은 일이다. 우리가 중요한 존재임을 느끼게 해주기 때문이다. 대화 중에 우리는 누가 말할 차례인지를 파악하기 위해 시선의 방향을 주목한다.

또 어디를 봐야 할지를 결정하기 위해서도 다른 사람의 시선을 본다. 우리 팀은 웹사이트에 시선 신호를 추가하면 사용자들이 길을 찾는 데 도움을 줄 수 있다는 사실을 배웠다. 예를 들어, 웹페이지 상단에 아래를 내려다보는 이미지를 추가하면 웹사이트 방문자들이 계속 아래로 스크롤하며 그들이 찾는 답변을 읽도록 유도할 수 있다.

몇 년 전에 우리는 웹사이트 방문객들에게 호감도에 대한 오디오 자료를 무료로 다운로드 받을 수 있도록 제공하기 시작했다. 많은 사람이 이를 좋아하리라고 생각했지만, 처음 몇 주 동안 우리 기대만큼 다운로드가 이뤄지지 않는 것을 보고 실망했다. 그런데 한 학생이 방문자들이 웹사이트의 새로운 가이드를 모르고 있다고 알려줬다! 그래서 우리는 내가 다운로드 버튼을 가리키며 내려다보는 이미지(위 사진 참조)를 추가했다. 그러자 정말 효과가 있었다! 이런 시선 신호는 새로 제공하는 자료에 사람들이 주목하도록 하는 데 도움이 됐다.

원칙

의도적으로 상대방을 응시하라.

응시할 때는

- **의도적으로 응시하라.** 그냥 응시만 하는 게 아니라 탐색하라. 상대방의 감정을 읽으려면 눈 맞춤에 방향과 목적이 있어야 한다. 대화하면서 상대방의 얼굴을 탐색하면, 그가 어떻게 느끼고 무슨 생각을 하고 있는지에 대한 단서를 찾을 수 있을 것이다. 이것은 당신에게 유능함 카리스마를 더해준다.

- **옥시토신의 발산을 위해서라도 응시하라.** 죽은 눈빛과 생기 없는 눈 맞춤은 피하고 진정한 눈 맞춤을 할 상대를 찾아라. 이때가 바로 당신과 대화 상대가 눈을 맞춰야 할 순간이다. 짧아도 상관없다! 두 사람이 서로의 의견에 동의할 때, 동시에 웃을 때, 함께 뭔가에 집중할 때, 상대방과 눈을 맞춰라. 옥시토신을 생산하는 좋은 방법이다. 항상 눈을 마주쳐야 할 필요는 없다. 단 몇 차례의 멋진 눈 맞춤이라도 당신에게 필요한 옥시토신이 충분히 분비될 테니까. 이는 온화함의 카리스마를 더하는 좋은 방법이기도 하다.

응시할 때 주의할 사항

- 응시하는 동안 옥시토신이 생산되고 눈 맞춤으로 상대방의 행동을 해석할 수 있지만, 얼마나 오래 눈을 맞춰야 적절한지에 대한 판단은 문화마다 다르다. 따라서 눈 맞춤의 시간을 조절하기 위해서는 초대 신호와 인내심 신호에 주의를 기울여야 한다.
- 응시하는 것과 노려보는 것은 다르다. 응시한다면서 누군가를 노려보지 않도록 조심하라! 차단, 자기 위로, 거리 두기 같은 인내심 신호를 주의 깊게 살피며 응시하라.
- 사생활을 지나치게 드러내는 사람oversharer을 상대하고 있는가? 아니면 남을 지배하려는 동료, 훼방꾼 등을 다뤄야 하는가? 그렇다면 응시하지 마라. 눈을 마주치지 않으면 상대가 납치범이라도 교묘하게 진정시킬 수 있다.

● 비언어적 신호로 대화를 주도하라

지금까지 우리는 크게 다섯 가지 카리스마 신호에 대해 살펴봤다. 이것들은 온화함과 유능함 카리스마 모두에 사용될 수 있는 비언어적 신호다. 앞으로 기울이기, 안티 블로킹, 프론팅, 공간 활용하기, 의도적으로 응시하기 등 다섯 가지 신호를 반드시 기억해라.

에셀 박사는 어린이 환자들과 진정으로 교감하기 위해 이 다섯 가지 신호를 모두 사용한다. "저는 가족들(환자들)과 관계를 맺는 것을 좋아해요. 그래서 늘 내 관점과 자세가 환자에게 맞는지 확인하고

자 합니다. 사실 나는 그들의 여정에 참여하고 있는 것이지요. 나는 그들과 함께 걷고 있습니다. 저는 진료실 안에서만이 아니라 밖에서 그들이 어떤 사람인지 알고 싶답니다."

에셀 박사는 자신의 관점을 말만이 아니라 비언어적으로도 전달한다. "환자들과 관계를 맺을 때 내 자세가 매우 중요해요. 그래서 늘 그들과 눈높이를 맞춥니다. 결코 위에서 그들을 내려다보지 않아요."

에셀 박사는 '환자들에게 봉사하고 그들을 돕기 위해 자신이 여기 있다'는 사실을 환자들이 알기를 바란다. 그가 먼저 몸을 열면 환자들은 그들의 몸을 더 많이 연다. 그가 환자들을 향해 몸을 돌려 그들의 눈높이에 맞추면, 그들은 그에게 솔직하게 모든 것을 이야기할 수 있다는 느낌을 받는다. 그러면 에셀 박사는 최선을 다해 그들을 도울 수 있고, 환자들도 자신들에게 필요한 도움을 제대로 받을 수 있다.

진정한 카리스마를 지닌 리더들은 모든 상호작용에서 자신은 물론 자신과 함께하는 사람들을 돕는 신호를 구사한다.

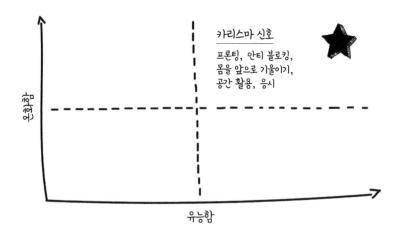

각각의 비언어적 신호를 사용하면서 상대방이 그 신호를 어떻게 느끼는지 확인하는 것은 매우 중요하다. 다음의 신호 차트를 사용해 지금까지 배운 것을 추적할 수 있다. 또 책의 뒷부분에 빈 도표를 첨부했으니 연습에 활용하길 바란다.

디코딩 열은 신호를 발견한 시점을 추적하기 위한 것이다. 새로운 신호를 직접 시도해보기 전에 그 신호를 실생활에서 찾아보면 해당 신호를 재미있게 배울 수 있다.

인코딩 열은 당신이 직접 누군가에게 신호를 보내보기 위한 것이다. 신호 보내기를 시도할 때마다 날짜를 표시하고, 세 가지 다른 시나리오를 각기 최소한 세 번 시도해보라. 그러면 그 신호가 당신에게 정말 효과가 있는지 확인할 수 있을 것이다.

내면화 열은 당신과 상대방이 그 신호를 어떻게 느끼는지 되돌아보기 위한 것이다. 당신은 이제 그 신호를 자신 있게 사용할 수 있는가? 아니면 뭔가를 고쳐야 하는가? 이는 매우 훌륭한 자기 점검 방법이다. 다음 도표를 길잡이 삼아 자신의 차트를 작성해보기 바란다.

신호 차트는 카리스마 목표를 달성하는 데 어떤 신호가 도움이 되고 어디에 그 신호를 사용해야 하는지를 추적할 수 있는 좋은 방법이다.

신호	디코딩	인코딩	내면화
프론팅	누가 당신을 향해 전적으로 프론팅하고 있고, 누가 그렇게 하지 않는지 알고 있는가?	오늘 당신에게 말을 거는 모든 사람에게 프론팅을 시도하라.	누군가가 당신에게 프론팅을 할 때, 또 당신이 누군가에게 프론팅을 할 때, 어떤 느낌이 드는가?
안티 블로킹	누가 팔짱을 끼거나 컴퓨터로 몸을 가리며 자주 당신을 차단하는가?	오늘 당신에게 말을 거는 모든 사람과 개방적인 보디랭귀지를 사용해보라.	누군가가 당신을 차단했을 때 어떤 느낌이 드는가? 당신이 의도적으로 그 장벽을 제거하면 기분이 얼마나 좋아지는가?
기울이기	이야기를 나눌 때 당신에게 몸을 기울이는 사람은 누구인가?	누군가의 의견에 동의할 때 기울이기를 사용해보라.	사람들이 당신에게 몸을 기울이면 기분이 좋은가?
공간 활용	당신의 삶에서 가장 중요한 다섯 명이 공간을 어떻게 활용하는지 살펴보라. 그들은 네 가지 구역 중 어떤 공간을 사용하는가?	공간 활용으로 당신의 의도를 어떻게 나타낼 수 있는가? 다음 회의에서 테이블에 앉을 때 이를 시도해보라.	당신은 어떤 사적 공간을 선호하는가? 네 가지 구역 중 어느 구역을 사용할 것인가?
응시	당신과 눈을 마주치는 사람이 누구인지 알고 있는가? 그럴 때 어떤 느낌이 드는가?	누군가와 눈을 마주쳐보라. 어떤 느낌이 드는가?	당신은 눈을 마주치면 매우 편안함을 느끼는가? 이는 당신이 카리스마 척도의 어디에 해당하는지와 큰 관련이 있다.

4장

온화함 신호로
친밀감과 공감을 형성하라

1953년 9월, 월트 디즈니Walt Disney와 허브 라이먼Herb Ryman은 장차 지구상에서 가장 행복한 장소가 될 곳에 대한 설명회 계획을 이틀 내에 짜야 했다. 그들은 제안서에 다음과 같이 썼다. "이 제안서에서 우리는 위대한 모험을 맛보기로 보여줄 것입니다. …… 디즈니랜드에서 방문객들이 무엇을 볼지에 대한 '미리보기'라고 할 수 있습니다." 그로부터 약 70년이 지난 오늘날, 전 세계에는 열두 개의 디즈니파크Disney parks가 있으며 매일 약 5만 1,000명이 디즈니랜드를 방문한다.

'사람들에게 행복을 가져다준다'는 디즈니의 목표는 오늘날까지도 변함없는 디즈니의 기본적인 운영 원칙이다. 디즈니는 이를 '감동 요인wow factor'이라고 부른다. 사람들이 디즈니에 열광하는 이유는 디즈니가 방문객의 높은 기대를 충족시키는 데 그치지 않고 그 기대를 뛰어넘기 때문이다. 디즈니파크의 모든 직원에게는 지켜야 할 한 가지 중요한 원칙이 있다. 바로 "모든 손님은 VIP처럼 대우받아야 한다. 그들은 저마다 매우 중요하고, 매우 특별하다"라는 것이다.

그들은 이 원칙을 어떻게 수행하고 있을까? 디즈니 직원은 고객을 위해서라면 뭐든 할 수 있다는 '적극적인 태도'만이 아니라 특정한 비언어적 행동을 한다. 실제로 디즈니대학교에서는 청소부에서부터 공주 역할을 하는 사람에 이르기까지, 디즈니파크에서 일하는 모든 직원에게 방문객에게 사용할 수 있는 구체적인 비언어적 신호를 가르친다. 그 신호들은 한결같이 최고의 온화함을 나타낸다.

이런 온화함의 신호는 사소해 보일 수도 있지만, 디즈니파크 방문의 본질이라 할 수 있는 감동 경험의 중요한 부분이다. 그래서 디즈니대학교는 '진정한 품질 서비스Quality Service는 당장은 크게 중요하지 않은 것처럼 보이는 수많은 작은 감동이 모여서 만들어지며, 이런 작은 감동이 마침내 큰 감동이 된다!'를 모토로 삼고 있다. 우리가 상호작용을 하며 사용하는 비언어적 온화함의 신호도 마찬가지다. 비록 작은 온화함의 신호라도 상호작용을 할 때마다 사용하면, 다른 사람들과 신뢰를 쌓는 데 도움이 된다. 디즈니는 이러한 작은 감동으로 70%의 고객 재방문율을 달성했다! **온화함의 신호는 충성심을 유발한다.** 우리는 감동을 주는 사람들에게 이끌린다.

온화함의 신호가 강력한 또 다른 이유는 **후광효과**halo effect를 발휘하기 때문이다. 당신이 온화함과 신뢰감을 동시에 갖추고 있다면, 사람들은 당신의 성격에서부터 당신의 회사, 서비스, 버릇, 심지어 말하는 억양에 이르기까지 당신의 모든 것을 더 신뢰하게 될 것이다.

한 연구에서 실험 대상자를 두 그룹으로 나누어 어느 대학교수의 강의 동영상을 보여줬다. 그 교수는 같은 내용의 강의를 하면서 한 동영상에서는 온화함의 신호를 많이 사용했고, 다른 동영상에서는 온화함의 신호를 사용하지 않았다. 연구원들은 두 그룹에 해당 교수의 호감도, 신체적 외모, 몸짓, 억양에 대해 평가하라고 요청했다.

온화함의 신호를 사용한 동영상을 본 그룹이 해당 교수를 더 호감 있게 평가한 것은 당연하다고 생각될 것이다. 그러나 놀라운 것은 그들이 그 교수의 다른 면까지 더 긍정적으로 평가했다는 사실이다. 그들은 그 교수를 더 매력적으로 봤고 그의 억양도 매우 좋아했다. 반면 온화함의 신호를 사용하지 않은 동영상을 본 그룹은 똑같은 교수인데도 덜 매력적이라고 평가했고, 심지어 그의 억양도 더 짜증스럽게 여겼다! 이처럼 온화함의 신호가 후광효과를 만들어내면서 그 교수의 모든 것을 더 좋아 보이도록 만든 것이다.

온화함의 신호는 당신의 모든 것에 감동 요인을 만들어낸다. 신뢰감, 참여, 포용 등 친밀감이 느껴지는 감정을 다른 사람에게 보낸다. 머리 기울이기, 끄덕이기, 눈썹 치켜올리기, 진심 어린 미소, 터치, 미러링 등을 사용하면 뜻밖에 후광효과까지 얻을 수 있다. 더 나아가 온화함의 신호를 사용하면 다른 사람만이 아니라 당신 자신까지도 감동시키는 이점을 누릴 수 있다.

암스테르담대학교의 연구원들은 실험 대상자에게 단편영화를 보여준 다음, 다른 사람에게 영화에 대해 설명하도록 했다. 연구원들은 청중을 두 그룹으로 나누어 한 그룹에는 긍정적인 청취자 역할을 맡겼다. 즉, 설명을 들으며 미소를 짓고 고개를 끄덕이도록 했다. 그리고 또 다른 그룹에는 부정적인 청취자 역할을 맡겨, 설명을 들으며 얼굴을 찡그리고, 몸을 늘어뜨리고, 머리도 끄떡이지 않게 했다.

실험 대상자(단편영화를 본 사람)는 긍정적인 청취자에게는 영화를 더 창의적으로 설명했다. 등장인물의 생각과 감정을 더 세세하게 묘

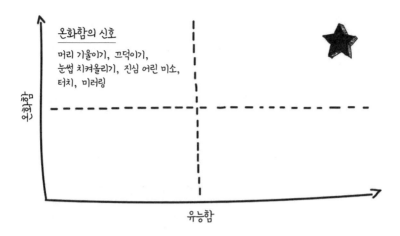

온화함의 신호

머리 기울이기, 끄덕이기,
눈썹 치켜올리기, 진심 어린 미소,
터치, 미러링

온화함

유능함

사했고 영화의 깊은 의미에 대한 자신의 의견도 덧붙였다. 반면 부정적인 청취자에게는 오직 본 대로만 건조하게 설명했다.

이는 상대방의 따뜻한 보디랭귀지가 말하는 사람에게 더 많은 통찰력, 큰 생각, 심지어 창의력까지 불어넣어준다는 것을 의미한다. **온화한 청중은 신호 사이클을 유발하고 말하는 사람이 더 큰 감동을 느끼도록 영감을 준다.** 반면 냉담한 보디랭귀지는 말하는 사람의 생각을 위축시켜 더 작게 생각하게 하고 마음을 닫게 만든다.

● 온화함 신호 #1: 머리 기울이기

내가 강의를 하면서 '잘 들리나요?'라고 묻는다면, 당신은 어떻게 행동하겠는가? 대부분은 더 명확히 듣기 위해 귀를 소리 나는 쪽으로 돌리고 머리를 기울인다. 바로 이러한 본능 때문에, 머리 기울이기는 흥미와 호기심이 있음을 보여주는 신호로 여겨진다. 대화 중에 머리를 말하는 사람 쪽으로 기울이면 즉시 호감도가 높아지고 감동 요인도 커진다.

고개를 기울이는 것은 문자 그대로 '나는 당신이 무슨 말을 하는지 정말 듣고 싶어요' 또는 '와, 흥미롭군요. 더 말해주세요'라는 표시다. 따라서 이 신호에는 대개 '와'라는 감탄사가 동반된다.

연구원들은 머리 기울이기가 매력에도 영향을 미친다는 점을 발견했다. 왜 그럴까? 우리는 잠재적인 파트너가 훌륭한 청취자이기를 바란다(물론 귀를 기울이는 것은 우리 자신의 이미지도 향상시킨다).

당신의 프로필 사진이나 증명사진을 한번 보라. 머리를 기울이고 있는가? 연구원들이 사람들에게 사진을 찍기 위해 포즈를 취해달라고 요청했더니 그들 중 약 4분의 3이 고개를 한쪽으로 기울였다! 그것이 친근감을 더한다는 사실을 본능적으로 알고 있기 때문이다.

네덜란드 화가 요하네스 베르메르Johannes Vermeer의 〈진주 귀걸이를 한 소녀〉, 오스트리아 화가 구스타프 클림트Gustav Klimt의 〈키스〉, 르네상스 시대 이탈리아 화가 산드로 보티첼리Sandro Botticelli의 〈비너스의 탄생〉의 공통점이 무엇인지 아는가? 세 그림의 주인공 여성은 모

Fun Tip **머리를 기울이며 미소를 지으면**

당신의 사진 중에는 미소를 지으며 머리를 기울이고 있는 사진이 얼마나 있는가? 한 분석에 따르면 구인구직 사이트인 링크드인 프로필 사진에서 머리를 약간 기울이며 입을 벌리고 웃는 사진이 취업에 가장 도움이 됐다.

두 머리를 기울이고 있다. 한 연구원 그룹이 14세기에서 20세기 사이에 그려진 초상화 1,498점을 조사했더니, 거의 절반에 해당하는 그림에서 주인공의 머리가 기울어져 있다는 사실을 발견했다.

여기 더욱 흥미로운 한 가지 사실이 있다. 연구원들은 특정 그림 안에서 등장인물의 머리 기울기가 차이를 보인다는 것을 발견했다. 구체적으로 말하자면, **한 사람의 사회적 지위로 그의 머리 기울기를 예측할 수 있다는 것이다.** 즉, 사회적 지위가 높을수록 그들은 머리를 덜 기울인다. 머리 기울이기는 온화함을 보여주는 매우 빠른 방법 중 하나지만, 동시에 양보의 몸짓이자 타협적인 행동의 표현이기도 하다. 왜 그럴까? 머리를 기울이면 우리 몸의 매우 취약한 부분인 경동맥이 노출되기 때문이다. 경동맥은 목의 좌우 양쪽을 따라 올라가며 우리 뇌에 혈액을 공급하는 역할을 한다.

머리 기울이기를 전기담요라고 생각해보라. 전기담요는 즉시 당신을 따뜻하게 해주지만 너무 오래 사용하면 화상을 입힐 수도 있다. 따라서 썰렁한 상호작용을 따뜻하게 만드는 정도로만 적절히 활용해야 한다. 누군가에게 나쁜 소식을 전해야 하는가? 머리를 기울여 당신이 그들 곁에 있다는 것을 보여줘라. 차갑다거나, 대화하기 어려운 사람이라는 말을 듣는가? 머리를 기울이면 인상이 부드러워지고 상대방도 보다 쉽게 마음을 열 수 있을 것이다.

> **원칙**
>
> **머리 기울이기는 상대방에게
> 관심, 호기심, 양보심이 있음을 보여준다.**

머리를 기울여야 할 때

- 상대방에게 관심이 있고 그의 말에 귀 기울이고 있음을 보여주고 자 할 때
- 나쁜 소식을 전할 때
- 더 온화한 사람으로 보이고 싶을 때
- 상대방이 마음을 열도록 격려할 때

머리를 기울이지 말아야 할 때

- 힘 있는 사람으로 보이고 싶을 때
- 도무지 말을 멈추지 않는 사람, 회의를 끝낼 생각이 없는 사람과 함께한 적이 있는가? 그런 사람들에게는 머리를 기울이지 마라!
- 이미 온화한 사람으로 받아들여지고 있는데 머리까지 기울이면 능력 있는 사람으로 인정받기 어려울 것이다. 그럴 때는 머리 기울이기를 자제하라.

● 온화함 신호 #2: 끄덕이기

에이로드A-Rod라고도 불리는 메이저리그 야구 선수 알렉스 로드리게 스Alex Rodriguez는 22시즌을 뛰면서 무려 4억 4,130만 달러를 벌었다. 그런 그가 2007년에 도핑 혐의로 고발당했다.

그는 케이티 커릭Katie Couric이라는 여성이 진행하는 TV쇼 〈아이 투 아이Eye to Eye〉에 출연해 스테로이드 복용에 대한 질문을 받았다.

커릭은 로드리게스에게 "공식적으로 질문드리겠습니다. 스테로이드나 성장 호르몬, 또는 경기력 향상에 도움이 되는 여타 물질을 복용한 적이 있나요?"라고 물었다.

로드리게스는 "아니요."라고 대답했다.

커릭이 다그쳤다. "그런 것 가운데 하나라도 사용하고 싶다는 유혹을 느낀 적이 있나요?"

로드리게스가 다시 대답했다. "아니요."

꽤 분명하게 들리지 않는가? 이제 그의 비언어적인 신호를 해석해보자(이 인터뷰 동영상은 scienceofpeople.com/cues/cues-bonuses에서 확인할 수 있다). 로드리게스는 입으로는 "아니요."라고 말하면서 고개를 끄덕였다. 이는 '예'라는 뜻의 비언어적 신호다. 거짓말쟁이들은 말하는 연습은 해도 비언어적 신호에는 신경 쓰지 않는다. 로드리게스도 마찬가지였다. 약물 복용에 대한 질문을 받았을 때 그의 입은 아니라고 했지만 그의 몸은 그렇다고 대답한 것이다.

또한 얼굴에 경멸의 표정을 드러냈다. 바로 한쪽 입꼬리가 올라간 것이다. 로드리게스는 자신에게 난처한 질문을 하는 커릭에게 경멸감을 느꼈을 것이다. 아마 자신에게도 경멸감을 느꼈을지 모른다. 거짓말을 하는 사람은 거짓말이 자신을 더 곤경에 빠뜨릴 수 있음을 알기 때문에 거짓말을 하면서 경멸감을 드러낸다. 사람들은 대개 거짓말하기를 싫어한다.

커릭이 "그런 것 가운데 하나라도 사용하고 싶다는 유혹을 느낀 적이 있나요?"라고 물었을 때 로드리게스는 오른쪽을 올려다보고는 고개를 가로저었다. 이는 '아니요'라는 비언어적인 신호이지만, 그가 약물을 복용한 것은 사실이었다. 그는 약물을 복용하고 싶은 유혹을 받은 것이 아니라 실제로 약물을 복용했다. 몇 년 후, 로드리게스는 스테로이드 복용 사실을 실토하고 인정했다.

그래서 여기서 우리가 얻을 수 있는 것은 무엇인가? 끄덕임 속에 감정이 스며들고 그로써 진정한 감정이 드러난다는 것이다. 따라서 메시지를 잘 제어하려면, 끄덕임의 동작을 제어하는 것이 중요하다. '예'를 의미하는 수직 끄덕임은 동의와 격려를 나타내지만, 수평으로 고개를 젓는 것은 반대와 낙담을 의미한다.

90년대 중반에 변호사들은 고개를 끄덕이는 것이 법정 소송에 영향을 미친다는 사실을 알아챘다. 그들은 법정에 출석한 감정인expert witness(법정 심리 때 전문가 입장에서 감정·증언을 하는 사람-옮긴이)이 종종 배심원 쪽을 바라보며 그들이 동의의 의사 표시로 고개를 끄덕이는지 확인한다는 것을 알았다. 또한 변호사들은 한 배심원이 고개를 끄덕이면 그것이 전염되어 주변 배심원의 의견을 감염시킨다는 사실도 발견했다.

2009년에 연구원들은 배심원의 끄덕임이 감정인의 신뢰성에 대한 인식을 바꿀 수 있다는 가설을 테스트해보기로 했다. 연구원들은 모의 배심원들에게 감정인이 말하는 동안에 고개를 끄덕이도록 요청했다. 이 작은 비언어적 단서가 법정에서의 의견을 바꿀 수 있었을까? 과연 그랬다. 결과적으로 배심원들의 끄덕임이 감정인의 신뢰에, 그리고 다른 배심원들의 동의에도 큰 영향을 미치는 것으로 나타났다. 결국 법원은 배심원들이 재판에서 투표하는 방식을 바꿨다.

고개를 끄덕이는 것은 동의를 이끌어내는 훌륭한 방법이다. 사람들은 대개 회의나 상호작용을 하면서 자신의 감정을 숨기거나 억누르는 실수를 저지른다. 당신이 무언가에 동의한다면, 그것을 실제로 보여주도록 해라.

끄덕임에는 또 다른 이상한 효과가 있다. 끄덕임으로 동의를 표하면 상대방이 말을 최소한 67%는 더 많이 하게 된다는 것이다. 연구원들이 공무원 면접을 보는 지원자들을 관찰했더니, 면접관이 고개를 끄덕였을 때 지원자들의 말하는 시간이 67% 증가했다.

전화통화를 하고 있어서 상대방이 당신의 보디랭귀지를 볼 수 없는 경우에는 어떨까? 그럴 때도 고개 끄덕임은 여전히 도움이 된다. 2015년에 내가 강연을 끝내자 니콜 셀리그먼이라는 사랑스러운 여성이 내게 다가왔다. 셀리그먼은 '전국가정폭력 핫라인National Domestic Violence Hotline'이라는 단체의 변호사로 일하고 있었다. 그녀는 직업을 수행하며 정신적으로나 감정적으로 충격을 받은 사람과 이야기를 나누어야 한다. 그녀는 단체에 속한 변호사들에게 전화를 건 사람들의 이야기를 듣는 동안 고개를 끄덕이라고 가르친다고 말했다. 그녀는 "비록 전화를 건 사람이 우리의 끄덕임을 볼 수는 없지만, 그렇다 해도 통화하는 중에 고개를 끄덕이면 우리가 말하고 행동하는 방식에 더 잘 공감하고 온화함을 느끼며, 우리 단체를 자신들의 이야기를 계속 공유하고 도움을 구할 수 있는 안전한 공간이라고 생각하게 된다"고 설명했다. 전화통화 중에 고개를 끄덕이면 전화를 받는 사람이나 거는 사람 모두에게 따뜻함이 전달된다는 것이다.

긍정적인 끄덕임은 공감을 표시하고 유발하기 때문에 최고의 온화함 신호라고 할 수 있다. 누군가가 마음을 열고 말할 때 귀를 기울이면서 고개를 끄덕이면, 상대방은 더 마음을 열게 될 것이고 당신의 마음도 더 열릴 것이다. 이 말을 그냥 흘려듣지 말고, 다음번에 배우자가 중요한 말을 할 때, 동료가 개인적인 일에 대해 이야기할 때, 친구와 깊은 대화를 나눌 때 직접 실천해보라.

고개를 끄덕이는 것은 격려와 동의를 보여주는 무척 빠른 방법이며, 가장 강력한 감동 요인이다. 그리고 우리는 격려하고 동의하는 사람을 좋아한다.

고개를 끄덕일 때 명심해야 할 한 가지는 바로 속도다. 천천히 사려 깊게 끄덕이는 것이 최고의 방법이다. 천천히 세 번 끄덕이는 것이 가장 좋다. 너무 빨리 끄덕이면 성급한 사람처럼 보일 수 있다.

자, 함께 연습해보자. 다음 세 구절을 1초에 한 구절씩 읽은 다음 고개를 끄덕여보라. "듣고 있어요……. 듣고 있어요……. 듣고 있어요."

당신의 끄덕임에서 공감, 연민, 친절이 느껴질 것이다.

Fun Tip　　　　　　**끄덕인형이 되지 않도록 유의하기**[*]

연구에 따르면 여성이 남성보다 더 많이 끄덕이는 경향이 있는 것으로 나타났다. 나도 몇 년 전, 끄덕임이 큰 문제가 될 수 있다는 것을 배웠다. 어느 행사에서 내가 너무 많이 끄덕이며 지나치게 온화함을 보이자, 사람들은 나를 '끄덕인형bobblehead doll'으로 간주했다. 내가 모든 것에 동의하는 사람처럼 보인 것이다. 당신이 이런 상황에 처한다면 끄덕이는 대신 고개를 약간 기울여보라. 이 또한 온화함과 절제심을 보여주는 신호이니 말이다.

―――――――
[*] 불가리아, 인도, 파키스탄 같은 지방에서는 끄덕임이 전혀 다른 의미로 이해되므로, 지역별로 보편적 문화를 확인하라.

이제 1초도 안 되는 빠른 속도로 세 구절을 모두 읽은 다음 고개를 끄덕여보라. "듣고있어요듣고있어요듣고있어요."

당신의 끄떡임에서 급함, 서두름, 조급함이 느껴질 것이다.

천천히 고개를 끄덕이는 것은 "계속 말씀하세요, 나는 시간이 충분합니다"라고 말하는 것과 같다. 반면 고개를 빨리 끄덕이는 것은 "이제 알았어요, 빨리 끝내기나 하세요"라는 말과 같다.

원칙

사람들에게 더 많은 동의를 얻으려면 고개를 끄덕여라.

고개를 끄덕여야 할 때

- **인사할 때.** 복도에서 누군가 옆을 지나가는가? 그들에게 고개를 끄덕이며 미소를 보내라. 팀원들과 영상통화를 하는가? 고개를 끄덕이며 손을 흔들어 인사하라.

- **누군가를 격려할 때.** 누군가 당신이 정말 좋아하는 의견이나 당신과 같은 생각을 말하고 있는가? 긍정의 끄덕임을 보내라.

- **요청에 화답하고 싶을 때.** 누군가의 마음을 열고 싶은가? 그 사람이 계속 이야기하도록 격려하고 싶은가? 천천히 세 번 끄덕여보라.

고개를 끄덕이지 말아야 할 때

- 동의하지 않거나 불만을 완곡하게 표시하려면 머리를 끄덕이지 마라. 이는 당신이 누군가와 마음이 맞지 않는다는 것을 부드럽게 표현하는 방법이다.

- 이미 너무 많은 온화함 신호를 보냈다면 더는 고개를 끄덕이지 마라. 또 이미 많이 끄덕였다면 더는 끄덕이지 않는 것이 좋다.
- 누군가의 말을 멈추게 하고 싶을 때는 끄덕이지 마라.

● 온화함 신호 #3: 눈썹 치켜올리기

호주의 TV 프로그램 〈어둠 속의 데이트Dating in the Dark〉에서 참가자들은 완전한 어둠 속에서 무작위로 낯선 사람들과 소개팅을 한다. 참가자들은 말하고, 만지고, 심지어 애무할 수도 있지만, 마지막 회인 '공개하기' 전에는 서로를 볼 수 없다.

'공개하기'에서 각 커플은 어두운 방에서 서로 마주 보고 선다. 한 사람씩 번갈아가며 한 번만 불이 켜지기 때문에 자신의 외모를 본 상대방의 반응은 알 수 없다. 물론 집에서 TV를 보고 있는 시청자들은 특별한 적외선 카메라로 두 사람을 모두 볼 수 있다. 쇼 후반에 참가자들은 쇼가 끝난 후 상대방과 계속 사귀고 싶은지를 결정한다.

이 쇼의 가장 훌륭한 점은 출연자들의 자연스러운 보디랭귀지 반응과 표현을 볼 수 있다는 것이다. 참가자들이 서로를 볼 수 없는 상태에서 데이트를 하므로, 그들의 비언어적 신호는 순전히 본능적인 것이라고 할 수 있다.

〈어둠 속의 데이트〉에서 커플 성사 가능성이 가장 커 보이는 롭과 킴이 '공개하기' 방에 들어선다. 그들은 그동안 멋진 데이트와 깊은 토론, 많은 접촉을 거치며 관계를 다졌다.

롭이 "너무 긴장됩니다. 마치 나뭇잎처럼 떨려요"라고 말하자, 롭 쪽의 불이 먼저 켜지고 그의 얼굴이 공개된다.

방 맞은편에 있던 파트너 킴이 그를 맞이한다. 그녀의 눈썹은 즉시 치켜세워지고 얼굴에는 미소가 번진다. 그런 다음 그녀는 손으로 입을 가리며 눈썹을 다시 치켜올린다. 그녀는 수줍게 웃는다.

롭 쪽의 불이 꺼지고 킴의 눈썹이 다시 반짝이는 것이 보인다. 킴은 자신이 본 롭의 모습이 마음에 들었고, 앞으로 더 보고 싶다고 생각했기 때문에 불과 4초라는 짧은 시간 동안 눈썹을 세 번이나 치켜올렸다.

누군가와 상호작용을 하면서 기쁨, 호기심, 관심을 전달하고 싶다면, 눈썹을 치켜올려라. 눈썹 치켜올리기는 위 사례의 킴이 보여줬듯이 상대방의 더 많은 것을 보고 싶어 한다는 신호이다. 모든 온화함의 신호가 그렇듯이, 직업적·사회적·로맨틱한 상황에서 눈썹을 치켜올리는 것은 긍정적인 사교 신호이자 인정의 표시이다.

연구원들은 우리가 상대방과 의사소통을 하고 싶다는 의도를 보여주기 위해 눈썹을 치켜올린다는 점을 발견했다. 눈썹을 치켜올리면 상대방이 더 멀리서도 우리의 시선 방향을 감지할 수 있기 때문이다.

요약하자면, **눈썹 치켜올리기는 비언어적 표현의 지름길이다.** 기쁨, 호기심, 관심을 전달하는 가장 빠른 방법이기 때문이다. 다음과 같은 상황에서 눈썹 치켜올리기를 의사소통의 지름길로 사용할 수 있다.

- **뭔가 확인을 하고자 할 때.** "이해하셨나요?"라는 부드러운 질문

을 하면서 눈썹을 치켜올릴 수 있다.

- **적극적으로 듣고 있을 때.** 눈썹 치켜올리기는 대화하며 동의를 표할 때도 사용될 수 있다. 특히 소리가 들리지 않는 영상통화에서도 이 신호를 사용해 관심을 표명할 수 있다.

- **포인트를 강조하고 싶을 때.** 눈썹을 치켜올리면, 다른 사람들에게 주목하라는 신호를 보내는 것이므로 서로 눈을 마주칠 가능성이 더 커진다. 마치 눈썹으로 "잘 들어보세요, 놀랄 겁니다"라고 말하는 것과 같다.

- **감동할 때.** 큰 기쁨을 느끼면 우리는 대개 눈썹을 치켜올린다.

물리학자 닐 디그래스 타이슨도 자신의 책에 어떤 내용을 넣어야 할지를 판단할 때 이 눈썹 치켜올리기 신호를 사용했다. 『날마다 천체 물리』를 쓸 때 그는 비행기 안에서 사람들과 이 책에 들어갈 내용에 대해 이야기하면서 상대방의 눈썹이 언제 치켜올라가는지를 주의 깊게 살폈다. 이 반응은 놀라우리만치 정확했다. 2017년 5월 이 책이 출판되자, 곧바로 뉴욕타임스 베스트셀러 1위를 차지했다. 타이슨은 이와 같은 작은 신호로 그들의 내면적 관심을 파악할 수 있다는 사실을 발견했다. 눈썹 치켜올리기를 전략적으로 활용하면 당신도 상대방에게 온화함과 열정을 즉각 드러내고 전달할 수 있다.

한 가지 주의할 점이 있다. 이 신호는 눈썹을 치켜올리는 것이지 눈꺼풀을 치켜올리는 것이 아니라는 점이다. 눈꺼풀을 치켜올리며 눈의 흰자위를 보여주면 이는 두려움을 나타내는 부정적인 신호다. 눈썹을 치켜올릴 때는 눈꺼풀이 아니라 눈썹만 치켜올리도록 해라.

눈썹을 치켜올리기가 의사소통의 지름길이라는 것을 기억해라. 그러므로 오래 치켜올리고 있을 필요는 없다. 사람들은 대개 1초도 안 되는 찰나의 순간에 눈썹을 치켜올리고 곧 눈썹을 제자리로 돌려놓는다. 너무 오랫동안 치켜올리면 마치 놀란 사람처럼 보일 것이다. 결코 멋진 모습은 아니다.

원칙

눈썹을 치켜올리는 것은 관심과 호기심을 표현하고 주의를 이끄는 가장 빠른 방법이다.

눈썹을 치켜올려야 할 때

- 누군가에게 목소리를 높이라고 격려할 때. 매우 내성적인 사람과 일하고 있는가? 내성적인 사람은 자기 생각을 다른 사람과 공유하는 데 어려움을 겪는다. 그들을 향해 눈썹을 치켜올리면 그들이 생각을 공유하도록 격려할 수 있다.
- 상대방에게 호기심이나 관심을 보이고 싶다면 눈썹을 치켜올려라.
- 좋아하는 사람에게 인사할 때 눈썹을 치켜올려라.

눈썹을 올리지 말아야 할 때

- 누군가가 당신을 화나게 한다면, 눈썹을 아래로 내리깔아라. 그런 상황에서 눈썹을 치켜올리면 그들은 계속 당신을 자극할 것이다.
- 너무 자주 눈썹을 치켜올리지 마라. 놀란 사람처럼 보이길 원하지 않는다면 말이다.
- 일본에서 눈썹 치켜올리기는 이성에게 관심을 나타낼 때 사용된

다. 일본에 산다면 직장에서는 이 신호를 자제해야 한다.

● 온화함 신호 #4: 진심 어린 미소

미소를 지으면 온화한 사람으로 보일 가능성이 9.7배 더 높아진다. 그만큼 미소는 순전한 온화함의 신호다.

하지만 미소는 단지 온화함이나 행복에 관한 것만은 아니다. 미소는 누군가에 대한 관심 표현이기도 하고 **당신을 더 잘 기억되도록 만들어주기도 한다.** 연구원들은 실험 대상자들에게 사람들의 사진을 보여주며 그들의 이름을 외우라고 요청한 다음 대상자들의 뇌에서 일어나는 변화를 자기공명영상으로 관찰했다. 사진 가운데 어떤 얼굴은 웃고 있었고 또 어떤 얼굴은 웃고 있지 않았다. 그런데 실험 대상자들이 웃고 있는 사람의 이름을 외우려고 할 때 그들의 안와전두피질, 즉 뇌의 보상중추가 활성화된다는 것을 발견했다. 쉬운 말로 하자면, 우리 뇌는 웃는 사람을 좋아하고 그들을 기억하기 위해 더 많은 노력을 기울인다는 얘기다. 미소는 보상중추를 깨워서 우리를 기분 좋게 만드는 사람이나 사물을 더 쉽게 기억하게 해준다.

뇌는 다른 사람의 웃는 얼굴뿐 아니라 우리가 웃는 것도 좋아한다. 연구원들은 미소가 뇌로 가는 혈류를 증가시킨다는 사실을 발견했다. 미소는 우리를 기분 좋게 만드는 호르몬의 방출을 유발함으로써 전체 신경계를 활성화하는 몇 안 되는 비언어적 신호 중 하나다. 미소는 우리에게 더 많은 에너지를 주고 더 낙관적인 생각을 하도록 해준다. 간단히 말해, 미소는 내외적으로 감동을 만들어낸다. 미소는 사교적 목적에서만이 아니라 우리의 내적 정신에도 매우 유익하다.

그렇다면 언제나 실실 웃으며 돌아다녀야 한다는 말인가? 물론 그렇지 않다! 그런 실없는 웃음은 가짜 웃음일 수 있다. 그리고 가짜 웃음은 기억에 오래 남지 않는다. 진짜 웃음과 가짜 웃음 사이에는 아주 중요한 차이가 있다. 진짜 웃음을 지을 때는 눈까지 웃음기가 널리 퍼진다. 진짜 웃음과 가짜 웃음을 구별하는 가장 좋은 방법이 있다. 진짜 웃음은 다음 사진처럼 눈가에 잔주름을 만들어낸다.

진정한 미소가 중요한 이유는 그런 미소만이 실제로 긍정적 영향

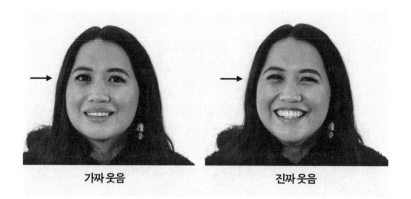

가짜 웃음   진짜 웃음

을 미치기 때문이다. 다른 사람이 진정으로 웃는 모습을 보면 우리의 미소 근육도 활성화된다. 연구원들은 누군가가 당신을 보고 웃고 있는데 그들을 향해 눈살을 찌푸리기는 어렵다는 것을 발견했다.

당신의 온화함은 다른 사람들의 온화함을 유발한다. 디즈니가 '모든 고객과의 상호작용은 직접적인 눈 맞춤과 진심 어린 미소로 시작하고 끝내야 한다'라고 강조하는 이유도 바로 이 때문이다.

'진심 어린'이라는 단어에 주목하라. 행복과 마법의 세계인 디즈니조차도 가짜 미소보다 나쁜 것은 없다는 것을 잘 알고 있다. 디즈니의 핸드북에도 "고객에게 웃고, 인사하고, 감사를 표현하는 행동을 하는 것은 당연히 좋지만, 그것이 그저 기계적인 행동에 불과하다면 그 효과는 현저히 제한된다"라는 말이 쓰여 있을 정도다. 그러니 진심으로 느낄 때만 웃어라. 할 수 있는 한 **진심 어린 미소**를 지어라.

진심 어린 미소는 얼굴 전체에 좀 더 오래 머문다. 연구원들은 이런 미소가 더 매력적으로 보인다는 사실을 발견했다. 구체적으로 말해, 누군가의 얼굴에 미소가 0.5초 이상 이어지면 그 사람은 상대방의 존재, 아이디어, 이야기를 진정으로 즐기고 있다는 느낌을 준다.

Fun Tip ──── **모든 유머를 존중하라**

항상 재미있는 사람이 돼야 한다는 부담을 갖지 마라. 유머를 구사할 수 있다면 물론 좋겠지만, 다른 사람들의 유머를 존중하는 것도 그 못지않게 좋은 일이다. 그러니 항상 웃을 준비를 해라. 웃음을 상대방에 대한 칭찬으로 생각해라. 누군가에게 웃음을 보내는 것은 그 사람에게 감사하다고 말하는 것과 같다.

진심 어린 미소의 최고 장점은 무엇일까? 진정한 미소는 종종 큰 웃음으로 이어지고, 이는 또 다른 온화함의 신호다. 사람들은 대개 웃음을 뭔가가 재미있음을 나타내는 유머의 신호로 생각한다. 하지만 누군가와 함께 웃는 것은 유대감을 형성하는 좋은 방법이기도 하다.

연구원들은 함께 웃는 것이 그 사람과 관계를 형성하는 탁월한 촉매제 중 하나라는 점을 발견했다. 웃음이 기분을 좋게 만드는 엔도르핀을 유발하는 긍정적인 경험을 공유하도록 해주기 때문이다. 웃음은 우리를 더 개방적으로 만들어 마음을 열어준다.

원칙

미소는 기쁨을 만들고 기쁨을 퍼뜨린다.
물론 진심 어린 미소일 때만 그렇다.

미소를 지어야 할 때

- 항상 미소 지으려고 하지 마라. 다만 언제든 미소 지을 준비가 되어 있어야 한다.
- 진심 어린 미소로 시작하고 진심 어린 미소로 마무리한다. 누군가를 처음 만날 때(우리는 상대방이 나를 만나서 정말 행복한지 궁금해한다), 그리고 상호작용을 끝낼 때(우리의 만남이 즐거웠는지 알고 싶어 한다) 미소는 매우 중요하다.
- 누군가 미소 짓는다면 당신도 함께 웃을 수 있는지 가늠해보라.
- 상대방이 미소를 지으면 당신도 그에 맞춰 미소를 보내라. 문이 닫힌 후나 상대방이 돌아선 후에 웃는 건 의미가 없다. 누군가를 향해 웃는 것도 중요하지만 그 사람과 함께 웃는 것도 중요하다.

상대방과 눈이 마주칠 때 미소를 지어라.

미소를 짓지 말아야 할 때

• 이미 너무 온화하다고 평가받는 사람이라면, 중요한 순간을 위해
  미소를 아껴두는 것도 좋다.

• 상대방에게 동의하지 않는다는 신호를 보이고자 할 때나 누군가
  를 물리치고 싶을 때는 미소를 짓지 않는 것이 좋다.

◉ 온화함 신호 #5: 신뢰의 터치

어떤 팀이 왜 그렇게 팀원들 간에 호흡이 잘 맞고 훌륭한 조화great
chemistry를 이루는지 궁금했던 적이 있는가? 캘리포니아대학교 버클
리캠퍼스의 한 연구팀은 2006시즌 NBA 결승전 첫 세 경기를 보면
서 선수들이 동료 선수의 등을 두드리거나, 엉덩이를 토닥이거나, 뛰
면서 어깨를 부딪치거나, 어깨를 팔로 감싸거나, 머리를 쓰다듬는 등
서로를 격려하는 장면이 카메라에 얼마나 많이 잡히는지 그 수를 세
어봤다. 그리고 이런 식으로 서로를 많이 터치하면서 격려하는 팀이
게임에서 대개 승리를 거둔다는 사실을 발견했다.

결승에서 맞붙은 댈러스 매버릭스Dallas Mavericks는 총 250회의 터
치를 보여 134회를 보인 상대 팀 마이애미 히트Miami Heat보다 거의
두 배나 터치를 많이 했을 뿐 아니라, 이 세 경기에서 동료들끼리의
하이파이브도 히트보다 82%나 더 많이 했다.

우리가 누군가를 터치하거나 누군가가 우리를 터치하면 몸속의 화학작용이 변한다. 터치는 강력한 화학물질인 옥시토신을 생성한다. 앞에서도 말했듯 옥시토신은 다른 사람과의 상호작용에서 신뢰, 온화함, 친밀감을 높여준다. 하이파이브, 주먹 인사, 등 두드리기 같은 작은 터치도 옥시토신을 생성하고 신뢰를 북돋는다.

연구 결과에 따르면 미세한 터치는 사회적 관계에서부터 이성 관계, 직업적 관계에 이르기까지 모든 종류의 관계에서 신뢰감을 높여준다. 또 터치하는 사람이 친구든, 가족이든, 동료든, 낯선 사람이든, 앞서 언급한 농구팀 동료든 터치하는 사람을 더 가깝고 긍정적으로 느끼게 해주는 것으로 나타났다. 농구에서 팀원들이 서로를 신뢰하면 선수들이 플레이를 더 잘하고, 더 많이 패스하며, 모든 선수가 자신의 임무를 잘하고 있다는 믿음을 갖게 된다.

옥시토신은 또한 우리가 다른 사람의 신호를 더 잘 읽고 해독하도록 도와준다. 연구원들은 팀 동료들이 서로를 더 많이 터치할수록, 팀원들이 할 행동을 더 잘 읽고 예측할 수 있다는 사실을 발견했다.

터치를 잘하면 돈도 더 많이 벌 수 있다. 연구원들은 음식점 종업원이 간단한 터치만으로도 더 많은 팁을 받을 수 있을지가 궁금했다 (여성 종업원에게만 해당하는 이야기는 아니다). 연구 결과, 종업원이 고객의 손이나 팔을 가볍게 터치했을 때 여성 종업원은 평균 23%, 남성 종업원은 평균 40%의 팁을 더 받는 것으로 나타났다. 더 흥미로운 점은 젊은 고객들의 팁은 평균 62% 늘어난 반면 나이 든 고객들의 팁은 15% 증가에 그쳤다는 것이다. 아마도 젊은이들이 옥시토신의 발산을 더 좋아하는 것 같다!

하지만 모든 터치가 똑같이 옥시토신을 생성하는 것은 아니다. 터치는 문화마다 다르게 받아들여지는 비언어적 신호다. 한 연구는 프랑스, 네덜란드, 영국처럼 서로 가까운 세 유럽 국가 사이에서도 터치의 뉘앙스가 다르다는 사실을 발견했다. 예를 들어 어떤 문화권에서는 뺨에 하는 키스가 서로를 맞이하는 인사법이지만, 어떤 문화권에서는 서로 절을 하는 것이 올바른 인사법이다. 또 어떤 문화권에서는 공공장소에서 같은 성끼리 손을 잡을 수 있고, 어떤 문화권에서는 발이 접촉 금지 구역으로 여겨져 일체의 접촉도 허용되지 않는다.

그렇다면 어떻게 해야 할까? 서양 문화에서는 보통 손과 팔이 안전 구역으로서 최소한의 친밀감을 표시할 수 있는 부분으로 받아들여진다. 그렇기에 직업적인 상황에서 악수나 팔을 만지는 것은 온화함의 훌륭한 신호다. 친구, 가족, 기타 가까운 관계의 사람들 사이에서 위쪽 팔, 어깨, 위쪽 등(등 두드리기), 뺨(뺨에 키스하기)을 터치하는 것은 보통 따뜻하게 받아들여진다.

자주 만나는 사람들과 상호작용을 할 때 당신이 어느 부분을 터치하는지 생각해보라. 당신이 터치를 편안하게 느끼는 부분은 어디인가? 그들의 초대 신호와 인내심 신호를 살펴보라. 누군가에게 너무 많이, 너무 빨리, 또는 너무 가깝게 다가가 터치한다면 인내심 신호를 보게 될 수도 있다. 그러나 상대방이 당신의 터치를 환영한다면, 초대 신호를 보게 될 것이다.

영상통화를 할 때는 어떨까? 이때는 가끔씩 터치를 언급하기만 해도 충분히 따뜻함을 만들어낼 수 있다. 나는 영상통화를 할 때 "너에게 가상 하이파이브를 보내줄게"라거나 "디지털 포옹을 해줄게"라고 말하며 카메라를 꼭 껴안는다. 그렇게 하면 실제로 만질 수는 없어도 항상 웃으며 온화함의 신호를 보낼 수 있다.

반대로, 실제로 가까이 있으면서도 만질 수 없는 경우에는 어떻게 하면 좋을까? 독감이 유행하는 계절이라든가, 국제적인 대유행병이 닥친 경우다. 코피 에셀 박사는 코로나19 팬데믹 기간에 어린이 환자들과 악수를 할 수 없었기 때문에 빠른 팔꿈치 터치를 활용했다. 그렇게 함으로써 여전히 웃음과 감동을 만들어낼 수 있었다. 에셀 박사는 유대감을 형성하려는 욕구를 다루는 것이 중요하다고 말한다.

"나는 '이렇게 만났는데도 악수를 못 하다니. 정말 미안해. 나도 손을 잡고 싶지만 오늘은 너를 보는 것만으로도 만족해. 무척 반가웠어'라고 말함으로써 그 욕구를 다루지요."

그는 악수 대신 허공 하이파이브와 허공 포옹 동작을 한다. 그런 식으로 터치를 생각만 해도 따뜻함이 전해지기 때문이다.

원칙
목적의식을 가지고 터치함으로써 신뢰를 쌓아라.

터치해야 할 때

• 온화함, 친밀감, 신뢰감을 유발하고 싶을 때.

• 상호작용에는 시작, 중간, 끝맺음이 있다. 시작할 때 악수만 하고 터치를 끝내지 말고, 대화 중 하이파이브를 하거나 요점을 강조하기 위해 팔 터치를 하고, 편안함을 느끼면 포옹으로 마무리한다.

터치하지 말아야 할 때

• 누군가와 함께 있는 것이 불편하거나 그들이 당신과 함께 있는 것을 불편해할 때. 인내심의 신호가 보이면, 서두르지 마라.

• 상대방을 업신여기는 터치를 조심해라. 우리는 누군가가 우리 머리를 쓰다듬는 것을 좋아하지 않는다. 마치 그가 우리 부모님이라도 된 양 행동한다고 느껴지기 때문이다.

● 온화함 신호 #6: 미러링

남편과 나는 새벽 4시에 녹초가 된 상태로 비행기를 타야 했다. 우리는 체크아웃을 위해 잠도 덜 깬 상태로 가방을 끌고 호텔 로비를 지나 겨우 프런트에 도착했다. "안녕하세요!" 프런트 직원이 종알거렸다. "오늘도 행복한 하루 보내세요."

나는 반쯤 감긴 눈으로 그녀를 쳐다봤다. 자기가 무슨 디즈니 공주라도 되는 것으로 착각하고 있나? 새벽 4시 인사치고는 좀 과하군.

그녀는 계속 종알거렸다. "우리 호텔에서 즐거운 시간 보내셨나요? 그러셨기를 바랍니다! 조만간 다시 방문해주세요. 혹시 요청하실 사항이 있으신가요?" 우리가 미처 대답하기도 전에, 그녀는 "가방을 들어줄 사람을 불러드릴까요?"라고 물었다.

남편이 대답했다. "네, 그래주세요."

그러자 그녀가 텅 빈 로비로 몸을 돌리더니 소리쳤다. "조지?! 조~오~지?!"

조지라는 사람이 나타나지 않자, 우리가 말했다. "괜찮아요, 고마워요. 그냥 우리가 들고 갈게요."

그녀는 잘 훈련된 미소를 지어 보이면서 내가 들고 있는 종이컵을 내려칠 것처럼 크게 손을 흔들어 인사했다. 우리는 몸을 숙여 가방을 움켜쥐고 문 쪽으로 달아났다. "꼭 다시 오시길 바랍니다!" 뒤에서 그녀가 외치는 소리가 들렸다. 마침내 무사히 밖으로 탈출하면서 남편이 말했다. "와, 대단한 여자군!"

감동을 선사한다는 데에 대한 아주 잘못한 오해가 있다. 누군가를 감동시킨다는 것은 최대한의 에너지를 보여준다는 뜻이 아니다. 감동을 선사하는 것과 상대방을 어쩔 줄 모르게 만드는 것은 다르다 (당황스러운 상황에 처하고 싶은 사람은 아무도 없다). **누군가를 감동시킨다는 것은 그들 수준에서 그들을 만나는 것이다.** 그러니까 그들을 당신의 수준으로 오도록 강요하지 않고 당신이 그들의 수준으로 이동하는 비언어적인 존중의 표현이다.

온화함이란 상대방이 환영받는다고 느끼게 하는 것이다. 스트레스를 많이 받는 사람에게는 침착함과 평온함이 그런 느낌을 줄 수 있고, 열정적인 사람에게는 흥분을 불러일으키는 것이 그럴 수 있으며,

조언이 필요한 사람에게는 사색과 공감이 온화함일 수 있다.

　지구상에서 가장 행복한 곳을 지향하는 디즈니랜드도 '적절한' 또는 절제된 온화함의 필요성을 잘 인식하고 있다. 예를 들어 엄마가 공원에서 아이를 잃어버렸는데 디즈니 직원이 활짝 웃으며 환대한다면 이는 타당한 대응이 아니다. 디즈니 직원들은 관행적인 친절보다는 실제로 더 도움이 되고 감동을 유발하는 방식을 택한다. 그들은 도움이 필요한 고객으로부터 더 많은 정보를 얻고 되도록 적절하고 효율적인 도움을 주기 위해 고개를 끄덕이고 몸을 앞으로 기울인다.

　에셀 박사도 이를 잘 알고 있다. 그는 어린이 환자를 정기검진할 때 가벼운 농담을 던지며 더 많이 웃는다. 하지만 아이가 진찰이 어려울 정도로 너무 아플 때는 상황의 심각성에 맞는 비언어적 행동과 에너지, 어조를 구사한다.

　"나는 환자들이 하는 행동에 맞추려고 노력합니다. 진료실 안의 분위기가 매우 무겁고 슬플 때는 너무 활기찬 모습으로 진료실에 들어가지 않도록 조심합니다. 기분을 진정시키고 모든 사람에게 조용히 눈인사하며 안정감을 주도록 노력하지요."

　이런 비언어적인 행동을 **미러링** 또는 **모방**mimicry이라고 한다. 우리는 보디랭귀지와 표정 등 비언어적으로 미러링을 할 수 있다. 음량, 음조, 음높이 등 목소리로도 미러링할 수 있다. 물론 단어를 사용해서 언어적으로도 미러링을 할 수 있다.

　다행히 우리는 상호작용을 하며 이미 미러링을 사용하고 있다. 2장에서 신호가 어떻게 전염되는지에 대해 언급한 바 있다. 우리는 함께 있는 사람들의 분위기와 비언어적 신호를 본능적으로 포착해내고 따라 한다. 연구에 따르면, 인간은 자신도 모르는 사이에 눈 깜빡임, 팔의 움직임, 호흡, 몸의 동작 등을 상대방과 동기화한다.

함께하는 사람에게 미러링을 하면 여러 가지 이점이 있다.

첫째, 미러링을 하면 돈도 더 많이 벌 수 있고 기분도 더 좋아진다. MIT의 연구원들은 새로운 회사로 이직하는 중간 간부들이 실제 임금 협상에서 얼마나 많이 미러링을 하는지 추적했다. 그 결과, 협상 중에 미러링을 많이 할수록 최종 급여를 20~30% 더 많이 받는다는 사실을 발견했다. 미러링이 어우러진 협상 자리는 미러링을 하는 사람이나 미러링 대상 모두에게 즐거운 과정으로 여겨졌다!

둘째, 미러링은 당신을 더 호감 가고 설득력 있는 사람으로 보이게 만든다. 미러링 대상자는 상대방이 자신을 따라 하고 있음을 의식하지 못할 때도, 해당 행위를 한 사람에게서 더 호의적인 인상을 받았다고 보고했다.

한 연구팀이 실험에서, 배우를 내세워 거리에서 사람들을 멈춰 세우고 설문 조사를 실시했다. 그리고 배우에게 응답자 절반의 비언어적 행동을 따라 하도록 했다. 상대방이 몸을 기울이거나 팔짱을 끼거나 구부정한 자세를 취하면 똑같은 자세를 취했다. 그리고 나머지 절반의 응답자에게는 정상적인 자세를 취하며 설문 조사를 실시했다. 이후 연구원들은 조사 대상자들에게 설문 조사자(배우)에 대해 어떻게 느꼈는지를 물었다. 그들은 자신들이 미러링되고 있다는 사실을 전혀 몰랐지만, 자신들의 행동을 따라 하는 설문 조사자가 감정적으로 더 가깝게 느껴졌다고 보고했다!

셋째, 미러링은 상대방에게 공감하게 함으로써 감정적 동기화를

돕는다. 한 연구에서, 참가자들에게 여러 부부가 말다툼하는 동영상을 보여주고 그 부부들의 감정을 추측하라고 요청했다. 연구원들은 참가자들이 생리적으로 동영상의 부부에게 동기화되기 시작하는 것을 발견했다. 더 흥미롭게도 참가자들이 동영상 속 부부의 행동을 따라 할수록 그들의 감정을 더 잘 파악했다. 다시 강조하지만, 이것이 바로 신호 사이클이다. 신호를 발견하면 그 신호의 정보를 우리 몸 안에서 내면화하고 이를 다시 인코딩하는 것이다.

미러링을 성공적으로 하고 싶다면 고려해야 할 것이 한 가지 더 있다. 바로 우리가 매료되길 원하는 것을 미러링해야 한다는 것이다. 부정적인 보디랭귀지를 따라 해서는 안 된다. 그러면 부정적인 신호를 강조하게 될 뿐이다. 미러링의 효과를 누리려면 긍정적이고 호기심을 유발하고 매력적인 보디랭귀지를 따라 하며 강조해야 한다. 그러면 긍정적인 피드백 고리가 생성된다. 효과적인 미러링이란, 당신이 개방적인 사람임을 보여주면 상대방도 당신의 개방성을 포착하고 자신의 개방성을 드러내는 선순환을 이루는 것이다. 이렇게 해서 개방성이 기하급수적으로 확산된다!

경고하건대 미러링은 이처럼 매우 강력하기 때문에 세심함이 요구된다. 긍정적인 신호, 부정적인 신호를 가리지 않고 모든 제스처를 따라 할 것이 아니라 세심하게 미러링하는 것이 중요하다.

원칙

상대방의 수준에서 그들을 만나 미러링을 함으로써,
긍정적인 면은 강화하고 부정적인 면은 변화시킨다.

미러링을 해야 할 때

- 누군가와 같은 생각을 하고 있다는 것을 보여주려면 모든 긍정적인 보디랭귀지를 따라 하라.
- 당신의 온화함을 키우고 싶다면, 상대방의 온화함을 따라 하라. 당신의 능력을 키우고 싶다면 상대방의 유능함 신호를 따라 하라.

미러링을 하지 말아야 할 때

- 어색하거나 자연스럽게 느껴지지 않는 신호를 본다면, 굳이 따라 할 필요는 없다!
- 부정적인 신호는 따라 하지 마라. 당신도 물들 수 있다.
- 당신의 생각이 상대방과 같지 않고, 그것을 상대방이 알게 하려면 따라 하지 마라.
- 만약 누군가와 마음이 맞지 않고, 그것을 상대방이 알게 되기를 바란다면 따라 하지 마라.
- 당신이 '사이먼 가라사대' 게임Simon Says(명령문 앞에 Simon says가 있으면 명령문대로 행동하고 Simon says가 없으면 명령문을 따르지 않는 게임-옮긴이)을 하고 있는 것처럼 느껴진다면, 미러링이 지나친 것이다. 최고의 미러링은 세심함에 달렸다는 것을 잊지 마라.

● 만나는 모든 사람에게 감동을 선사하라

디즈니파크에 들어가면 모든 직원이 진정한 미소의 파도로 당신을 맞이한다. 공연 출연자들도 당신이 도움을 청하면 고개를 끄덕이고, 질문하면 머리를 기울이고 경청한다. 새로운 매력을 찾는 당신의 열정에 부응한다. 당신이 디즈니파크를 처음 찾았다고 말하면 눈썹을 치켜올리며 관심을 표명한다. 그들이 당신의 아이들에게 하이파이브를 해주면 당신은 '와, 오늘 정말 멋진 날이 되겠군'이라고 생각한다.

디즈니는 따뜻함으로 당신의 마음을 열어젖힌 다음, 노하우로 당신을 놀라게 한다. 온화함의 신호는 사람들을 감동시키기 때문에 첫인상에 매우 중요하다. 내게는 경험칙이 있는데, 상호작용의 첫 3분 동안 온화함의 신호를 세 차례 보내는 것이다.

물론 온화함의 신호는 따뜻한 말로 대체할 수도 있다. 내가 자주 사용하는 온화함의 신호를 소개한다.

따뜻한 말	온화함의 신호
정말 흥미롭군요.	눈썹 치켜올리기
동의합니다.	끄덕이기
듣고 있어요.	머리 기울이기
대단하군요.	몸을 앞으로 기울이기
존경합니다.	프론팅
당신에게 신뢰가 가요.	터치
저도 같은 생각입니다.	미러링

이제 3장의 신호 차트에 온화함의 신호를 더해 실행해보자.

신호	디코딩	인코딩	내면화
끄덕이기	누가 당신에게 고개를 끄덕이는지 알아챘는가? 당신은 그들에게 마음을 더 여는가?	다음번에 누군가에게 마음을 열고 싶다면, 고개를 천천히 세 번 끄덕여보라.	고개를 끄덕이지 않는 사람과 함께 있으면, 그들이 당신에게 동의하지 않을까 봐 걱정되는가?
머리 기울이기	다음번에 대화할 때는 머리를 기울이는 사람 세 명을 찾아보라. 그 사람들이 더 듣고 싶어 했던 것은 무엇인가?	다음번에 힘들거나 나쁜 소식을 전해야 할 때는 머리를 기울여보라.	누군가가 당신에게 머리를 기울이는 것을 보면 기분이 어떤가? 당신이 머리를 기울일 때 개방감이 더 느껴지지 않는가?
눈썹 치켜올리기	다음번에 대화할 때는 눈썹을 치켜올리는 사람 세 명을 찾아보라. 무엇이 그들의 흥미를 끌었는가?	인사할 때 눈썹을 치켜올려보라. 관심 있는 이야기를 들을 때도 똑같이 시도해보라.	눈썹을 치켜올리면 어떤 기분이 드는가? 빨리 치켜올려보기도 하고 천천히 치켜올려보기도 해라. 당신에게 가장 잘 맞는 속도를 찾아라.

신호	디코딩	인코딩	내면화
미소	상호작용에서 가짜 미소를 지은 적이 있는지 되돌아보라. 그리고 왜 진짜 미소를 보내지 못했는지 생각해보라.	다음 주에는 가짜 미소를 보이지 않도록 노력하라. 당신이 진심일 때만 웃도록 하라.	진정한 미소를 지어야 한다고 생각할 때 더 진정성이 느껴지는가? 웃을 이유가 더 있기를 원하는가?
터치	당신이 가장 많이 만나는 세 사람을 생각해보라. 그들은 어떤 식으로 터치를 하는가?	당신의 터치 전략은 무엇인가?	당신이 불편하게 생각하는 터치 방식은 무엇인가? 당신을 만질 때 불편하게 느껴지는 사람은 누구인가? 허용 경계를 설정하라.
미러링	당신을 가장 잘 따라 하는 사람은 누구인가? 또 가장 잘 따라 하지 않는 사람은 누구인가?	당신이 좋아하는 사람을 따라 해보라. 또 당신이 좋아하지 않는 사람도 따라 해보라. 느낌이 어떻게 다른가?	어떤 사람을 따라 할 때 더 동기화된다는 생각이 드는가? 또 어떤 사람을 따라 할 때 더 산만한 느낌이 드는가? 당신에게 좋은 느낌을 주는 경우에만 따라 하라.

5장

유능함 신호로 존재감과
자신감을 어필하라

리처드 M. 닉슨Richard M. Nixon은 잇따라 불운을 겪고 있었다. 경쟁자인 존 F. 케네디John F. Kennedy와의 미국 대통령 후보 첫 TV 토론을 불과 몇 주 앞두고, 자동차 문에 무릎을 부딪쳐 병원에 입원하는 신세가 되더니, 몇 주 후에는 독감으로 체중이 9kg이나 빠진 상태로 나타났다. 그의 모습은 제 나이보다 더 늙고 쇠약해 보였다.

마침내 1960년 9월 26일 월요일, 미열이 나는 닉슨은 무릎에 붕대를 감은 채로 토론을 하기 위해 텔레비전 스튜디오에 도착했다. 그런데 차에서 내리다가 다친 무릎을 다시 부딪쳐 상처가 더 악화됐다.

불행하게도 그날 저녁 내내 닉슨의 상황은 악화일로로 치달았다. 토론의 성과가 선거 전체의 판을 바꾸어놓을 상황에서 그가 계속 부정적 신호를 내보낸 것이다. 먼저 사회자 하워드 K. 스미스Howard K. Smith 양쪽에 앉아 있는 두 사람의 모습을 보자. 말하지 않아도 두 사람의 자세가 얼마나 다른지 알 수 있을 것이다.

1. **경주자의 발:** 먼저 두 사람의 발이 어떤 자세를 취하고 있는지 보

라. 케네디는 편안하게 앉은 자세로 다리를 꼬고 있는 반면, 닉슨은 이른바 '경주자의 발runner's feet'이라는 자세를 취하고 있다. 즉, 트랙을 질주하려는 사람이 한 발을 뒤로 내딛는 자세를 하고 있다. 이 자세는 성급함을 나타내는 신호다. 막 뛰어나갈 것 같은 자세를 취하고 있으면 그것이 유권자에게 어떤 메시지를 줄지 상상해보라. 물론 우리는 닉슨이 다친 무릎을 치료해서 그런 자세를 취했으리라고 생각하지만, 그는 토론 내내 이 자세를 유지했다. 무릎을 다쳤더라도 가장 좋은 자세는 케네디처럼 긴장을 풀고 발을 청중을 향해 두는 자세일 것이다. 침착하게 앉아 있는 케네디의 자세는 그를 믿음직스럽고, 자신감 있는 사람으로 보이게 만들었다.

2. **불안에 떠는 자세:** 다음으로 두 사람의 손 위치를 살펴보자. 케네디는 두 손을 침착하게 포개어 무릎 위에 올려놓고 있다. 반면 닉슨은 한 손으로 의자 팔걸이를 꽉 움켜쥐고 있는데 마치 주먹을 쥐고 있는 것처럼 보인다. 이 역시 조급하고 불안하다는 신호다.

매우 불안한 상황에서 애써 침착하려고 노력할 때 우리는 주먹을
쥔다. 또 몹시 화가 나는데 참으려고 할 때도 주먹을 쥔다. 주먹
쥐기는 몸 전체를 크게 움직이지 않으면서 내적 감정을 한곳으
로 모을 때 나타나는 자세인데, 종종 무의식적으로 행해진다. 닉
슨의 이 불안에 떠는white-knuckle 자세 신호는 그를 초조하고 화난
사람처럼 보이게 만들었다.

3. **자기 위로:** 닉슨의 오른손은 허벅지 윗부분에 놓여 있다. 이는 그
   자체로는 부정적인 신호가 아니다. 사실 손을 편안하게 하고 상
   대방에게 보이도록 하는 것은 긍정적인 신호다. 하지만 토론하
   는 동안 닉슨은 스스로를 진정시키려는self-soothing 듯이 계속 손
   으로 허벅지 윗부분을 문질렀다. 우리는 긴장하면 대개 셀프 터
   치를 하는데, 이는 우리 몸에 대고 '괜찮아, 잘될 거야'라고 말하
   는 셈이다. 두 손을 비비거나, 목 뒤를 주무르거나, 닉슨처럼 손으
   로 다리나 팔을 문지르는 식이다. 이런 신호는 주의를 산만하게
   할 뿐 아니라 긴장하고 있음을 드러낸다.

   긴장하면 왜 손으로 허벅지를 문지르는지 아는가? 바로 손바닥
   에 땀이 나기 때문이다! 실제로 손바닥이 축축하든 아니든 간에,
   닉슨의 동작은 바지에 땀을 닦는 것처럼 보였다. 이는 보기에도
   역겹고 대통령다운 행동도 아니었다. 이 모든 일은 두 사람이 말
   을 한마디도 하기 전, 처음 1.2초 동안 일어났다.

4. **시선 방향:** 그리고 2초가 지나자(아직 토론은 시작되지 않았다) 상황은
   더 악화됐다. 닉슨이 엄청난 비언어적 실수를 저지른 것이다. 그
   는 자신의 오른쪽을 바라봤다. 그게 무슨 별일이냐고? 비언어적

인 신호의 관점에서 그것은 카리스마에 날리는 죽음의 키스였다.

신뢰와 관심을 나타내는 데 있어 시선이 매우 중요하다고 한 말을 기억하는가? 닉슨이 카메라(시청자)에서 눈을 돌리는 순간, 그에 대한 신뢰는 즉시 사라졌다. 하지만 더 최악인 건, 닉슨이 어디를 바라보는지 궁금해서 추적해보니 바로 케네디를 똑바로 쳐다보고 있었다는 것이다! 닉슨은 우리(시청자)에게 "나를 보지 말고 상대(케네디)를 보세요"라고 비언어적으로 말하고 있었다.

그는 이 자세를 11초 동안 유지했다. 그리고 시선은 토론이 진행되는 동안에도 카메라, 케네디, 사회자 그리고 청중 속에 있는 기자들 사이를 부지런히 옮겨 다녔다. 당시 닉슨은 '교활한 딕Tricky Dick'이라는 별명이 붙을 정도로 의도치 않은 변덕스러운 시선으로 유명했다. 닉슨과 달리 케네디는 토론 내내 카메라를 똑바로 응시했다

5. **경멸의 표현:** 사회자 스미스가 닉슨을 소개하자 카메라가 닉슨의

얼굴을 크게 포착했다. 이때 우리는 그의 얼굴에서 많은 신호가 빠르게 나타나는 모습을 볼 수 있었다. 첫 번째는 머리를 계속 흔드는 동작이었다. 닉슨은 머리를 좌우로 돌렸다가 위아래로 끄덕였다. 두 번째는 그의 입꼬리가 한쪽으로 올라간 모습이었는데, 이는 미세한 경멸의 표현이다. 입꼬리 올리기는 경멸, 멸시, 비관을 나타내는 부정적 신호다.

카메라가 케네디를 비췄을 때, 그는 정면을 응시했다. 그의 얼굴은 침착함을 유지했으며 청중을 향해 천천히 고개를 끄덕이는 긍정적 신호를 보냈다. 두 사람의 차이는 극명했다.

토론이 진행되는 58분 동안 케네디는 내내 승자의 모습을 보였다. 그는 차분함, 자신감, 안정감 등 리더에게 필요한 덕목을 보여줬다. 반면 닉슨은 신뢰도를 떨어뜨리는 신호를 계속 내보냈다.

이 토론 전까지만 해도 닉슨은 여론조사에서 우위를 보였지만, 토론 이후 전체 선거의 흐름이 바뀌었다. 그래도 닉슨은 자신의 실수로부터 교훈을 얻고 나쁜 신호를 고치면서 남은 토론에서는 예상 밖으로 좋은 성과를 거뒀다. 하지만 그건 중요하지 않았다. 하룻밤의 실수로 그는 선거를 치르는 동안 고전을 면치 못했다.

그로부터 6주 후, 케네디는 일반 유권자 투표에서 49.7% 대 49.5%로 닉슨에게 승리했다. 연구에 따르면 전체 유권자의 절반 이상이 첫 번째 토론의 영향을 받은 것으로 나타났으며, 유권자의 6%는 그 토론이 단 하나의 결정적 요소였다고 말했다.

닉슨은 결코 나쁜 후보가 아니었다. 단지 그날 밤 토론에서 잘못

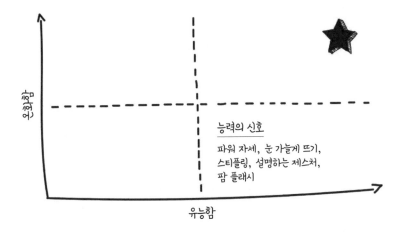

능력의 신호

파워 자세, 눈 가늘게 뜨기,
스티플링, 설명하는 제스처,
팜 플래시

된 신호를 보냈을 뿐이다. 닉슨은 이후 회고록에서 "나는 '사진 한 장에 천 마디 말의 가치가 있다'는 것을 알았어야 했다"라고 인정했다.

사실 두 사람 모두 강한 영향력의 소유자였는데, 왜 한 명이 더 강력해 보였을까? 닉슨-케네디 토론에서 우리는 무엇을 배울 수 있을까? 바로 강력함을 어떻게 드러내느냐가 중요하다는 것이다. 케네디는 유능함 신호를 전문적으로 구사해 사람들의 기억에 남는 존재감을 만들었고, 그로써 마침내 대통령이 됐다. 이제 당신의 능력을 향상시키기 위해 그런 신호를 어떻게 사용해야 할지 배울 차례다.

● 유능함 신호 #1: 파워 자세

자세 진단을 해보자. 잠깐 자리에서 일어나보라. 업무상 누군가와 이야기하고 있다고 생각하고 자세를 취해보라. 가능하면 펜이나 연필을 양손에 하나씩 잡아보라. 팔을 양옆으로 내린다. 이제 가장 중요한 세 부분을 살펴봄으로써 당신의 자세를 평가해보자.

1. **어깨.** 어깨에 힘을 빼고 편안하게 둬라. 어깨와 귓불 사이의 거리를 되도록 멀게 하라. 이상하게 들릴지 모르지만, 우리는 불안하면 목을 보호하기 위해 어깨에 힘을 주고 이것이 거북목 자세를 유발한다. 지금 당장 자신감 있게 보이고 싶은가? 머리는 위로 치켜들고 어깨는 아래로 내려라.

2. **발.** 두 발이 너무 가깝게 붙어 있는가? 아니면 엉덩이보다 더 넓게 벌어졌는가? 평소 자세보다 두 발을 약 8cm 더 넓게 벌린다. 서 있든 앉아 있든, 발을 단단하게 딛고 있다면 넓게 벌리는 즉시 더 안정감이 느껴질 것이다. 물론 케네디처럼 다리를 꼬고 앉아

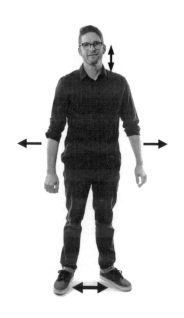

도 좋다. 한 발은 단단히 딛고 다른 한 발은 그 위에 편안하게 걸친다. 그리고 가능하면 발끝이 상대방을 향하도록 각도를 맞춰라.

3. **손.** 긴장을 풀고 팔과 몸통 사이에 약간의 공간을 둔다. 이제 당신이 들고 있는 펜을 바라보라. 너무 꽉 쥐고 있는가? **주먹을 꽉 쥐지 말고 펜을 느슨하게 잡아라.**

두 손에 쥐고 있는 펜에서 레이저 광선이 발사된다면, 두 레이저 광선이 교차할 것 같은가? 팔의 각도를 돌려 손에 쥐고 있는 펜이 정면을 향하도록 해서 레이저 광선이 엉덩이와 평행을 이루도록 한다. 이 자세를 취하면 어깨 위치가 3~5cm 정도 미세하게 변하는데 그 즉시 더 강력하게 보일 것이다.

우리 몸의 이 세 부분(어깨, 발, 손)은 자세를 구성하는 3요소로 매우 중요하다. 자세는 다른 사람들에게 당신의 자신감을 보여주는 가장 중요한 신호다.

우리는 자신감 있는 사람과 함께 있는 것을 좋아한다. 그의 자신감을 공유하고 일부라도 빌려오고 싶기 때문이다! 2016년 한 연구에서 즉석 데이트 144건을 추적했더니, 넓은 자세postural expansiveness가 이성에게 가장 매력적인 특성이라는 사실을 발견했다. **더 넓은 자세를 취한 사람이 애프터 데이트에 선택될 가능성이 76% 더 높았다.**

파워 자세는 자신감을 느끼는 데뿐 아니라, 실제 자신감을 위해서도 중요하다. 규칙은 간단하다. 당신이 더 강력하다고 느낄수록, 더 넓은 공간을 차지한다고 느낄수록, 실제로 더 강력하게 보인다. 자신감이 있으면 넓은 자세가 안전하게 느껴지고 다른 사람들의 시선도

사용하는 기기의 크기도 중요하다

작은 컴퓨터 화면이나 작은 전화기 화면을 보기 위해 몸을 구부리는 것은 파워 자세와는 정반대에 위치한다. 연구원들은 작은 화면을 사용할 때보다 큰 화면을 사용할 때 더 확고한 자신감이 생긴다는 사실을 발견했다. 가능하면 외부 스크린을 확보하라.

더 편안하게 느낀다.

반면 무력감을 느끼거나 불안할 때는, 좁은 자세를 취하게 되고 다른 사람들의 눈에 덜 띄려고 하며 잠재적인 위협의 대상이 되기를 원하지 않는다. 우리 자신을 보호하고 취약한 부분을 노출하지 않기 위해 어깨를 구부리고 팔을 양 옆구리에 붙이며 몸을 움츠린다.

한 연구에서 참가자들에게 자신의 긍정적이거나 부정적인 특성에 대해 글을 쓰게 하면서 한 그룹은 넓은 자세로 앉게 하고, 다른 그룹은 움츠린 자세로 앉게 했다. 전자 그룹은 긍정적이든 부정적이든 자신이 쓴 것을 더 강하게 믿었다. 반면 후자 그룹은 넓은 자세로 앉은 사람들보다 전반적으로 스트레스를 더 크게 느낀다고 말했다. 넓은 자세는 당신을 더 강력해 보이게 만들고 더 강력하게 느껴지도록 만든다.

원칙
자신감 있는 자세를 취하면 실제로 자신감이 생긴다.

154

파워 자세를 취해야 할 때

- 더 능력 있는 사람으로 보이고 싶다면 언제든 파워 자세를 취하라. 어깨를 아래로 내리고 손은 손바닥이 몸 쪽을 향하도록 돌리고 몸통에서 약간 거리를 둔다. 발은 조금 벌린다.
- 전화기를 확인할 때! 보통 전화기를 확인할 때는 몸을 바짝 구부리는 경향이 있다. 파워 자세를 유지하려면, 어깨를 쭉 펴고 전화기를 위로 들어 올린다.
- 몸을 넓히기 위한 쉬운 방법이 있다. 바로 뭔가에 기대는 것이다. 편안한 상태라면 책상을 향해 몸을 기울이거나, 의자에 팔을 걸치거나, 옆에 있는 높은 테이블에 기대보라.
- 회의, 사교 행사, 만찬 시에는 의자가 적합한지 확인하라. 내 경우에는 팔걸이가 있는 의자를 좋아하는데, 이는 몸통과 팔 사이의 공간을 더 쉽게 유지할 수 있기 때문이다. 그러나 이때는 다른 사람의 공간까지 침범하지 않도록 주의해야 한다. 자칫 공격적인 태도로 보일 수 있기 때문이다.

파워 자세를 취하지 말아야 할 때

- 존경, 겸손, 유감을 표할 때나 사과해야 할 때.
- 누군가를 진정시키거나 당신이 그에게 위협적 존재가 아니라는 사실을 보여주고자 할 때. 한 사회복지사가 내게 이렇게 말한 적이 있다. "누군가가 서서 당신에게 소리를 지른다면 즉시 앉으세요." 앉은 자세를 취하면 차지하는 공간이 작아진다. 그렇기에 이는 '충돌을 원하지 않는다'는 표현이라고 한다. 그렇게 함으로써

그 사람이 한숨을 돌리고 진정하도록 격려할 수 있다.

- 다른 사람의 눈에 띄고 싶지 않은 경우. 아무런 준비도 없이 회의에 참석하지는 않겠지만, 만약 그런 일이 생긴다면 되도록 공간을 좁게 사용하라. 그러면 눈에 잘 띄지 않을 것이다.

● 유능함 신호 #2: 눈 가늘게 뜨기

드웨인 '더 록' 존슨Dwayne "The Rock" Johnson, 블레이크 셸턴Blake Shelton, 존 레전드John Legend의 공통점은 무엇일까? 모두 『피플People magazine』이 선정한 '현존하는 가장 섹시한 남자'에 뽑혔다는 것이다. 매년 『피플』은 해당 남성 50명의 목록을 게재한다.

나는 『피플』 최근 호를 들고 이른바 '과학적 안목'으로 이 목록에 오른 인물들을 하나하나 살펴보고, 그들에게서 하나의 특정한 비언어적 신호를 발견했다. 어떤 신호인지 알아맞혀보라. 바로 이두박근이 멋질 뿐 아니라, 그들의 아래 눈꺼풀이 매우 단단하다는 사실이다.

단단한 아래 눈꺼풀은 때로는 '아무 감정이 없는 눈flinty eyes', '차가운 눈steely eyes', '가늘게 뜬 눈narrowed eyes'이라고 불리기도 한다. 이처럼 아래 눈꺼풀에 힘을 주고 눈을 가늘게 뜨는 신호flexed lid cue는 강렬함, 판단력, 엄격함의 신호다. 바로 "나를 봐, 나는 속이 깊고 사려 깊은 사람이야"라고 말하는 듯한 시선이다.

이 신호가 흥미로운 이유는 그것이 긍정도 부정도 아닌, 하나의 특정한 감정(강렬함)의 신호이기 때문이다. 우리는 뭔가를 더 잘 보려고 할 때 아래 눈꺼풀을 단단히 하고 눈을 좁힌다. 우리가 이런 동작을 하는 것은 흥미로운 생물학적 이유 때문이다(배우 윌 페렐Will Ferrell과 벤 스틸러Ben Stiller는 아래 눈꺼풀을 단단하게 하는 것으로 유명한 피어스 브로스넌Pierce Brosnan에게서 영화 〈쥬랜더Zoolander〉의 블루스틸 표정blue steel look[영화 〈쥬랜더〉에서 거울에 비친 자기 모습을 보고 놀라는 표정 - 옮긴이]에 대한 아이디어를 얻었다. scienceofpeople.com/cues/cues-bonuses/에 들어가면 이에 대한 재미있는 예를 더 볼 수 있다).

두려움과 놀라움 같은 감정을 경험할 때는 눈을 크게 뜨고 더 많은 것을 보려 한다. 반면 두려운 상태에서는 잠재적 위협의 대상이나 탈출 경로를 찾기 위해 주변 환경을 더 자세히 살피게 되는데, 이럴 때는 눈을 좁혀 가늘게 떠야 빛을 차단하고 주위를 더 자세히 볼 수 있다. 지금 당장 시도해보라. 주위에 있는 벽에 얼룩이 있는지 살펴보라. 실제로 해봐야 한다. 더 자세히 보려고 할 때 아래 눈꺼풀이 단단해지는 걸 느끼는가? 영화 〈쥬랜더〉에서 블루스틸을 하는 벤 스틸러처럼 느껴지는가? 그럼 제대로 하고 있는 것이다.

이 동작을 하면 찾으려는 것을 매우 쉽게 찾을 수 있어서(물론 때로는 놓치기도 하지만) 나는 이 신호를 매우 좋아한다. 누군가가 아래 눈꺼풀에 힘을 주는 것을 봤다면, 이는 그가 뭔가를 더 깊이 이해하려고 노력한다는 뜻이다.

사교적 상황에서 누군가가 아래 눈꺼풀을 단단하게 하고 눈을 가늘게 뜨며 당신을 바라본다면, 그 사람은 "당신을 정말 보고 싶었어요"라고 말하는 것과 같다. 로맨틱한 상황에서 이는 강렬한 관심을 보이는 것으로 간주되는데, 이 신호가 남성들의 섹시한 사진에서 자

주 보이는 것도 바로 이런 이유 때문이다.

업무적 상황에서 우리는 레이저 같은 강렬한 눈빛을 한 결단력 있는 사람을 좋아하는데, 아래 눈꺼풀에 힘을 주고 눈을 가늘게 뜨면 분별력이 강하고 생각이 깊은 사람으로 보인다.

그러나 이 신호는 때로 혼란, 의심의 표현이기도 하다. 상대방이 내 말에 혼란스러워하는지를 알고자 할 때 나는 그 사람이 눈을 가늘게 뜨고 있는지를 살핀다. 그러면 즉시 이에 반응해 그의 걱정을 잠재울 수 있다. 상대방이 갑자기 아래 눈꺼풀에 힘을 주고 눈을 가늘게 뜬다면, 그가 듣기만 하던 자세에서 탐구하는 자세로 바뀌었다는 것을 의미한다. 그것은 당신의 말을 잠시 멈추라는 신호다. 그러므로 그런 표정을 보면 다음과 같이 해보라.

- 질문을 받는다. "지금까지 제가 한 말에 대한 질문이 있나요?"라고 묻는다.

- 당신이 방금 한 말을 다른 방법으로 반복해준다.
- 요점을 설명하기 위해 이야기를 들려주거나 예를 들어 설명한다.
- 상대방이 당신의 말을 이해했는지 바로 점검한다. "이해하셨나요?"라고 묻는다.

발표자들은 청중의 신호를 디코딩하는 과정을 건너뛰고 자신이 인코딩하는 신호에 대해서만 생각하는 실수를 자주 저지른다. 그들은 유능함, 온화함, 자신감 등 여러 가지 신호를 보내지만, 자신의 발표가 청중에게 어떤 반향을 일으키고, 청중이 자신을 정말로 유능하고 온화하고 자신감 있는 사람으로 느끼는지 확인하는 것은 잊는다. 완벽한 발표라는 생각이 들어도 똑똑한 청중이라면 엄밀히 평가할 것이다. 그러니 엄밀한 평가에 대비하라!

나는 몇몇 기업 경영진을 상대로 리더십의 과학에 대해 발표한 적이 있다. 발표는 아주 잘 진행됐고, 그들은 웃음과 '아하'를 여러 번 반복했다. 그런데 내가 옥시토신이 유대감을 형성해준다는 이야기를 꺼내자 한 CEO의 아래 눈꺼풀이 단단해졌다. 작은 그룹 모임이었기 때문에 나는 발표를 잠시 멈추고 그를 똑바로 바라보며 물었다. "이 말에 공감하시나요? 그레그 씨? 좀 망설이시는 것 같군요."

그는 즉시 안도의 표정을 지으며 잠시 혼란스러웠다고 말했다. 옥시토신에 대한 그의 유일한 경험은 의사들이 인공분만을 위해 아내에게 옥시토신 주사를 놓아주었을 때뿐이었으니까!

방 안 여기저기서 웃음소리가 터져나왔다. 웃음이 그치자 나는 다음과 같이 설명했다. "네, 맞습니다! 하지만 사교적 상황에서 아주 적은 양을 투입하면 온화함과 포근함을 느끼게 되지요. 옥시토신은 복잡한 화학물질입니다. 어쨌든 결론은, 우리가 태어날 때부터 옥시토신은 인간의 유대관계 형성에 필수적이라는 것입니다."

나는 이 경험을 통해 훌륭한 교훈을 얻었다. 첫째, 그 CEO는 내가 그의 우려를 즉시 해결해줬다고 생각하고 나중에 자기 회사의 여러 교육을 내게 의뢰했다. 둘째, 그것은 내게도 좋은 배움의 기회였다. 그 이후 옥시토신에 대해 설명할 때는 다음과 같은 경고와 함께 시작한다. "옥시토신은 우리 몸에 많은 영향을 미치는 복잡한 화학물질입니다. 하지만 목적에 따라 알아야 할 것이 있지요……." 듣는 사람의 혼란이 시작되기 전에 미리 그 혼란을 해결하는 방법을 배웠기에 나는 더 나은 선생님이 된 셈이다.

원칙
상대방이 아래 눈꺼풀에 힘을 주고 눈을 가늘게 뜨는 것은
숙고, 의심, 탐구하고자 하는 표시이므로 그에 대비하라!

눈을 가늘게 떠야 할 때

- 당신이 상대방에게 집중하고 있으며, 최대한 귀 기울이고 있다는 것을 보여주고 싶을 때.
- 방해받고 싶지 않을 때. 아래 눈꺼풀에 힘을 주고 눈을 가늘게 떠서 당신이 작업에 집중하고 있음을 보여줘라.
- 상대방이 요점을 다시 한번 말해주기를 원할 때.
- 매력을 어필하고 싶을 때(이 팁은 자신감이 충만한 사람들을 위한 것이므로, 바보 같다는 생각이 든다면 하지 마라!).

눈을 가늘게 뜨지 말아야 할 때

- 5초 이상 길게 유지하면 안 된다. 그러면 사람들은 당신 눈에 뭔가
  이물질이 들어갔다고 생각할지 모른다.
- 누군가가 정말 지루할 정도로 말을 멈추지 않을 때 눈을 가늘게
  뜨면 당신이 그의 말에 더 관심 있는 것처럼 보일 뿐이다.

◐ 유능함 신호 #3: 스티플링

앙겔라 메르켈Angela Merkel 전 독일 총리, 에마뉘엘 마크롱Emmanuel
Macron 프랑스 대통령, 테리사 메이Theresa May 전 영국 총리 같은 강력
한 정치 지도자가 자주 하는 동작은 무엇일까? 바로 **스티플 제스처**
steeple gesture다. 스티플링은 두 손바닥을 서로 마주 향하게 하고 손가
락 끝을 부드럽게 모아 교회 첨탑처럼 보이게 만드는 동작이다. 스티
플 제스처는 자신감의 보편적인 표현이다.

한 연구에서 참가자들에게 일곱 가지의 다른 손 자세를 하고 있는 지도자의 사진을 보여줬는데, 그중 가장 긍정적인 자세로 스티플 자세가 뽑혔다. 이는 이 자세에 몇 가지 강력한 신호가 결합되어 있기 때문이다.

- **긴장하지 않았음을 보여준다.** 불안하면 대개 주먹을 꽉 쥐거나 양손을 꽉 잡는 경향이 있다. 그런데 스티플링은 우리 손이 편안하고 긴장하지 않을 때에만 행할 수 있다. 스티플링은 다른 사람들에게 우리가 평온한 상태에 있음을 알려준다.
- **자신감을 보여준다.** '유능함 신호 #1: 파워 자세'에서 넓은 자세가 자신감의 표시라고 말한 것을 기억하라. 스티플링은 우리가 할 수 있는 가장 넓은 손동작이다. 손을 몸 앞에 두고 손가락을 편 채 손바닥을 벌린다. 스티플링은 손이 만들어내는 파워 자세다.
- **손바닥이 계속 보인다.** 상대방의 손바닥을 무심결에 계속 볼 수 있다면 우리는 그가 아무것도 숨기지 않는다고 확신할 수 있다.

스티플링은 당신 말에 대한 확신과 자신감을 보여주는 강력한 제스처다. 이 자세는 당신이 편안하고 개방적이라는 것을 보여줄 뿐 아니라 상대방도 그렇게 만든다.

의과대학 교수들을 대상으로 한 연구에서, 연구원들은 스티플링이 학생을 가르치는 데 매우 훌륭한 **보완 신호**complement cue라는 것을 발견했다. 보완 신호란 어떤 생각을 강조하기 위해 사용하는 비언어적 신호를 말한다. 스티플링은 특히 지시를 내릴 때 매우 강력한 보완 신호 역할을 했다. "이 새로운 정보를 함께 생각해봅시다"라는 신호를 보내는 것이다. 다음은 보완 신호의 예이다.

- 힘든 소식을 전할 때 고개를 기울인다.
- 회의에서 가장 중요한 사항을 공유할 때 몸을 앞으로 숙인다.
- 내성적인 사람이 목소리를 낼 수 있도록 격려할 때 프론팅을 한다.

스티플 제스처는 당신이 숙고하는 사람임을 드러낼 뿐 아니라, 상대방이 내 말에 귀 기울이고 관심을 갖도록 격려하는 훌륭한 신호다. 몸 앞에 손으로 첨탑 모양을 만드는 것은 청중에게 지금까지 당신이 말한 것을 곰곰이 생각해보라고 이야기하는 좋은 방법이다.

스티플링은 TV쇼 〈샤크 탱크〉에서 샤크 중 한 명으로 출연하는 케빈 오리어리Kevin O'Leary가 무척 좋아하는 제스처 중 하나다. 그는 발표자(기업가)에게 투자할 생각을 할 때나, 제안 방법을 구상할 때나, 발표자의 주장에 반박하기 위해 기다릴 때 스티플 제스처를 자주 사용한다. 그는 스티플링을 행함으로써 자신이 뭔가를 진지하게 생각하고 있으므로 잠시 기다리라는 신호를 상대방에게 보낸다. 이는 또

Special Note ──────────────────── **악마의 손가락**

스티플링은 자칫하면 '악마의 손가락evil fingers'으로 오인될 수 있다. 나쁜 계획을 강구하고 있는 것처럼 보이고 싶지 않다면, 스티플링하면서 손가락을 두드리는 동작을 취하지 마라! 계략을 꾸미기 위한 신호로 오해받을 수 있다.

한 다른 샤크들에게 그가 투자를 진지하게 고려하고 있으니 그들도 주목하라고 알리는 영리한 신호이기도 하다. 스티플링에는 그 사람을 침착하게 보이게 하고, 청중을 집중시키는 추가적인 이점이 있다.

원칙

스티플 제스처는 손이 만들어내는 강력한 자세다.
스티플링을 사용해 당신이 사려 깊고 자신감이 넘치는 사람임을 보여라.

스티플링을 해야 할 때

- 유능하고 사려 깊고 자신감 있다는 신호를 보내고 싶을 때.
- 상대방의 이야기에 귀 기울이고 있고 진지하게 고려하고 있으며, 다른 사람도 그러기를 원한다는 것을 보여주고 싶을 때.
- **손을 한곳에 고정해서 초조함을 멈추고자 할 때.** 나는 안절부절못하는 사람들에게 스티플링을 권한다. 스티플링을 하면, 손에 할 일을 부여하는 것과 같은 효과를 누릴 수 있다.

스티플링을 하지 말아야 할 때

- 바보 같은 기분이 들면 하지 마라. 다른 모든 신호와 마찬가지로, 한번 시험해보고 몇 차례 사용한 다음 자연스럽게 느껴질 때만 정식으로 사용하라.
- 스티플 제스처를 길게 취해야 한다고 생각하지 마라. 계속 다른 손짓을 하고, 메모를 하고, 악수를 하고, 다른 자세를 취하라. 그러다가 당신의 생각을 강조할 때 스티플링을 구사하라.

● 유능함 신호 #4: 설명하는 제스처

마리아 코니코바Maria Konnikova는 포커 대회에 참가해서 3일 연속으로 포커 게임을 하고 있었다. 총 290명이 대회에 참가했는데 첫날 열네 시간 동안의 치열한 예선에서 62명으로 그 숫자가 줄어들었다.

마침내 대회 셋째 날, 코니코바는 결승전 테이블에 앉았다. 그녀의 상대는 두 차례나 우승을 차지하면서 120만 달러 이상의 상금을 획득한 노련한 포커 챔피언 알렉산더 지스킨Alexander Ziskin이었다. 반면 코니코바는 포커를 배운 지 아직 채 1년도 안 된 애송이였다. 이번 대회는 그녀가 처음 참가한 대회였다. 카메라가 코니코바에게 집중됐다. 초보 선수가 이토록 빨리 결승전에 오른 적은 없었기 때문이다.

몇 번의 극적인 손놀림이 빠르게 오가더니 마침내 코니코바가 상대편을 녹다운시키고 정상에 오르면서 8만 6,400달러의 상금을 거머쥐었다. 하지만 코니코바는 프로 포커 선수가 아니었다. 그녀는 러시아 출신의 미국 심리학자로, 하버드대학교와 컬럼비아대학교를 졸업한 심리학 박사였다.

2017년, 그녀는 1년 동안 포커를 배우기로 결심했고, 그 과정에 대한 이야기를 책으로 썼다. 포커 지식은 부족했지만, 그동안 포커를 연구해왔다는 점에서는 유리했다. 포커를 실제로 배우기 전에 코니코바는 세상에 잘 알려지지 않은 포커 연구 자료들을 찾아냈는데, 그녀는 그것이 다른 노련한 선수들보다 유리한 점이라고 생각했다.

그녀가 쓴 책의 내용에 대해 말하기 전에, 먼저 작은 사고 실험thought experiment을 하나 해보자. 내가 당신에게 1만 달러를 주면서 다섯 명이 포커 게임을 하는 모습을 잘 지켜보고 누가 최고수인지 찾아보라고 말했다고 하자. 그런데 여기에는 함정이 있다. 결정을 하기 위해 다음 중 하나만을 봐야 한다면, 당신은 무엇을 선택하겠는가?

A. **머리만 본다:** 선수들의 머리를 볼 수 있고 그 아래는 볼 수 없다.

B. **팔만 본다:** 선수들의 얼굴, 머리, 하체는 볼 수 없고 그들의 팔과 손이 칩과 카드를 다룰 때 어떻게 움직이는지만 볼 수 있다.

C. **몸 전체를 다 본다:** 선수들의 몸 전체를 볼 수 있다.

대부분은 아마도 C를 선택할 것이다. 더 많은 부분을 보는 만큼 더 잘 알 수 있을 테니 말이다. 그렇지 않은가? 하지만 틀렸다. 연구원들이 이 실험을 수행한 결과, 몸 전체를 보고 최고수를 추정하는 것은 무작위로 추정하는 것보다 나을 바가 없었다.

그다음으로 많이 선택한 것은 '머리만 본다'는 A였다. 표정으로 알 수 있다고 생각했기 때문이다. 하지만 놀랍게도 이 대답도 틀렸다.

코니코바는 "얼굴을 보고 최고수를 추정하는 것은 무작위 추정보다 더 정확도가 낮았습니다"라고 설명한다. 노련한 포커 선수는 얼굴 표정과 머리의 움직임을 숨기는 데 매우 능숙하기 때문이다.

이 문제의 답은 바로 B, 팔만 보는 것이었다! 어떻게 그럴 수 있을까? 손에서 비밀이 새 나간단 말인가? 맞다, 바로 그렇다. 연구원들은 승리의 손을 가진 자신감 넘치는 선수들의 움직임에는 물의 흐름 같은 **유연함**fluidity이 있다는 것을 발견했다. 게임을 할 때 그들의 손은 매우 자연스럽고 부드럽다.

우리는 코니코바에게서 신호에 대한 두 가지 중요한 사실을 배울 수 있다. 첫 번째는 동작의 유연함과 정확성이 중요하다는 것이다. **강력하고 자신감 있는 사람은 목적 없이 쓸데없는 동작으로 에너지를 낭비하지 않는다.** 그들의 모든 동작에는 목적이 담겨 있다. 그들의 동작에는 일말의 주저함이나 막힘이나 서두름이 없다. 생각이 분명한 사람은 행동도 분명하다. 이는 단지 포커 테이블에서만이 아니라 모든 경우에 적용된다.

관객에게 닉슨-케네디 토론 장면을 보여주면, 그들이 일관되게 지적하는 것도 바로 닉슨의 동작이다. 그는 매우 조급해 보이고 안절부절못하며 몸을 꼼지락거린다. 불필요한 에너지를 낭비하는 것이다. 그는 시청자에게 산만하고 우유부단한 사람으로 비친다. 하지만 케네디는 끝까지 침착한 자세를 유지했다. 그는 단 하나의 불필요한 동작도 하지 않았다. 정확한 자세는 그를 자신감 있고 목적에 따라 행동하는 준비된 사람으로 보이게 만들었다.

코니코바에게서 배울 수 있는 두 번째 교훈은 우리가 손을 관찰함으로써 얻을 수 있는 지식을 과소평가하고 있다는 것이다. 물론 눈이 영혼의 창이라는 말도 있지만, 나는 손이 더 많은 말을 해준다고 생각한다. 영향력 있는 사람들은 효과적인 의사소통에 자신의 손 움직임이 얼마나 중요한지를 직관적으로 잘 알고 있다.

우리는 영향력 있는 사람이란 금욕적이고, 몸을 함부로 움직이지 않으며, 속을 잘 알 수 없는 사람이라고 생각하는 경향이 있다. 하지만 연구에 의해 증명된 바에 따르면 그렇지 않다.

연구원들은 실험 대상자들에게 스티플링 같은 긍정적인 손동작

Fun Tip ─────────────────────────── 손은 정직하다

손으로 거짓말을 하기는 어렵다. 예를 들어, 숫자 3을 큰 소리로 말하면서 손가락 다섯 개를 모두 펴보라. 쉽지 않을 것이다. 우리는 상대방의 손동작에 주의를 기울인다. 진실을 말하는 사람이 손동작을 더 많이 사용한다는 것을 직관적으로 알기 때문이다. 연구원들은 거짓말쟁이들이 상대방에게 손을 보이지 않으려고 두 손을 꽉 맞잡는 경향이 있다는 사실을 발견했다. 거짓말쟁이는 또 미리 짜놓은 언어 정보를 읊기 때문에 대개 제스처를 사용하지 않는다.

을 사용하는 지도자의 사진과 그런 손동작을 사용하지 않는 지도자의 사진을 보여주고 비교, 평가해달라고 요청했다. 사람들은 손동작을 하지 않는 지도자에게는 거리감을 느꼈고, 긍정적인 손동작을 하는 지도자는 더 가깝고 매력적이라고 인식했다. '가깝게 느낀다'는 것은 공감되고 긍정적이고 호감이 간다는 의미인데, 이는 곧 사교적 승리라고 할 수 있다. 반면 지도자가 뒷짐을 지고 있거나 손을 주머니에 넣고 있거나 가슴 앞으로 팔짱을 끼고 있으면, 더 방어적으로 보이고 거리감이 느껴진다고 평가했다.

손은 우리가 어떤 일을 완수하도록 돕는다. 손을 이용해 물건을 집고, 글씨를 쓰고, 뭔가를 만든다. 그런데 그 손이 눈에 보이지 않거나 사용할 수 없다면, 뭔가 행동할 가능성은 그만큼 낮아진다.

유능한 사람은 손동작으로 자신의 힘과 능력을 드러내는데, 나는 이것을 '설명하는 제스처explanatory gestures'라고 부른다. 이런 비언어적 신호가 언어적 메시지를 더 확장하고 이해시키고 자세히 설명하

◆ **Fun Tip** ── **사람을 손가락으로 가리키지 마라**

사람들이 뭔가를 가리키는 동작을 자주 한다. 하지만 이 동작을 할 때는 주의해야 한다. 사람은 뭔가를 가리키는 것은 좋아하지만 자신이 가리킴을 당하는 것은 좋아하지 않는다. 자신을 비난하고 공격한다는 느낌을 받기 때문이다. 그러므로 사물이나 위치는 가리켜도 사람은 손가락으로 가리키지 마라. 청중이나 다른 사람을 가리키는 제스처를 취하고 싶다면, 손을 펼쳐 손바닥이 보이게 가리키거나 엄지로 집기 thumb pinch 제스처를 취하면 된다.

는 데 도움이 되기 때문이다.

연구원들은 결단력 있고 자신감 있는 몸짓이 듣는 사람의 이해력을 60% 향상시킨다는 점을 발견했다. 심지어 어떤 몸짓은 너무나 강력해서 무려 400%나 더 많은 정보를 전달한다고 한다! 우리의 몸짓은 우리가 하고자 하는 이야기의 중요성, 크기, 감정, 대화의 방향 그리고 욕구까지 전달할 수 있다.

우리 팀은 수백 시간의 TED 강연을 분석하면서 여러 패턴이 있음을 알아냈다. 우리는 조회 수가 가장 많은 TED 강연과 가장 적은 TED 강연 사이에 비언어적 신호의 차이가 있지는 않은지 알아보고 싶었고, 마침내 손동작이 중요하다는 점을 발견했다. 인기가 많은 TED 강연자들은 전체적으로 손동작을 더 많이 사용했다. 그들은 18분 동안 평균 465회의 손동작을 구사했는데, 이는 상대적으로 인기가 적은 강연자들의 평균 272회보다 훨씬 높은 수치였다. 다음으로 우리는 인기 있는 TED 강연자들은 자신의 메시지를 명확하게 전달하기 위해 설명하는 제스처를 사용한다는 점을 발견했다. 다음은 설명하는 제스처의 가장 일반적인 사례이다(곧바로 사용할 수 있는 손짓 신호 60가지를 scienceofpeople.com/hand-gestures에서 확인할 수 있다).

1. **숫자:** 숫자가 나올 때마다 그들은 그것을 손으로 표현하며 비언 어적으로 강조한다.

2. **크기:** 인기 있는 TED 강연자들은 자신들이 말하는 내용의 크기 나 중요성을 청중이 쉽게 이해할 수 있도록 손동작을 사용한다. 어떤 것이 작거나 대단치 않다면 그들은 손가락을 1인치 정도 벌 리면서 얼마나 작은지를 강조한다. 반면 정말로 중요한 것일 때 는 비치볼을 잡듯이 손을 벌린다.

3. **나와 너:** 영향력 있는 강연자는 청중이 쉽게 내용을 따라올 수 있 도록 제스처를 사용한다. 자신의 의견이나 개인적인 것에 대해 말할 때는 스스로를 향해 손짓하고, 때로는 자기 가슴에 손을 얹 는다. 반면 청중을 격려하거나 청중의 행동을 촉구하는 말을 할 때는 청중을 향해 손짓한다.

Fun Tip   **"정말 잘될 거야."**

강연자로서 내가 가장 좋아하는 신호 중 하나는 "정말 잘될 거야"라는 신호다. 기대감을 잔뜩 품고 손바닥을 비비는 제스처는 청중을 함께 흥분시키는 좋은 방법이다. 안경을 벗거나 소매를 걷어 올리는 신호도 같은 효과를 낼 수 있다. 이는 "정말로 이 문제에 열중하고 있어요"라는 신호다.

4. **엄지로 집기:** 엄지손가락을 위로 향하게 하고 느슨한 주먹을 만드는 동작으로, 정치인들이 가장 좋아하는 강력한 제스처다. 엄지를 세우는 것은 대부분의 서양 문화에서 '좋다' 또는 '괜찮다'를 의미한다. (우리가 좋아하지 않는) 누군가 또는 뭔가를 손가락으로 가리키는 제스처를 대체할 수 있는 긍정적인 방법이다.

5. **그들과 우리:** 능력이 뛰어난 강연자는 그들의 손으로 두 가지 다른 의견, 또는 두 가지 다른 그룹을 표현한다. 예를 들어 정치인이 연설하면서 진보주의자에 대해 말할 때는 왼손을 들어 올리고, 보수주의자에 대해 말할 때는 오른손을 들어 올린다고 해보자. 이 경우, 청중은 연설이 끝날 때까지 연설자가 누구를 언급하는지 알려면 그가 어느 손을 드는지만 보면 된다. 그의 손짓이 이야기에 등장하는 인물이 어떤 사람인지를 비언어적으로 알려주기 때문이다. 이는 같은 말을 반복할 필요 없이 자기 몸의 일부를 사용해 의미를 부여할 수 있는 간단한 방법이다.

설명하는 몸짓은 말하는 사람과 듣는 사람의 인지 부하cognitive load(인간의 인지능력 또는 작업 수행에 대한 부하를 나타내는 개념-옮긴이)를 낮추기 때문에 유능함 신호라고 할 수 있다. 수십 년간 제스처의 힘에 대해 연구한 심리학자 수전 골딘 매도우Susan Goldin-Meadow는 사람들이 제스처를 잘 활용하는 이들과 더 잘 연결된다는 사실을 발견했다. 그 이유는 어떤 내용을 추적하고 이해하는 데 제스처가 도움이 되기 때문이다. 비언어적 제스처는 우리가 듣는 언어적 내용에 깊이를 더해준다. 설명하는 제스처가 유능함 신호가 되는 이유도 바로 이 때문이다. 당신이 언어로 전달하고자 하는 내용을 더 잘 알수록 제스처를 활용해 쉽게 보여줄 수 있다.

훌륭한 의사소통자가 되고 싶은가? 내용을 쉽게 설명하고 싶은가? 언어적 경로와 비언어적 경로, 두 경로를 모두 사용하라.

당신에게 굉장한 아이디어가 있다면, 그것이 얼마나 굉장한지를 듣는 사람에게 당신의 손으로 직접 보여줘라. 또 당신에게 세 개의 훌륭한 아이디어가 있다면, 첫 번째 아이디어를 말할 때 손가락 하나

Fun Tip ──────────────────── **지휘**

사람들은 대개 자신이 하는 말에 박자를 맞추기 위해 특정한 몸짓을 한다. 그러니까 자기 몸의 지휘자가 되는 셈이다. 강연자가 연설하는 동안 손을 가볍게 팅기면서 흐름을 타는 것을 본 적이 있는가? 이것이 바로 리듬 제스처다. 리듬 제스처, 즉 '지휘' 동작은 계속 반복되는 간단하고 빠른 손동작으로, 연설 내용과 일치하거나 내용을 강조하는 설명적 제스처와는 다르다.

를, 두 번째 아이디어를 말할 때는 손가락 두 개를, 마지막 세 번째 아이디어를 말할 때는 손가락 세 개를 펴 보여라. 이 간단한 동작만으로 당신은 요점에서 벗어나지 않을 수 있을뿐더러 듣는 사람이 세 가지 아이디어를 모두 기억하도록 도울 수 있다.

제스처는 우리가 우리 자신을 더 명확하게 표현하도록 도와주는 도구이기도 하다. 나와 함께 작은 실험을 해보자. 물구나무를 선 채로 당신이 가장 좋아하는 어린 시절의 기억을 큰 소리로 말해보라. 힘들 것이다. 손은 우리 생각이 배출되는 통로다. 제스처를 더 많이 사용할수록, 더 유창하게 말할 수 있다. 그러므로 제스처는 듣는 사람뿐 아니라 말하는 사람에게도 도움이 된다는 것을 명심해라.

원칙

> 설명하는 제스처는 당신이 이야기를 할 때뿐 아니라
> 다른 사람들이 이해할 때도 도움이 된다.

설명하는 제스처를 취해야 할 때

- 어떤 것을 잘 설명하고 상대방에게 완전히 이해시키고 싶을 때.
- 말하는 내용에 자신감이 있고, 해당 주제에 유능한 사람이라는 것을 보여주고자 할 때.
- 영상통화를 할 때나 무대에서 더 집중하기 위해. 제스처는 당신의 언어적 설명에 새로운 차원을 더해준다.

설명하는 제스처를 취하지 말아야 할 때

- 사람들이 당신을 바라보기를 원하지 않는다면, 제스처를 취하지

손을 편안하게 내려놓는 자세

일부 연구원은 '겸손한 손humility hands'이라는 제스처에 주목했다. 이 제스처는 손을 자연스럽게 허리 높이에서 몸 앞으로 편안하게 내려놓는 자세다. 이 자세는 서 있을 때나 앉아 있을 때나 모두 취할 수 있다. 케네디는 대통령 토론의 첫 1분 동안 이 자세를 취했다. 이 자세는 다른 사람의 말을 들을 때 사용할 수 있는 긍정적인 신호로, 편안하고 침착한 상태에 있다는 것을 보여준다.

마라. 예를 들어 나는 고도로 기술적인 개념을 설명하는 엔지니어들과 함께 일하는데, 그들은 종종 내게 슬라이드를 보여주며 제스처를 취한다. 듣는 사람이 당신이 아니라 당신이 보여주는 그래픽, 비디오, 시연에 집중하기를 원한다면 제스처를 많이 사용하지 마라. 듣는 사람의 주의가 분산될 수 있다.

• 듣는 사람이 제스처를 취하는 당신의 손끝만 바라본다면 제스처가 너무 과장된 것일 수 있다. **제스처는 당신이 하는 말의 백댄서와 같다.** 제스처는 어디까지나 당신이 하는 말의 요점을 강조하기 위해 뒤에서 도와주는 역할을 하는 것이 가장 좋다. 제스처가 쇼의 주역이 돼서는 안 된다.

• 제스처를 취할 때 사람들이 몸을 피한다면, 너무 많은 제스처를 취하고 있는 것이다. 손에 펜, 리모컨, 물컵 등을 잡고 있으면 당신의 손을 통제할 수 있다. 야구를 해본 적이 있는가? 야구의 스트라이크 존처럼, 당신의 손이 어깨 아래, 허리 위 그리고 몸에서 30cm 밖으로 벗어나지 않도록 해라.

● 유능함 신호 #5: 팜 플래시

마리아 에바 두아르테Maria Eva Duarte는 1919년 아르헨티나 중심부에 있는 가난한 시골 마을에서 사생아로 태어났다. 에비타Evita라는 애칭의 그녀는 열여섯 살에 스타가 되겠다는 꿈을 좇아 수도 부에노스아이레스로 도망쳤다.

그녀는 지역 라디오 방송국에서 일하면서, 미래에 남편이 되는 정부 관리 후안 페론Juan Peron을 만났다. 훗날 에비타는 그가 아르헨티나 대통령이라는 엄청난 자리에 도전하는 선거 운동을 돕는다. 그녀는 집회를 조직했고, 노동자에게 연설을 했으며, 남편을 대신해 대규모 시위를 이끌었다. 이 과정에서 그녀는 빠르게 페론의 부인이 아닌, 자신의 이름으로 스타가 됐다. 페론은 선거에서 승리했고, 에비타는 정부에서 점점 더 큰 역할을 맡기 시작했다. 그녀는 노동자의 권리 신장에 앞장섰고, 아르헨티나 여성의 투표권 획득을 위해 노력했다. 그녀의 연설에는 수천 명의 지지자들이 참석했다.

그녀가 사용한 대표적인 비언어적 신호가 바로 **팜 플래시**(손바닥을 획 내보이는 것)였다. 에비타의 연설 동영상을 보면 손 흔드는 동작에서부터 키스 날리기, 팔 머리 위로 올리기 등 수십여 가지의 팜 플래시를 볼 수 있다. 그녀는 손바닥을 사용해 청중을 이끌고, 필요에 따라 조용하게 하거나 화나게 하는 등 대중을 마음대로 조종했다.

1951년 10월 17일, 100만 명이 넘는 사람들이 어쩌면 에비타의 마지막이 될지 모르는 연설을 듣기 위해 운집했다. 그녀는 몇 달밖에 살지 못한다는 암 선고를 받은 상태였다. 그 연설 역시 노동자를 위한 집회에서 행해졌다. 그녀는 변화를 주장했고 부정에 반대하는 목소리를 높였다. 그녀는 간간이 손바닥을 벌린 채 두 손을 머리 위로 들어 올려 하늘을 향해 몸을 뻗는 장면을 연출했는데, 이 장면은 나중에 그녀의 상징적 모습이 되었다.

이 연설 장면은 영화 〈에비타〉에서 마돈나에 의해 재현됐고, 작곡가 앤드루 로이드 웨버Andrew Lloyd Webber의 「아르헨티나여, 나를 위해 울지 마세요Don't Cry for Me Argentina」라는 곡에 영감을 줬다. 그리고 흥미롭게도 에비타의 이야기가 나올 때마다 그녀의 유명한 팜 플래시 동작이 빼놓지 않고 함께 소환되곤 한다.

손바닥은 우리의 가장 큰 관심사 중 하나다. 강력해지기 위해서는 다른 사람의 주의를 끌어야 한다. 행사장을 가로질러 가면서 관심을 끌고자 할 때 우리는 사람들에게 손을 흔든다. 또 선생님들이 내 이름을 불러주기를 바라며 손을 들 때 선생님에게 손바닥을 내보인다. 누군가가 내 앞에서 멈추기를 원할 때는 손바닥을 몸 앞에 올린다.

팜 플래시는 그저 설명적인 제스처가 아니라, 사람들의 주의를 끌기 위한 신호다. 우리는 손바닥을 보는 것을 좋아하기 때문에 항상 손바닥을 찾는다. 누군가의 손바닥이 보이면, 우리는 그들이 우리에게 아무것도 숨기지 않는다는 것을 알 수 있다. 열린 손바닥과 주먹은 서로 반대의 의미를 나타내는데 손바닥은 숨겨진 불안감이나 공격성이 없다는 의미다. 또한 손바닥은 상대방에게 감사를 표하는 비언어적 방식이다.

누군가가 당신에게 손을 흔들고 있다고 생각해서 당신도 같이 손을 흔들었는데, 알고 보니 그가 당신이 아닌 다른 사람에게 손을 흔들고 있었다는 것을 알아챈 적이 있는가? 좀 부끄럽긴 하지만 매우 인간적인 실수다. 우리는 인정받는 것을 좋아하므로, 누가 우리에게 손을 흔드는지, 손짓을 하는지, 악수하기 위해 손바닥을 내밀어 보이는지, 우리를 향해 어떤 제스처를 하는지를 항상 주의 깊게 살핀다.

팜 플래시를 하면 사람들은 당신에게 주의를 기울인다. 우리는 손이 우리의 가장 치명적인 무기라는 것을 알기 때문에 손바닥 신호에 예민하다. 연구원들은 손바닥을 올리면 우리의 변연계(대뇌에서 인체의 기본적인 감정·욕구 등을 관장하는 신경계-옮긴이), 특히 뇌의 방어 영역인 편도체가 활성화된다는 것을 발견했다. 쉽게 말하자면, 팜 플래시는 우리의 감정에 신호를 보낸다. 누군가가 팜 플래시 제스처를 보여주기만 해도, 우리의 거울 뉴런mirror neurons이 그 사람과 같은 감정을 느끼도록 유도한다. 팜 플래시를 보기만 해도 마치 우리가 직접 그렇게 하는 것처럼 변연계가 활성화되기 때문이다.

많은 강력한 지도자들도 연설 도중에 에비타처럼 특유의 포즈를 취한다. 머리 위로 팔을 올리고 손바닥을 드러내 보인다. 블라디미르 푸틴Vladimir Putin 러시아 대통령도 연설할 때 청중을 향해 두 손바닥을 높이 치켜들곤 한다. 프란치스코 교황Pope Francis은 축복을 할 때 손바닥을 높이 치켜올린다. 마이크 타이슨Mike Tyson, 무하마드 알리 Muhammad Ali, 플로이드 메이웨더Floyd Mayweather 같은 유명한 권투 선수도 경기에서 이긴 후 관객을 향해 손바닥을 높이 치켜올린다. 승자들은 대개 손바닥을 펴고 하늘을 향해 팔을 높이 뻗어 올린다.

우리는 무의식적으로 손바닥 신호를 예민하게 인지한다. 그러니 당신도 의도적으로 그 동작을 취해보라. 다음은 우리가 가장 많이 사용하는 팜 플래시 제스처와 그 의미이다.

- **악수 전:** 인사할 때 손바닥을 위로 향하게 하고 손을 내밀면 악수를 청하는 것이다.
- **포옹 전:** 손바닥을 보이며 양손을 내밀면 포옹을 청하는 것이다.
- **함께 기뻐해요:** 손바닥을 위로 향하게 하고 하늘을 향해 손을 위아래로 흔들면 상대방도 함께 일어나 기뻐하고 환호해달라고 청하는 것이다. ('지붕이 떠나갈 정도로 함성을 지르자raise the roof'라는 제스처를 떠올려보라.)
- **진정하세요:** 손바닥을 아래로 향하게 하고 손을 내밀어 위아래로 흔들면 진정하거나, 앉거나, 조용히 하라고 요구하는 것이다.
- **멈추세요:** 손을 들어 다른 사람에게 손바닥을 보여주면 '중지하라'는 신호다. 이는 더 이상 다가오지 말라거나 더는 말하지 말라는 신호다.
- **더 자세히 말해주세요:** 손바닥을 위로 향한 채 누군가를 향해 손을 내밀면 "나는 열린 사람이니 더 많은 것을 듣고 싶어요"라는 뜻이다.
- **내가 설명해줄게요:** 뭔가를 설명하다가 잠시 멈춘 후 한 손바닥을 편 채로 손을 내밀면, 마치 손에 아이디어를 들고 있는 것처럼 보일 수 있다.
- **이것이 이야기의 전모입니다:** 손바닥을 서로 마주하게 하고 앞뒤로 움직이면, 뭔가를 설명하거나 아이디어를 제시하겠다는 신호다.

Special Note 　　　　　　　　　　　　**공간의 크기를 고려하라**

지금까지 이야기한 손바닥 제스처 중 어떤 것들은 앞서 언급한 스트라이크 존 (어깨 아래, 허리 위, 그리고 몸에서 30cm 이내)에서 벗어날 수도 있다는 사실을 눈치 챘는가? 내 경험에 따르면 강연을 하는 방이 크면 제스처도 크게 할 수 있다. 회의 중이거나, 데이트 중이거나, 친구들과 어울릴 때는 스트라이크 존을 지키 는 것이 이상적이다. 그러나 대회의실, 무도회장, 무대처럼 큰 공간에서는 더 큰 제스처를 사용할 수 있다. 아마 에비타도 외교관 한 명과 친밀한 사적 대화 를 나눌 때는 '두 팔을 들고 손바닥을 올리는 제스처'를 사용하지 않았을 것이 다. 하지만 수천 명이 모인 무대 위에서 그녀의 제스처는 완벽한 효과를 냈다.

손바닥을 상대방에게 보여주는 가장 좋은 방법은 손가락으로 가 리키는 것이 아니라 팜 플래시다. 열린 손바닥은 초대를 의미하지만 손가락질은 비난을 의미한다. 청중이 슬라이드, 유인물, 그래프 등 뭔 가를 보도록 유인하려면 손가락 대신 활짝 편 손바닥을 사용해라.

이 손바닥 제스처는 해석하기도 쉽다. 사실 많은 손바닥 제스처 는 본능적으로 이해할 수 있다. 내 목표는 당신이 그 제스처를 보다 의도적으로 인코딩할 수 있도록 돕는 것이다.

손바닥 신호는 당신을 대변할 수 있다. 말 대신 손바닥을 사용하 거나, 말의 요점을 강조할 때, 손바닥은 가장 강력한 신호다.

> **원칙**
>
> **주의를 끌려면 손바닥을 보여라.**

팜 플래시를 사용해야 할 때

- **나를 불러주세요:** 회의에서 한마디 하고 싶은데 기회가 오지 않을 때, 그룹 전체를 향해 팜 플래시를 한다. 이는 할 말이 있으니 당신을 바라봐달라고 말하는 미묘한 신호다.

- **내 선물을 받으세요:** 당신은 멋진 아이디어를 가지고 있다. 실제로 그것은 매우 훌륭한 지식이 담긴 선물이다. 당신은 사람들에게 그것을 알리고 싶다. 회의 중 그 아이디어가 더 커지면, 한 손을 내밀고 그들에게 뭔가를 주는 것처럼 이렇게 말해보라. "정말로 여러분과 공유하고 싶은 아이디어가 있습니다." 뭔가 좋은 것을 준다는 말에 사람들은 모두 귀를 쫑긋할 것이다.

- **'어깨 으쓱' 신호:** 누군가가 복잡한 것을 설명하고 있어서 그가 속도를 좀 늦추고 명확히 설명해줬으면 싶을 때는 양 손바닥을 벌리고 어깨를 으쓱한다. 이는 "당신이 하는 말을 이해할 수 없네요"라는 의미의 제스처로, 상대방에게 좀 더 분명히 설명해달라는 신호를 보내는 것이다(상대방의 말을 중단시키는 것보다 훨씬 더 공손한 태도다).

- **내가 설명해줄게요:** 고객이나 동료에게 고도의 기술적인 조언을 해야 할 때가 있다. 앞의 화면에 슬라이드, 차트, 그래프를 보여주고 있지만, 좀 더 자세하게 설명해야 한다. 듣는 사람이 당신을 바라보기를 원할 때는 '설명하는 제스처'를 사용하고, 사람들이 전면의 슬라이드에 주의를 기울이도록 하려면 앞에 있는 화면을 향해 손바닥을 편다. 이 신호는 사람들이 언제 어디를 봐야 하는지를 정확하게 알려준다. 또한 당신을 매우 유능한 사람으로 보이

게 한다. 당신은 정보의 흐름을 더 잘 통제할 수 있다.

팜 플래시를 사용하지 말아야 할 때

- **뭔가 숨기고 있다면.** 다른 사람의 눈에 띄지 않고 싶거나 질문을 받고 싶지 않다면, 손바닥을 보이지 마라. 그러면 사람들이 말없이 당신을 떠날 것이다.
- **항상 손바닥을 보인다면.** 사람들은 상대방의 손바닥을 보는 것을 좋아하지만, 항상 손바닥을 보이면 진정성이 없어 보일 수 있다. 팜 플래시는 의도적으로 간간이 사용해야 한다.

● 능력의 신호 #6: 대화의 흐름 통제하기

사람들이 당신을 방해하는가? 아니면 계속 웅얼거리는 사람 때문에 신경이 쓰이는가? 끊임없이 떠드는 사람이 있는가?

영향력 있는 사람들은 비언어적 신호를 사용해 교묘하고도 정중하게 대화의 흐름을 통제할 수 있다. 다음은 내가 자주 사용하는, 누군가가 떠드는 것을 멈추게 하는 신호들이다. 가장 덜 공격적인 것부터 진지한 개입까지 다양한 방법이 있다.

물고기 얼굴

수다를 멈출 줄 모르는 누군가와 이야기하고 있다고 가정해보자. 그들의 말을 멈추게 하는 한 가지 방법은, 마치 물고기처럼 몇 초 동

안 입을 1인치(2.5cm) 정도 벌리고 있는 것이다. 누군가가 뭔가를 말하기 위해 입을 벌리고 있으면 직관적으로 말을 멈춰야 한다고 알아챌 수 있기 때문이다.

입을 열고 있으면, 그것은 당신이 할 말이 있고 상대방이 말을 멈추기만을 기다리는 중이라는 뜻을 미묘하게 전달한다. 입을 살짝 벌리는 간단한 행동만으로 상대방은 하던 말을 마무리하고 당신에게 말할 차례를 돌려줄 것이다. 당신이 아직 말을 끝내지도 않았는데 누군가가 말을 가로챘다면, 이 물고기 얼굴 전략을 사용해보라. 방해를 받으면 대개 좌절감 때문에 입을 딱 다물어버리곤 하는데, 그럴 때 입을 몇 초 동안 열어두면 아직 말이나 생각을 완전히 끝내지 않았다는 것을 그들에게 비언어적으로 보여줄 수 있다.

잠깐만요!

나를 매우 자주 방해하는 사람이 있다. 그는 늘 자기 생각만 하면서 내가 말하는 도중에 뛰어들 기회만 찾는다. 그리고 내가 숨을 돌

리려고 말을 잠시 멈추면 여지없이 끼어든다. 그래서 그의 방해를 받지 않기 위해 나는 말을 점점 더 빨리 뱉게 되고 서둘러 생각을 꺼내게 된다. 그와 함께 있으면 기운이 다 빠진다. 그래서 나는 작고 쉬운 비언어적인 신호를 배웠다. 바로 '잠깐만요!'라는 신호다.

잠시 숨을 쉬거나 생각할 필요가 있어 말을 멈추는 동안 상대방이 방해하려 하면, 손을 들고 그를 향해 손바닥을 편다. 이 동작은 당신이 하던 생각에 작은 **책갈피를 끼워놓는** 것과 같다. 이는 "잠깐만요, 나 아직 안 끝났어요. 방해하지 마세요"라는 비언어적 신호다.

끊임없이 중얼거리는 사람에게도 이 신호를 사용할 수 있다. 그들이 말을 멈추지 않는다면 바로 손을 들어 '잠깐만요!' 포즈를 취한다. 이는 잠시 멈춰달라고 요청하는 아주 좋은 방법이다. 그런 다음 당신이 말을 시작할 수 있다. 당신의 손동작은 주의를 당신에게 돌려서 상대방이 자신의 생각에서 벗어나게 하고 그들에게 자신뿐만 아니라 '다른 사람도 이 대화에 참여하고 있다'는 사실을 상기시키는 역할을 한다. '잠깐만요!' 신호는 물고기 신호와 함께 사용하면 더욱 더 효과적이다.

앵커 터치

'물고기 얼굴'과 '잠깐만요!'를 사용했는데도 말을 멈추지 않는
가? 그렇다면 앵커 터치anchor touch라는 신호로 표현 수위를 한 단계
더 올려보자. 자기 이야기에 심취해서 문자 그대로 자기 세상에 사는
사람이 있다. 그럴 때 그들은 머리가 멍한 상태라서 그들의 정신을
제자리로 돌려야 한다. 그러려면 그들의 생각을 어딘가에 붙들어 매
야anchor 한다.

손을 뻗어 그들의 손, 손목, 팔뚝, 어깨를 살짝 만짐으로써 그들을
붙들어 맬 수 있다. 마치 "이제 내가 말할 차례예요"라고 말하듯이 가
벼운 터치를 한다. 상대방이 당신의 표정이나 몸짓에 주의를 기울이
지 않고 있을 수도 있으므로, 그들을 가볍게 터치함으로써 당신의 표
정이나 몸짓을 알아차리게 하는 것이다. 말하기 좋아하는 사람들도

말할 시간을 미리 확보하는 기술

Fun Tip

끊임없이 중얼거리는 사람이나 당신을 방해하는 사람과 대화하게 되리라는 사
실을 미리 알고 있다면, 전달해야 할 요점을 사전에 말함으로써 그들의 수다를
방지할 수 있다. 예를 들어, 당신이 말해야 할 요점이 세 가지라면, 할 말이 세
가지 있다고 미리 말하는 것이다. 그런 다음 요점을 말할 때마다 손가락을 하
나씩 들어 올린다. 또 "아주 대단한 아이디어에 대해 말씀드리고 싶은데, 설명
하는 데 몇 분은 걸릴 겁니다"라고 말하며 쐐기를 박아둬도 좋다. 이렇게 하면
당신에게 설명할 시간을 줘야 한다는 점을 미리 인지시킬 수 있다.

그들의 몸을 만지면 대개는 잠시 말을 멈춘다. 그 순간을 이용해 당신이 못 다한 말을 할 수 있고, 작별 인사를 할 수도 있다.

● 신호를 활용해 강력한 존재감을 구축하라

온화함의 신호가 '와!' 하는 감동을 준다면 유능함의 신호는 '팡!' 하는 박력을 더한다. 이 둘이 합쳐지면 기억에 오래 남는 존재감을 구축할 수 있다.

2014년에 연구원들은 카리스마가 강한 리더들을 연구했는데, 이들은 한결같이 다른 사람을 움직이거나, 영감을 주거나, 사로잡기 위한 비언어적인 신호를 사용했다. 그리고 그들의 영향력은 전염성이 있었다. 그들의 자신감이 다른 사람들의 자신감도 키워주기 때문이다.

또한 그들은 다른 사람들의 감정적 요구를 디코딩(해석)하고 그 사람들의 감정에 영감을 주고 자극하는 올바른 신호를 인코딩하는(내보내는) 능력을 갖추고 있다. 연구원들이 실험 대상자들에게 리더들의 연설 동영상을 보여주고 그들의 카리스마에 대해 평가하도록 요청했을 때, 유능함 신호와 온화함 신호를 모두 사용하는 리더가 가장 높은 평가를 받았다. 그들은 아래와 같은 신호를 사용했다.

- 손짓과 몸짓을 역동적으로 사용했다.
- 더 꼿꼿한 자세를 보여줬다.
- 한 문장을 끝낼 때마다 청중과 눈을 맞췄다.

- 더 열린 자세를 취하면서 어떤 차단 행동도 하지 않았다.

- 고개를 더 많이 끄덕였다.

- 표정, 몸짓, 목소리 톤을 통해 더 풍부한 감정을 표현했다(음성 신호에 대한 장에서 더 자세히 설명할 것이다).

- 다른 사람들이 말하도록 유도했다.

- 되도록 많은 사람이 볼 수 있는 테이블 상석에 앉았다.

- 자신을 표현하는 신호와 전략의 레퍼토리가 더 풍부했다.

- 자기 자신보다는 다른 사람을 더 많이 터치했다.

내 의뢰인 중 한 명(편의상 데이브라고 부르자)은 수천 개에 달하는 공급 체인망을 이끌고 있다. 그는 매주 매니저들과 만나 그 주의 목표에 대해 이야기한다. 그런데 요즘 회의가 예전 같지 않다고 했다. 사람들은 번번이 지각하고, 데이브는 그들을 기다리느라 시간을 지체하기 일쑤였다. 회의 중 그가 새로운 프로젝트에 대한 피드백을 요청하는데도 직원들의 회의 집중도는 현저히 떨어졌다. 그는 회사의 중요한 변화를 제시하는데도 직원들이 이메일만 보고 있는 것 같다고 의심했다.

우리는 데이브와 함께 그가 최근에 주재한 회의의 줌Zoom 동영상을 검토하면서, 데이브가 이런 중요한 회의에 활기를 불어넣을 기회를 여러 번 놓치고 있음을 즉시 확인할 수 있었다.

회의가 시작되자 데이브는 소리 없이 회의실로 들어와 고개를 숙이고 앉았는데, 노트북이 가슴 앞에 놓여 있어 그와 직원들 사이를 가로막고 있는 형국이었다. 사람들이 도착하기를 기다리는 동안 데이브는 전화기를 확인하고 있었는데, 이 또한 유능함의 자세라고 볼 수 없었다. 그는 사람들이 회의실에 들어와도 아는 체를 하지 않았다.

회의가 시작되자 데이브는 서둘러 슬라이드를 클릭하면서 뒤에 있는 슬라이드 화면 쪽을 향해 제스처를 취했다. 그는 직원들을 쳐다보지도 않고 고개도 들지 않아 노트북 화면의 빛이 얼굴에 그대로 비쳤다. 슬라이드를 클릭하지 않을 때도 그의 손은 대부분 무릎 아래에 숨겨져 있었다. 우리는 데이브가 얼마나 자주 웃는지 세어봤는데, 직원의 생일을 소개할 때 딱 한 번 웃었다. 회의가 끔찍하지는 않았지만 지루하고 무미건조했다. 데이브의 태도는 불쾌하지는 않았지만 적극적이지도 않고 특별할 게 없어서 금방 잊힐 것 같았다.

그는 이 회의에서의 존재감을 재설정할 필요가 있었다. 우리는 그가 이 회의를 재설정하는 데 편안하게 사용할 수 있는 몇 가지 간단한 신호를 찾아냈다.

우리는 그동안 아무렇지 않게 생각했던 그의 회의실 입장 태도를 좀 더 당당하게 만드는 데서부터 시작했다. 그는 회의를 주도하는 사람이다. 따라서 그가 회의실에 들어오면서부터 당연히 회의가 시작돼야 했다. 직원들이 다 오기까지 기다릴 필요가 없다. 그가 사람들을 기다리면서 시간을 지체했기 때문에 사람들은 에너지가 떨어진 채 더 늦게 나타나고 긴장도 하지 않았다.

다음 회의에서 데이브는 여느 때처럼 노트북을 옆구리에 끼고 들어왔지만, 들어오면서 모두에게 손을 흔들었다. 그는 활짝 웃으며 큰 소리로 "좋은 아침!"이라고 외쳤다. 그러고는 사람들을 지나칠 때마다 그들의 어깨를 만지며 인사를 했다. 회의실 건너편에 있는 사람들과는 눈을 마주치며 모든 직원과 일일이 아는 척을 했다.

그는 자리에 앉아 노트북 플러그를 꽂은 다음, 노트북을 옆으로 밀어서 더는 다른 사람과 자신 사이를 가로막지 않게 했다. "오늘 몇 가지 안건이 있지만, 먼저 각자 자신의 업무 정보를 간략히 업데이트하는 것부터 시작합시다. 요즘 일이 어떻게 되어가고 있는지, 이번 주에 처리해야 할 프로젝트는 무엇인지 말씀해주세요."

데이브가 이렇게 말한 이유는, 의도적으로 눈을 마주치려면 각자의 업무에 대한 간략한 업데이트부터 시작하는 것이 가장 좋겠다고 결정했기 때문이다. 이것은 여러 차원에서 효과가 있었다. 첫째로, 모든 사람이 회의 중에 이메일을 보지 않게 됐다. 둘째, 지각자가 있더라도 모든 사람이 업데이트 내용을 공유했기 때문에 중요한 사항을 놓치지 않도록 해줄 수 있었다. 셋째, 직원들이 발언을 할 때 데이브가 그들을 응시하고, 몸을 앞으로 기울이고, 프론팅하게 됐다. 게다가 직원들의 대답을 들으면서 편안하게 스티플 제스처를 취하게 됐다.

또한 우리는 데이브가 편하게 슬라이드를 바꿀 수 있도록 리모컨을 준비했다. 덕분에 데이브는 좀 더 자유롭게 제스처를 취할 수 있었다. 또 모든 사람이 앉아 있는데 데이브 혼자 서서 발표하는 것이 너무 어색하다고 생각되어 그의 의자를 테이블 중앙으로 옮기도록 했고, 노트북은 멀찌감치 떨어진 옆에 자연스레 두게 했다. 그의 보디랭귀지를 모든 사람이 볼 수 있게 되면서 그는 더 많은 제스처를 취할 수 있게 됐고, 사람들을 향해 더 쉽게 프론팅을 할 수 있게 됐다.

그리고 우리는 그의 슬라이드에 깜짝 웃음의 순간을 두 가지 추가했다. 하나는 시작할 때 재미있는 밈meme(특정 메시지를 전하는 그림,

사진, 또는 짧은 영상으로 재미를 주는 것-옮긴이)을 끼워 넣는 것이고, 또 하나는 마무리할 때 고객 서비스 사례를 끼워 넣는 것이었다. 이것은 모든 사람에게 웃음을 줬다. 딱딱한 기술 슬라이드에는 이해를 돕기 위해 몇 가지 유용한 설명 제스처를 추가했다.

발표를 끝낸 후에는 데이브가 몇몇 사람에게 질문을 유도했다. 처음에는 잘되지 않았지만, 리모컨을 내려놓고 직원들을 향해 손바닥을 보였다. "여러분의 소식을 듣고 싶습니다"라는 의미다.

데이브가 간부 엔지니어 중 한 명을 보고 이렇게 물었다. "사라, 새로운 모델에 대한 당신의 생각을 듣고 싶어요. 내가 빠트린 게 있나요?" 그는 눈썹을 치켜올리며 그녀를 향해 몸을 기울였다.

그러자 그 주제에 대한 난상 토론이 벌어졌다. 데이브는 손바닥을 펼쳐 보이고 머리를 기울이며 대화를 주도해나갔다. 한 내성적인 직원이 중요한 문제를 거론하자, 데이브는 고개를 끄덕이며 그 직원을 격려했다. 이제 회의의 분위기는 완전히 바뀌었다. 사람들은 더 많은 것을 공유했고, 더 많은 것을 논의했으며, 자기 노트북을 보며 이메일을 확인하는 일도 없어졌다. 가장 중요한 것은 데이브가 리더로서 더 강력해졌다는 느낌을 받았다는 것이다. 그는 팀을 격려하고 자신감을 고취하기 위해 무엇을 해야 하는지 정확히 알게 됐다. 그는 이제 직원들이 회의 중에도 이메일만 볼 거라고 의심하지 않는다. 그는 자신의 손을 어디에 둬야 하는지, 어디에 서야 하는지, 그리고 특히 내성적인 직원들을 회의에 집중시키려면 어떻게 해야 하는지 알게 됐다. 그의 자신감은 직원들의 자신감에 영감을 불어넣었다.

회의가 끝나고 그는 회의에 참석했던 엔지니어 한 명에게 메시지

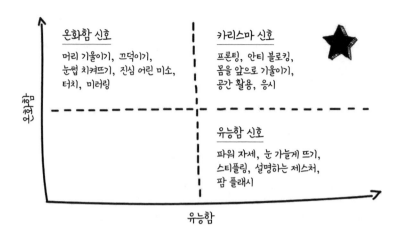

를 보냈다. "멋진 회의였어요, 너무 좋았어요!" 전에는 없던 일이다. 하지만 이는 앞으로 다가올 많은 멋진 회의의 시작에 불과했다.

당신의 영향력은 어떤가? 당신은 상대방의 능력을 고취하는가, 온화함을 고취하는가, 아니면 카리스마를 고취하는가? 당신은 이제 최고의 카리스마를 보여주기 위해 사용할 수 있는 신호들의 포트폴리오를 손에 쥐게 되었다!

이제 신호 차트에 유능함 신호를 더해 실행해보자.

신호	디코딩	인코딩	내면화
파워 자세	당신 주변에서 누가 위축된 자세를 취하고 있고, 누가 넓고 큰 자세를 취하고 있는가?	몇 센티미터라도 다리를 더 벌리고 서보라. 어깨는 아래로 내린다. 자신감이 더 느껴지는가?	당신을 불안하고 위축된 자세로 만드는 사람, 장소, 주제는 무엇인가? 또는 당신을 자신감 있고 넓은 자세로 만드는 사람, 장소, 주제는 무엇인가? 당신에게 자신감을 주는 일에 집중하라.
눈 가늘게 뜨기	당신이 대화할 때나 TV 등에서 누군가 아래 눈꺼풀에 힘을 주고 눈을 가늘게 뜨는 것을 최소한 세 번은 발견하도록 노력해보라. 그들이 더 깊게 이해하려는 것은 무엇인가?	아래 눈꺼풀에 힘을 주고 눈을 가늘게 뜨며 누군가를 격려해보라.	아래 눈꺼풀에 힘을 주고 눈을 가늘게 뜨면 호기심이 더 느껴지는가, 아니면 판단력이 더 커진다고 느껴지는가? 어느 쪽이든 그것을 긍정적으로 활용하도록 노력하라.

신호	디코딩	인코딩	내면화
스티플링	당신이 만나는 사람 중에 스티플링을 하는 사람이 있는가? 당신이 좋아하는 배우 중에서 TV나 영화에서 스티플링을 잘 구사하는 인물이 있는가?	영상통화, 친구와의 통화, 친구와의 대화, 회의 등 적어도 세 가지 다른 상황에서 스티플링을 시도해보라. 어떤 느낌이 드는가?	스티플링을 해보니 바보같이 느껴지는가, 아니면 더 강력해지는 느낌이 드는가? 당신에게 효과가 있는지 여부를 스스로 결정하라!
설명하는 제스처	주위에서 제스처를 지나치게 사용하는 사람은 누구인가? 반대로 제스처를 거의 사용하지 않는 사람은?	요점을 말할 때 의도적으로 제스처를 더 많이 구사해보라.	말할 때 손을 지나치게 의식하는가? 그럴 필요 없다! 좋아하는 몇 가지 제스처를 찾아서 자연스럽게 구사하면 그것으로 충분하다.
팜 플래시	당신은 사람들이 팜 플래시를 하는 것을 일반적인 대중문화로 받아들이는가?	당신은 팜 플래시를 사용하는가? 이번주에 세번 사용해보라.	손바닥을 상대방에게 노출하면, 당신이 더 취약해지는 느낌이 드는가, 아니면 더 강력해지는 느낌이 드는가? 당신에게 적합한 팜 플래시를 찾아라.

6장

불안과 무능함을 드러내는
위험 구역에서 탈출하라

2005년 8월 25일, 투르 드 프랑스Tour de France 챔피언인 사이클 선수 랜스 암스트롱Lance Armstrong은 CNN의 〈래리 킹 라이브 쇼Larry King Live〉에 출연해 자신은 도핑을 하지 않았다고 말했다. 나는 암스트롱의 말을 듣고 그의 진지한 표정을 지켜보며, 이 사람이 뭔가 숨기고 있다고 생각했다. 그때는 왜 그런 느낌이 들었는지 몰랐지만, 아마도 암스트롱이 온갖 부정적인 비언어적 신호를 흘리고 있었고 내 직감이 그것을 감지했던 것 같다.

인터뷰가 끝나고 몇 분 후, 암스트롱은 경기력을 향상시키는 약물을 사용했다는 논란에 대해 계속 뻔뻔한 거짓말을 이어갔다. "말도 안 되는 얘기입니다. 나는 결코 약물을 복용하지 않았어요. 아닙니다. 절대 아니라고요." 그러고 나서 그는 입술을 일직선으로 굳게 다무는 **입술 오므림**lip purse 표정을 지었다.

입술 오므림은 진실한 감정을 억누르거나 숨기고 있음을 나타낸다. 우리는 뭔가 말하기를 주저할 때, 마치 억지로 '뭔가를 입안에 가두어놓는 것'처럼 입술을 굳게 다문다. 그로부터 8년 후, 암스트롱은

<래리 킹 라이브 쇼>에 출연한 랜스 암스트롱

자신의 도핑이 90년대부터 시작됐음을 인정했다.

입술 오므림은 당신이 위험 구역에 빠져 있다는 정확한 증거다. 위험 구역의 신호는 뭔가 부정적인 일이 일어날 가능성이 있다는 적신호다. 당신이 그런 신호를 보인다면, 그에 대해 반드시 조사해봐야 한다. 그 신호는 불안, 지루함, 혼란, 방어적 태도, 편협함, 무능함, 공

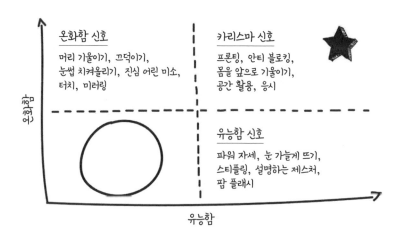

격성을 나타낸다. 우리는 이런 신호를 항상 디코딩하고 해결하는 한편, 인코딩하지 않도록 주의해야 한다.

● 적신호 분석하기

'내게 거짓말을 해 봐Lie to Me'라는 게임이 있다. 이를 위해 5분 동안 당신의 보디랭귀지를 촬영한다. 카메라가 당신의 얼굴, 손, 상체를 선명하게 찍을 수 있도록 조명이 잘 비치는 곳에 앉는다. 이제 카메라를 켜놓고 당신을 촬영할 만반의 준비를 한다. 여기까지 준비한 다음 잠시 멈춘다. 촬영 전에 미리 질문지를 보면 안 된다.

준비됐으면 카메라를 정면으로 보면서, 다음 질문에 큰 소리로 대답해보라. 내게 해석해달라고 동영상을 보낸다고 생각하면 된다. 당신 얼굴의 작은 신호까지 관찰해야 하므로 조명이 잘 비치는지 점검하고 완전한 문장으로 대답한다. 실제로 누군가와 대화하는 것처럼 자연스럽게 행동해야 한다. 대답이 바로 떠오르지 않아도 녹화를 일시 정지하지 마라. 당신이 답변을 생각하는 동안 하는 모든 행동이 분석에 중요하다. 가능한 한 빨리 답변을 생각하라.

자, 준비됐으면 카메라를 보고 다음 질문에 답하라.

질문 1: 어제 아침 식사로 무엇을 먹었는가?
질문 2: 오늘 하루 동안 가장 당황스러운 순간은 언제였는가? 되도록 세부적으로 빠짐없이 말해보라.

질문 3: 당신에게 실제로 일어나지 않은 당혹스러운 이야기를 지어 내보라. 카메라를 보며 할 수 있는 한 설득력 있는 태도로 말해보라.

첫 번째 질문은 단순 기억에 대한 질문이다. 전혀 당황스럽지도 않고 스트레스를 주는 것도 아닌, 단순한 실제 사실을 기억할 때 당신의 표정이 어떤지 보는 것이 이 질문의 목표다. 두 번째 질문은 당황스러운 순간의 기억에 대한 질문이다. 이 질문의 목표는 약간 당황스럽거나 불안을 유발하는 사실을 기억할 때 당신이 어떤 표정을 짓는지 보는 것이다. 세 번째 질문은 거짓말할 때 당신의 표정이 어떤지 보기 위한 것이다.

이 장의 뒷부분에서, 우리는 당신이 단순한 사실을 기억할 때, 당황할 때, 거짓말할 때 표정이 어떻게 변하는지 알아내기 위해 각각의 비언어적 신호를 분석할 것이다.

우리는 웹사이트에서 이 실험을 진행했는데, 수백 명이 참여해 자신이 만든 '내게 거짓말을 해봐' 동영상을 보냈다. 우리 팀은 어떤 패턴이 있는지 찾고자 이 동영상을 분석하는 데 많은 시간을 보냈다. 그리고 우리는 사람들이 거짓말을 할 때 어떤 신호도 보내지 않는다는 사실을 발견했다. 실제로 많은 연구가 이를 뒷받침한다. 안타깝게도 우리 현실에서 피노키오의 코는 생겨나지 않는다.

하지만 사람들이 불안, 수치심, 죄책감 등을 느낄 때는 분명한 신호를 보인다. 이런 신호가 모두 거짓말을 하고 있다는 뜻은 아니지만 좀 더 조사해볼 필요가 있다는 적신호라는 것을 주목해야 한다.

● 위험 구역 신호 #1: 거리 두기

"나는 부정한 사람이 아니에요. 나는 내가 가진 모든 것을 정당하게 얻었습니다." 1973년 11월 17일, 닉슨 대통령이 기자회견에서 한 말이다. 물론 이 유명한 대사는 나중에 거짓말로 밝혀졌다. 닉슨은 워터게이트 사건의 음모에 처음부터 깊이 연루되어 있었다.

나는 이 대사를 여러 번 들었지만 직접 그 장면을 본 적은 없었다. 하지만 닉슨이 이 대사를 하는 원본 영상을 보면 흥미로운 비언어적 단서를 발견할 수 있다(scienceofpeople.com/cues/cues-bonuses 참조). 그는 이 대사를 한 직후, 큰 걸음으로 연단에서 물러났다.

이는 전형적인 **거리 두기** 신호다. 어떤 것을 좋아하지 않을 때, 우리는 그것으로부터 물리적으로 거리를 두고 싶은 충동을 느낀다. 뭔가가 우리를 위협한다거나 위험하다고 생각할 때, 우리는 가능한 한 그것으로부터 멀리 떨어지고 싶어 한다. 하지만 정말 위험한 게 무엇인지 아는가? 바로 거짓말을 하는 것이다. 거짓말이야말로 우리를 곤경에 빠뜨린다. 그것은 우리에게 죄책감, 수치심, 두려움을 느끼게 만든다. 그리고 이런 감정은 실제로 우리 몸에 고통을 가한다.

사람들이 보내준 '내게 거짓말을 해봐' 동영상에서 우리 팀이 가장 먼저 알아차린 신호는, 질문 3에서 거짓말을 할 때 카메라에서 몸을 뒤로 빼거나 의자에 앉아 몸을 뒤로 젖히거나 고개를 돌리는 경향을 보인다는 것이다. 거리 두기는 뭔가 불편한 것을 말하거나 보거나 들었을 때 보이는 미묘한 신호다.

실수로 거리를 두지 않도록 조심해야 한다. 당신이 갑자기 거리를 두거나 몸을 돌린다면, 다른 사람들은 당신에게 호응하지 않을 것이다. **물리적 거리 두기는 감정적 거리 두기를 유발한다.** 카리스마가 강한 사람은 항상 안정적이고, 현재에 충실하며, 적극적으로 참여한다. 그들은 항상 프론팅 자세를 취하고, 몸을 앞으로 기울이며, 더 가까이 접근한다. 거리 두기는 이런 긍정적인 신호와는 정반대다.

거리 두기는 당신의 카리스마를 떨어뜨릴 뿐 아니라, 당신이 함께하는 사람들에게도 부정적인 영향을 미칠 수 있다. 한 연구에서, 물리치료사들이 고객을 치료하는 장면을 비디오로 촬영했다. 연구원들은 물리치료사들이 부정적인 비언어적 신호를 보였을 때, 그러니까 환자를 멀찌감치 보면서 웃지도 않으면 환자의 건강에 부정적인 영향을 미친다는 사실을 발견했다. 물리치료사들이 거리를 더 많이 둘수록, 환자들의 신체적·인지적 기능이 3개월 후 퇴원할 때 더 나빠졌다! 반면 고개를 더 많이 끄덕이고, 미소를 더 많이 짓고, 몸을 앞으로 기울이는 자세를 취했을 때, 환자들의 상태는 개선됐다.

또한 나는 사람들이 때로는 실수로 거리를 두기도 한다는 사실을 알아차렸다. 이는 두 가지 방식으로 발생한다.

먼저 **퍼빙**phubbing. 퍼빙('전화기'의 phone과 '냉대'를 뜻하는 snubbing의 합성어)은 몸을 돌려 전화를 받는 것으로, 지금 같이 있는 사람을 무시한다는 의미다. 이는 매우 무례한 태도일 뿐 아니라, 연구에 따르면 상대방을 신뢰하지 않는 것처럼 보이는 자세이기도 하다. 이런 자세를 취하면 위험 구역에 빠질 수 있다.

실수로 거리를 두는 두 번째 방식은 발표를 할 때, 건배를 할 때, 또는 회의실 앞에 나와 섰을 때 발생할 수 있다. 나는 '강력한 프레젠테이션' 강의를 하면서 수강생들에게 잘못된 프레젠테이션 사례 동영상을 보내달라고 부탁했다. 당신에게도 다시 한번 하고 싶은 프레젠테이션이 있지 않은가? 우리가 그 동영상에서 가장 자주 발견한 패턴은, 발표자들이 긴장한 상태로 회의실 앞에 서서 첫 몇 마디를 한 다음 한 걸음 뒤로 물러서거나 방어 자세를 취하는 것이다. 그들은 요점을 말하면서도 뒷걸음치거나 방어 자세를 취함으로써 자신을 확신이 부족한 사람처럼 보이게 만들었다.

이것은 그들의 카리스마에 이중적으로 타격을 준다. 이런 뒷걸음치는 거리 두기는 그들 자신을 불안정하게 만들 뿐만 아니라 청중을 혼란스럽게 만든다.

우리가 동영상에서 발견한 다른 문제점은, 발표자들이 요점을 말할 때 청중에게 등을 보인다는 것이다. 발표자들은 칠판에 뭔가를 그리거나, 청중에게서 등을 돌려 뒤에 있는 슬라이드를 가리키는 제스처를 취했다. 그들은 중요한 내용을 말하면서 청중을 보지 않고 뒤에 있는 슬라이드 쪽으로 몸을 향했다. 이런 부정적인 신호를 피하기 위해 다음과 같은 방법을 사용할 수 있다.

- 발표를 시작하기 전에 첫마디를 시작할 정확한 위치를 찾아 미리 그곳에 가서 서 있는다.
- 뒷걸음을 치거나, 좌우로 절름거리며 움직이거나, 발을 질질 끌거나 하는 등의 겁먹은 듯한 발걸음이라든지, 발뒤꿈치를 들고 서 있는 자세는 피한다.
- 슬라이드를 넘길 때는 항상 리모컨을 사용해, 청중에게 등을 보이

거나 컴퓨터 쪽으로 몸을 구부리지 않도록 한다.

- 슬라이드와 노트의 순서를 미리 기억해두면, 계속 뒤를 바라보거나 모니터를 확인할 필요가 없다.
- 청중에게 당신 뒤에 있는 슬라이드나 칠판을 보여줄 때는 무대 측면으로 이동해 손바닥을 편 채로 화면을 가리키는 동작을 취한다.
- 칠판에 그림을 그릴 때는, 중요한 내용을 기억해뒀다가 그림을 다 그린 후 또는 그리는 동안 잠시 멈추고, 청중을 향해 서서 중요한 내용을 말한다.
- 앉아서 사람들과 이야기하는 경우, 방향을 돌리기 쉽도록 회전의자를 사용한다. 그러나 이때도 실수로 회전하거나 의자에서 꼼지락거리지 않도록 주의한다.
- 발표할 때 뒷걸음치는 경향이 있는가? 긴장한 발표자는 발표가 끝나면 대개 벽에 등을 기대는 모습을 보인다! 이런 실수를 방지하려면 탁자 위에 물, 노트, 컴퓨터를 놓는다. 그러면 전면을 향해 서는 데 도움이 될 것이다.

혹시 프레젠테이션을 하다가 갑자기 머리가 텅 빈 느낌이 든 적은 없는가? 또는 어디까지 말했는지 깜박한 적은 없는가? 한 걸음 뒤로 물러서는 것은 다른 사람과의 관계에는 해가 될 수 있지만, 당신이 뭔가를 생각해내야 할 때는 도움이 된다. 한 연구팀에 따르면 긴장감이 감도는 프레젠테이션 중에 한 발짝 뒤로 물러서면 그 사람이 더 능력 있고 통제력이 있는 것처럼 보인다고 한다.

갑자기 머리가 텅 빈 느낌이 들면, 한 걸음 뒤로 물러나 생각을 정리해라. 뒤로 물러서서 숨을 고르고 물 한 모금을 마신 다음, 정상 궤도에 오를 준비가 되면 다시 앞으로 나가라. 혼자 책상에 앉아 있을 때라면 의자를 뒤로 빼거나 뒤로 물러나보라. 물리적 공간을 넓히면 정신적 공간도 넓어진다.

> **원칙**
>
> 물리적 거리를 벌리면 감정적 거리도 멀어진다.
> 등을 돌리거나 외면하지 마라. 뒷걸음치지 말고 앞으로 다가서라.

상대방이 거리 두기를 한다면

- 당신이 그를 긴장시키거나 불편하게 만드는 말이나 행동을 했다.
- 그가 방금 거짓말을 해서 그 문제에서 되도록 멀어지려고 한다.
- 그가 전화나 컴퓨터 화면, 슬라이드에 정신이 팔려 있다.

거리 두기를 발견했을 때 당신이 해야 할 일

- **탐구:** 그가 거리 두기를 하는 이유는 무엇인가? 당신이 거리를 두는 이유는 무엇인가?
- **해결:** 명확성을 더하고 혼란을 해소함으로써 서로의 의견을 일치시킨다.
- **소통:** 서로 받아들일 수 있는 것을 찾는다. 유대감을 형성하고 서로의 마음을 연결하고 방향을 전환해야 할 이유를 찾는다.

● 위험 구역 신호 #2: 자기 위로

브리트니 스피어스Britney Spears가 TV쇼 〈데이트라인Dateline〉에 출연해 두 번째 남편 케빈 페더라인Kevin Federline에 대한 질문 공세를 받고 있었다. 2006년에 두 사람 사이에는 이미 9개월 된 아들이 있었는데 스피어스는 또 임신한 상태였다. 사회자가 스피어스에게 그들의 관계가 어떻게 시작됐는지 물어보자, 스피어스는 즉시 뒤로 물러앉는다. 거리 두기 자세를 취한 것이다.

그녀는 양손을 들어 올려 얼굴에 흘러내린 머리카락을 걷어낸다. 이것은 **환기**ventilation의 몸짓이다. 환기는 긴장으로 나는 땀을 없애기 위해 공기 흐름을 피부 쪽으로 유도하는 동작이다. 사람들은 머리카락을 쓸어 올리거나, 옷깃을 잡아당기거나, 손으로 부채질을 하면서 '환기' 동작을 취한다. 1초 후에 스피어스는 손으로 자신의 종아리 옆을 리드미컬하게 문지르기 시작한다. **자기 위로의 제스처다.**

연구에 따르면 우리는 불안감을 유발하는 주제에 대해 이야기할 때 자기 몸을 더 자주 만진다. 어린 자녀를 둔 부모를 생각해보라. 엄마는 아기의 등을 문지르고, 아빠는 아이를 진정시키기 위해 머리를 쓰다듬는다. 어른이 된 후에도 불안한 마음을 달래려는 욕구는 여전해서 우리는 마음을 진정시키기 위해 목을 문지르거나 손을 비비거나 다리를 쓰다듬는다. 이런 터치는 우리를 차분하게 하고 열결된 느낌을 주는 옥시토신을 만들어낸다.

손톱을 물어뜯거나 펜을 빼는 것과 같은 자기 위로 제스처를 **유화 제스처**pacification gesture라고도 부르는데, 이런 몸짓이 마치 젖꼭지를 물 때처럼 우리를 달래주기 때문이다. 또한 우리는 입술을 깨물거나 볼을 안쪽으로 빨아들이는 동작으로 마음을 진정시키기도 하는데 이 모든 동작이 우는 아기를 달래기 위해 젖꼭지나 젖병을 입에 물리는 것을 떠올리게 해 정말로 위로가 되는 것처럼 느껴진다.

우리는 스스로를 위로하기 위해 **몸치장**preening을 하기도 한다. 의도적이든 습관적이든, 더 멋지게 보이려고 셀프 터치를 한다. 우리는 스스로 위로하기 위해 머리를 만지고, 화장을 고치고, 옷을 만지작거린다. 얼굴에서 머리카락을 걷어 올리는 스피어스의 동작도 하나의 몸치장 신호였을지 모른다.

다음은 일반적으로 볼 수 있는 몇 가지 자기 위로의 제스처다.

- 팔을 문지르거나 손을 비비는 동작
- 목 뒷덜미를 문지르는 동작
- 허벅지나 종아리를 쓰다듬는 동작
- 손가락 관절 소리를 내는 동작
- 손톱 또는 펜을 물어뜯는 동작
- 볼을 빨아들이거나 입술을 깨무는 동작

또 다른 형태의 위로 제스처는 위로 움직임comfort movement으로, 앞뒤로 몸을 흔들거나, 발가락으로 박자를 맞추거나, 발을 흔들거나, 서성이는 동작이다. 다시 우리 부모님의 움직임을 생각해보자. 부모님은 우리를 안고 흔들면서 재웠고, 우리 배가 아프면 배를 토닥여줬고, 우리가 불안해하면 침실을 서성거리며 우리를 진정시켜줬다. 어른이 됐어도 우리는 스스로를 위해 부모님과 똑같이 행동한다. 흔들의자에 앉으면 편안하게 느껴지는 것도 바로 이 때문이다. 어떤 사람들은 발표하면서 요점을 말할 때 자신도 모르게 몸을 앞뒤로 흔든다. 이는 무의식적으로 자신을 침착하게 유지하는 방법이다.

코를 만지는 것도 또 다른 독특한 셀프 터치 제스처다. 거짓말을 하면 코에 뭔가 변화가 생긴다는 걸 아는가? 물론 피노키오 코처럼 자라지는 않겠지만, 간지러운 느낌이 들 수 있다. 정신과 의사들은 열화상 카메라를 사용해 사람들이 거짓말을 할 때 그들의 코가 실제로 뜨거워진다는 사실을 발견했다! 코가 뜨거워지면서 말초신경을 자극해 따끔거림이 느껴지므로, 사람들이 거짓말을 하면 본능적으로 코를 만지작거리거나 긁는다는 것이다. 연구원 앨런 허쉬Alan Hirsch와 찰스 울프Charles Wolf는 모니카 르윈스키Monica Lewinsky 재판에서 빌 클린턴Bill Clinton의 증언을 분석한 결과, 빌 클린턴이 거짓말을 할 때 코를 스물여섯 번 만졌다는 것을 발견했다.

셀프 터치를 포함한 위로의 제스처는 두 가지 차원에서 카리스마에 부정적인 영향을 미친다. 첫째, 당신을 불안해 보이게 만든다. 위로의 제스처, 안절부절못하는 불안한 자세, 부적절한 동작이 카리스마를 떨어뜨린다는 것은 이미 여러 연구에서 밝혀졌다. 영향력 있는 사람들은 목적 없는 움직임에 에너지를 낭비하지 않는다. 그들은 설명하면서 제스처를 사용하고, 요점을 강조하기 위해 몸을 앞으로 기울이지만, 이유가 없을 때는 불필요하게 움직이지 않는다.

위로의 제스처가 우리에게 해로운 두 번째 이유는 이와 관련이 있다. 즉, 셀프 터치나 위로 동작은 상대방의 주의를 산만하게 만든다. 우리 눈은 움직이는 것에 끌린다. 당신이 말하면서 손가락 관절 소리를 내거나 다리를 쓰다듬는다면, 사람들은 동작에 주의가 분산되어 당신의 말에 제대로 주의를 기울이지 못할 것이다. 마찬가지로 당신이 말하면서 앞뒤로 서성거린다면, 사람들은 당신의 움직임에 신경 쓰느라 말에 집중하지 못할 것이다. 이런 자기 위로의 신호는 당신이 말하는 메시지의 질을 떨어뜨린다.

자기 위로 제스처는 청중까지 불안하게 만든다. 한 연구팀은 강연자가 무대 위에서 안절부절못할 때, 그를 지켜보는 청중의 코르티솔(스트레스에 반응해 분비되는 물질-옮긴이) 수치가 높아진다는 것을 발견했다! 신호 사이클을 기억하는가? **불안한 제스처는 보는 사람의 불안함을 유발한다.**

이제 위로의 제스처가 카리스마를 손상시킨다는 것을 알았다. 하지만 어떻게 해야 그것을 막을 수 있을까? 당신이 안절부절못하거나 서성거리거나 손톱을 물어뜯는 사람이라면, 그런 동작을 멈추기가 어렵다는 것을 잘 알 것이다. 내게도 서성거리는 습관이 있기 때문에 잘 안다. 따라서 그런 나쁜 습관을 끊으려고 애쓰는 대신, 내가 **대체 전술**이라고 부르는 방법을 사용하기를 권한다.

불안하면 우리는 다리를 가만히 내버려두지 못하고 계속 서성거린다. 손도 무엇을 해야 할지 몰라 안절부절못한다. 그렇기에 불안감을 해소할 방법이 필요하다. 대체 전술은 정신적으로는 어떤 것에 집중하게 해주고, 신체적으로는 뭔가를 할 수 있도록 도와준다. 몇 가지 대체 전술 아이디어를 소개한다.

- 빈손으로 놔두지 말고 펜이나 연필을 잡는다.
- 리모컨을 사용한다. 내 경우, 발표자로서 리모컨이 큰 도움이 되었다! 리모컨을 사용하면서 청중과 더 많이 프론팅을 할 수 있게 됐고, 부적절한 제스처를 줄일 수 있었다.
- 찻잔이나 커피잔을 손에 들고 있는다. 나는 교류 행사에 참석할 때마다 그렇게 한다. 흔들어야 할 손은 자유롭게 놔두지만(아무것도 들지 않지만) 다른 한 손에는 음료 컵을 들고 다닌다. 작은 컵 하나가 내가 안절부절못하지 않게 도와준다.
- 몸이 흔들리는 것을 막기 위해 연단에 기댄다.
- 거추장스러운 헤어스타일은 하지 않는다. 나는 전에 앞머리를 자르고 한 달 동안 그 스타일을 유지했는데 손으로 자꾸 쓸어 올려서, 결국 다시 앞머리를 길러야 했다.
- 익숙해지는 데 적응이 필요한 보석이나 옷을 착용하지 않는다.

원칙

위로의 제스처는 당신의 카리스마를 떨어뜨리고
청중을 산만하게 만든다.

누군가가 자기 위로 제스처를 한다면

- 그는 불안하거나, 확신이 없거나, 불편한 상태에 있다.
- 그는 습관적으로 안절부절못하거나 멋 부리는 데 정신이 팔려 있다.
- 그가 손을 비비거나 손가락 관절 소리를 내는지, 입술을 깨물거나 볼을 빨아들이거나 펜을 깨무는지, 목에 건 장신구를 문지르거나

만지작거리는지 확인한다.

자기 위로 제스처가 보일 때 당신이 해야 할 일

- **탐구:** 당신이 무슨 말을 해서 상대방을 불안하게 만든 것은 아닌가? 그가 불안으로 안절부절못하고 있는가, 아니면 그냥 신경질적인 습관인가? 어떤 사람은 그저 습관적으로 위로 제스처를 취한다. 누군가가 계속해서 똑같은 비언어적 제스처를 보인다면, 무시해라(아니면 그들에게 이 책을 주면서 습관적인 제스처를 멈추는 방법을 알려줘도 좋다).

- **해결:** 당신이 뭔가를 말하거나 어떤 조치를 취하면, 상대방이 안절부절못하는 것을 멈춘다는 사실을 눈치챘는가? 한번은 귀걸이를 만지작거리는 여성 동료와 이야기를 나눴는데, 내가 새해 신제품 런칭에 대해 언급하고 그녀가 만지작거리는 동작을 멈추고 나서야 비로소 그녀에게 그런 습관성 동작이 있다는 것을 눈치챘다. 그녀가 그 동작을 멈추자 나는 내가 뭔가 중요한 행동을 했다는 것을 깨달았다. 곰곰이 생각해보니, 그녀는 바쁘게 서둘러야 하는 연말 상황에 매우 긴장하고 있는 상태였고 추가적인 도움을 바라고 있었다는 것을 알게 됐다.

- **소통:** 당신이 누군가를 긴장하게 만들고 있지는 않은가? 그들에 대해 더 많이 알아둬라. 그들과 공감대를 이룰 만한 것을 찾아라. 그들을 따라 하거나, 미소로 격려하거나, 눈썹을 치켜올리는 등 그들이 온화함의 신호를 느낄 수 있도록 도와줘라.

● 위험 구역 신호 #3: 차단 제스처

강연가이자 저자인 미셸 폴러Michelle Poler는 100가지 두려움을 정복하겠다고 마음먹고, 각 두려움을 이겨내는 모든 과정을 하나하나 촬영했다. 그녀는 스카이다이빙을 하고, 비키니 왁싱을 하고, 매운 음식에 도전했다. 그녀가 공포를 정복하는 동영상을 유튜브에 올리자 금방 소문이 퍼졌다. 그녀의 동영상은 다른 사람들이 자신의 두려움을 극복하도록 영감을 줬다. 나는 미셸이 낯선 사람과 이야기하는 것에 대한 두려움을 극복하는 에피소드에 참여했다. 우리는 함께 뉴욕의 거리를 걸으며 꽃을 나눠주는 영상을 찍었다.

나는 미셸의 동영상을 보는 걸 좋아한다. 그 동영상은 우리에게 영감을 줄뿐더러 어떤 일에 도전하기 직전의 두려움을 날것 그대로 보여주는 훌륭한 비언어적 스냅숏이기 때문이다.

한 재미있는 에피소드에서, 미셸은 생애 처음으로 비키니 왁싱에 도전했다. 동영상에는 그녀가 방에 들어가서 걱정스럽게 목 아래 **쇄골 부위**를 만지는 장면이 나온다. 바로 두 쇄골 사이의 움푹 들어간 홈이다. 그녀는 테이블에 누우면서 두려움에 떨며 쇄골 사이 홈을 다시 만진다. 사람들은 마음을 가라앉히고 싶을 때 이 쇄골 사이의 홈을 만지거나 그 근처에 있는 뭔가(목걸이, 넥타이, 스카프)를 만지작거린다. 우리 몸의 가장 취약한 부분인 심장, 가슴, 목 위에 손을 얹음으로써 안전을 확인하는 것이다.

미셸은 이때 내가 **겁에 질린 미소**fear smile라고 부르는 표정도 보여준다. 그녀는 미소를 지으며 흰자위를 보이는데 이는 모순된 행위를 할 때, 즉 자신의 긴장을 숨기기 위해 억지로 웃으려고 하면 나타나는 동작으로 위험 구역 신호 중 하나다. 사람들은 때로 프로필 사진을 찍으면서 실수로 이런 동작을 한다(특히 사진 찍는 것이 싫을 때). 그러므로 프로필 사진을 찍을 때는 흰자위를 보이지는 않았는지 반드시 확인해라. 흰자위가 보이는 웃음은 보는 이의 시선을 사로잡을 수 없다.

쇄골 사이의 홈을 만지는 것은 **차단 제스처**로 해석되기도 한다. 우리는 3장에서 안티 블로킹에 대해 배웠다. 팔, 손, 또는 컴퓨터나 노트북과 같은 물건으로 우리 몸을 가리면 보호받는 느낌을 받을 수 있지만 이 동작은 완고함이나 편협함을 나타내기도 한다. 우리는 가장 취약한 부분이 위협을 받거나 불편할 때 이를 보호하기 위해 뭔가로 차단한다.

차단 제스처에는 세 가지 유형이 있는데, 미셸은 이 세 가지 유형을 모두 보여준다.

- **몸 차단**은 우리의 심장, 허파, 복부 등을 보호하려는 동작이다. 미셸의 동영상에서 그녀는 스스로를 껴안거나, 가슴 앞에 팔을 올려 놓거나, 쇄골 사이의 홈을 만지거나, 몸 앞에 있는 물건을 잡는다.
- **입 차단**은 영양과 물을 섭취하는 역할을 하는(또 우리의 가장 좋은 의사소통 통로인) 유일한 메커니즘인 입을 보호하는 동작이다. 사람들은 두려움을 느낄 때, 손을 입으로 올리거나 손으로 입을 막는다. 손톱을 물어뜯는 것도 입 차단 동작이자 위로의 제스처다. 그렇기 때문에 이런 습관을 고치기는 매우 어렵다!

무심코 쇄골 사이의 홈을 만지지 않도록 주의하라. 그 동작은 자칫 주의를 산만하게 하고 당신의 불안을 드러낸다. 하지만 스스로를 빨리 진정시키고자 할 때는 이 동작이 유용하다. 나는 스피킹 수업에서 수강생들에게 말하기 전에 불안감이 느껴지면 이 쇄골 사이의 홈을 만져보라고 가르친다. 이상하게 들릴지 모르지만 빠른 진정에 매우 효과적인 방법이다.

• **눈 차단**은 우리 눈을 위해로부터 보호하는 동작이다. 사람들은 나쁜 소식을 들으면 손으로 얼굴이나 눈을 가리거나, 화가 나면 안경을 벗고 눈을 문지른다. 이것은 무의식적으로 방금 들은 것을 차단하고 그것을 처리할 시간을 갖기 위한 동작이다. 잠시 생각할 시간을 갖기 위해 모든 것을 닫아버리는 셈이다. 눈꺼풀을 문지르면 미주신경迷走神經이라는 특별한 신경이 자극을 받으면서, 심장과 호흡 속도를 늦추도록 도와준다. 눈을 문지르는 것도 마음을 진정시키는 매우 빠른 방법 중 하나다.

미셸은 100가지 두려움을 극복하면서 고통과 관련된 웬만한 두려움은 모두 겪었다. 그녀가 눈과 입을 막는 동작을 가장 많이 하는 것은 놀랄 일이 아니다. 사실 우리가 고통을 경험할 때, 집중할 수 있는 것은 그 고통뿐이다. 그 순간 우리는 세상의 나머지 부분을 모두 차단하고 싶어 한다.

잦은 눈 깜빡임도 눈 차단 제스처 중 하나다. 연구에 따르면, 긴장하면 눈 깜빡임이 더 빨라진다고 한다. 이는 잠재적인 위협을 차단하고 우리 자신에게 생각할 시간을 주기 위해서다.

한 연구원이 워터게이트 청문회 중에 닉슨 대통령의 눈 깜빡임 속도를 분석했는데, 대답할 준비가 되어 있지 않은 질문을 받았을 때 눈 깜빡임 속도가 크게 빨라진다는 것을 발견했다. 〈데이트라인〉에 출연한 브리트니 스피어스도 마찬가지다. 스피어스는 남편이 바람을 피우는 것에 대해 걱정이 되지 않느냐는 질문을 받았을 때, 눈을 계속 깜박거리면서 크게 숨을 들이쉬었다. 그 질문이 그녀를 매우 불안하게 만들었기 때문이다.

뭔가가 사람들을 불안하게 하거나 불편하게 했다는 생각이 들 때는 그들이 갑작스러운 차단 동작을 하는지 반드시 디코딩한 다음 그들을 안심시키도록 하라.

가장 중요한 것은, 실수로 **차단 신호를 보내서는 안 된다**는 것이다. 이런 신호는 당신을 즉시 위험 구역으로 떨어뜨릴 것이다.

우리는 우리 자신을 보호하기 위해 몸, 눈, 입을 차단한다.

누군가가 차단 제스처를 보이면

- 불안하거나 화가 나거나 불편한 상태다.

- 잠시 생각할 시간이 필요해서 다른 것을 차단하고 있는 것이다.

- 방금 놀랍거나 부정적이거나 위협적인 말을 들었을 것이다.

차단 제스처가 보일 때 당신이 해야 할 일

- **탐구:** 갑작스러운 차단 신호를 예의 주시하라. 이것은 대개 그 사람에게 약간의 추가적인 안심 조치가 필요하다는 신호다. 그 사람이 왜 그런지, 당신이 어떻게 도울 수 있는지 알아내라.

- **해결:** 그 사람의 불안 원인을 알게 되면, 당신은 그를 달래주거나 원인을 해결할 수 있다. 당신이 그들을 진정시키는 데 도움을 줄 수 있는가? 당신은 그들의 문제를 해결할 수 있는가?

- **소통:** 진정시킬 수도, 해결할 수도 없다면 그들에게 그저 공간을 제공해라. 사람들은 때로 혼자서 불안을 처리하고 싶어 한다.

● 위험 구역 신호 #4: 수치심 제스처

2005년 7월 3일, 코미디언이자 배우인 조지 로페즈George Lopez가 캘리포니아 로스앤젤레스에 있는 그의 집에 차를 세웠다. 시 공무원 한 명, 작업자 여덟 명 그리고 두 대의 트랙터가 그를 기다리고 있었다.

시 공무원의 말에 따르면 로페즈의 집이 위법으로 지어졌기 때문에 집 안의 모든 방을 철거해야 한다는 시의 통지를 로페즈가 다섯 번이나 무시했다고 한다. 로페즈는 이에 항의하면서 강력히 반박했지만, 작업팀은 이미 철거 작업을 할 준비가 되어 있었다. 해결책은 없었고 마침내 트랙터가 앞마당의 벽을 허물기 시작했다.

트랙터가 집을 허물기 직전, 배우 애쉬튼 커쳐Ashton Kutcher가 카메라를 들고 거리로 달려 나왔다. 시 공무원과 작업자들 모두 TV 오락 프로그램 〈펑크드Punk'd〉에서 로페즈를 속이기 위한 치밀한 계략에 따라 고용된 배우들이었다.

커쳐에게서 모든 것이 몰래카메라였다는 이야기를 들은 로페즈는 즉시 양손을 이마에 얹고 눈을 내리깔았다. 이는 전형적인 수치심의 신호다. 우리는 부끄러움을 느낄 때, 손가락이나 손으로 이마를 가볍게 만진다. 대개 눈을 내리깔거나 고개를 숙이는 동작이 동반된다.

어떤 TV 오락 쇼를 보든, 몰래카메라임이 드러나는 순간 출연자는 똑같은 동작을 한다. 이는 눈 차단과 자기 위로 제스처가 결합된 동작이다. 수치심을 느끼면 누구나 그 감정을 차단하려고 한다. 우리는 불쾌감을 주는 정보나 사람으로부터 얼굴을 보호하기 위해 시선을 돌리거나, 아래를 내려다보거나, 손가락을 이마에 갖다 댄다. 이는 당황한 얼굴 반응을 보이지 않기 위한 방법이기도 하다.

수치심 신호를 배우고 나서, 나는 우리의 일상적인 상호작용에서 그 신호가 얼마나 자주 보이는지를 깨닫고 충격을 받았다. 다음은 수치심 신호를 볼 수 있는 가장 일반적인 시나리오다.

- **돈 얘기를 할 때.** 나는 사람들이 재정적 문제에 대해 논의할 때 수치심 제스처를 쓰는 것을 자주 본다. 돈에 대한 이야기는 우리를 당황스럽게 만든다. 돈 이야기를 할 때 이 신호를 봤다면, 특별한 주의를 기울여라! 당신은 이제 그 사람의 굉장한 기밀 정보를 획득한 것이다. 그에게 돈은 매우 민감하거나 감정이 북받치는 문제라는 것을 알게 된 셈이니 말이다. 이럴 때는 심각하게 받아들이지 말고, 그 사람에게 이번에 돈 문제에 대해 얘기하게 될 것이라는 내용의 문자를 미리 보내주도록 해라.
- **지식이 부족하거나 혼란스러울 때.** 사람들은 종종 혼란스러울 때 수치심 신호를 보인다. 동료에게 새 프로젝트에 대한 일정을 물어봤는데, 그가 수치심 신호를 보였는가? 그렇다면 그는 프로젝트, 일정, 타임라인, 일의 진행 상황에 대해 혼란스러워하거나 당황스러워하는 것일 수 있다.
- **너무 많은 정보를 너무 빠르게 물어볼 때.** 나는 깊고, 친밀한 대화를 오래(특히 해변을 거닐면서) 나누는 것을 정말 좋아하지만, 모든 사람이 그런 것 같지는 않다. 가끔은 내가 내성적인 사람들에게 너무 빨리 개인적인 질문을 한다고 느낀다. 내가 너무 무리하게 질문을 많이 하면, 그들은 종종 수치심의 제스처를 보인다. 그러면 말하는 속도를 줄이고 뒤로 물러서야 한다.
- **누군가가 실수를 했을 때.** 사람들은 실수하면 종종 수치심의 신호를 사용한다. 이런 상황은 당신이 그들의 실수를 지적했을 때도 생기지만, 당신이 미처 알아채기 전에 그들 스스로 자신의 실수를 깨달았을 때도 일어날 수 있다! 누군가가 수치심 신호를 보이

는 것을 보고 그가 실수했다는 사실을 눈치챌 때도 있다.

수치심은 당신이 위험 구역에 가까이 있음을 알 수 있는 매우 강력한 신호 중 하나다. 수치심 그 자체가 나쁜 것은 아니지만, 당신을 불안하게 만드는 어떤 주제, 아이디어, 시나리오에 당신이 걸려 넘어질 수 있다는 것을 미리 보여주는 선행 지표라고 할 수 있다.

> **원칙**
>
> **누군가가 수치심 제스처를 보이면**
> **그가 긴장하고 있다는 신호다.**

누군가 수치심의 신호를 보인다면

- 당신이 누군가를 당황하게 만들었다.
- 상대방의 지극히 개인적인 정보를 너무 많이 다뤘다. 이런 상황은 내성적인 사람들에게 특히 더 자주 일어난다.
- 그는 너무 혼란스럽거나 걱정스러워서 해당 상황에서 어떻게 말해야 할지 모르는 상태다.

수치심 신호가 보일 때 당신이 해야 할 일

- **탐구:** 누군가를 당황하게 하거나 부끄럽게 하거나 혼란스럽게 하는 말을 했는가? 그게 무엇인지 찾아라!
- **해결:** 수치심을 느낀 사람을 두 팔 벌려 환영해라. "수치심을 느끼는 것을 부끄러워하지 마세요!"라고 말하라. 당신이 누군가의 수치심을 존중해주지 않는다면, 그들은 마음을 닫고 뒤로 물러날

것이고 당신에 대한 신뢰를 잃을 것이다. 그들을 받아들이고 자신감을 불어 넣어줌으로써 그들의 수치심 문제를 해결해라.

- **소통:** 수치심을 달래는 좋은 방법 중 하나는 서로의 취약점을 공유하는 것이다. 매우 기술적인 이메일 소프트웨어를 검토하는데, 한 신입사원에게서 수치심의 신호를 느낀 적이 있다. 나는 즉시 안심 모드에 들어갔다. "이봐, 나도 이걸 배우는 데 몇 달이 걸렸어. 그에 비하면 자네는 불과 며칠 동안 일취월장한 거야. 자네는 할 수 있어! 그리고 우리가 항상 곁에서 자네를 도울 테니까." 이 말 한마디가 수치심의 순간을 유대감의 순간으로 바꾸어놓았다.

● 위험 구역 신호 #5: 짜증 난 표정의 얼굴

내겐 한 가지 문제가 있다. 내 얼굴이 RBF resting bothered face, 즉 가만히 있어도 짜증 난 표정이라는 것이다. 완전히 중립적인 상태(화나지도 흥분하지도 않은 상태)인데도 내 얼굴은 불안한 표정처럼 보인다.

아무렇지도 않은데 화나지 않았느냐는 질문을 받은 적이 있는가? 혹은 밤에 충분히 수면을 취했는데도 피곤해 보인다는 말을 들은 적이 있는가? 당신의 심정을 충분히 이해한다!

생각에 잠겨 있을 때 당신의 얼굴은 어떻게 보이는가? 뭔가에 귀기울이고 있거나 열심히 일하고 있을 때 당신의 얼굴은 어떻게 보이는가? 이것은 당신이 생각하는 것보다 더 중요한 문제다. 우리는 사회적 동물이기 때문에 다른 사람의 표정에 매우 민감하다. 그래서 그들의 얼굴 신호를 계속 살핀다. 얼굴은 풍부한 정보를 제공한다. 누군가의 얼굴은 그들이 지금 무엇을 생각하고 있는지를 말해줄 뿐 아니라, 앞으로 무슨 생각을 할 것인지도 알려줄 수 있다.

당신이 뭔가를 좋아하지 않는다면, 우리도 그것을 좋아하지 않을 것이다. 당신이 뭔가를 두려워한다면, 우리도 그것이 두려울 것이다.

우리는 다른 사람들이 무엇을 생각하고 무엇을 느끼고 있는지에 대한 숨은 신호를 찾기 위해 끊임없이 그들의 얼굴을 살핀다. 이런 행동은 아주 어릴 때부터 시작됐다. 한 연구원이 부모들에게 한 살배기 아기를 무릎 위에 앉혀놓게 하고는, 그들 앞에 있는 테이블 위에 두 개의 상자를 올려놓았다. 연구원은 먼저 상자 하나를 열고 행복한 표정을 지었다. 물론 아기는 그의 표정을 볼 수 있었지만 상자 안에 무엇이 들어 있는지는 알지 못했다. 그러고 나서 연구원은 두 번째 상자를 열고 부정적인 표정을 지었다. 역시 아기는 연구원의 표정만 볼 수 있고 상자 안은 볼 수 없었다.

그런 다음 연구원이 상자 두 개를 아기 앞에 갖다놓았다. 모든 아기가 연구원이 행복한 표정을 지었던 상자에만 손을 뻗었고 부정적 표정을 지은 상자에는 손을 대지 않았다. **우리는 사람들의 표정을 관찰함으로써 우리가 어디에 관심을 두고 싶어 하는지를 알아낸다.**

RBF 얼굴에 가장 자주 나타나는 세 가지 부정적인 표정이 있다. 바로 분노, 슬픔, 경멸이다.

1. **분노:** 화가 나면 우리는 눈썹을 당겨 이마에 주름을 만드는데, 이 과정에서 눈썹 사이에 두 개의 수직선이 생긴다.

눈썹을 아래로 당겨 모으는 근육을 눈썹 주름근corrugator supercilii
이라고 한다. 이 근육은 걱정, 혼란 등 다양한 부정적 감정을 표현할
때 사용되기 때문에, 우리는 주름진 이마를 부정적인 것으로 인식한
다. 당신이 가만히 있는데도 얼굴에 주름진 이마가 나타난다면(실제
로 뭔가에 집중할 때 눈썹 주름근이 활성화되는 사람이 많다) 다른 사람들은
당신이 짜증 난 상태라고 생각할 수도 있다.

더 흥미롭게도 주름진 이마는 단지 부정적으로 보일 뿐 아니라
감정까지도 부정적으로 만든다. 연구원들이 사람들에게 의도적으로

Fun Tip ── **보톡스**

연구에 따르면, 놀랍게도 주름 근육을 마비시키는 보톡스를 맞은 사람들이 화
를 덜 내고 짜증도 덜 낸다고 한다. 물리적으로 분노의 표정을 지을 수 없게 되
어 화를 덜 낸다는 것이다. 반대로, 사람들이 미소를 짓지 못하도록 미소 라인
에 보톡스를 주입한다면 기쁨을 덜 느끼게 될 것이다.

Fun Tip ── **햇빛을 조심하세요** ─────

지금 당장 당신의 프로필 사진을 확인해보라. 이마를 찌푸리고 있는가? 햇빛 아래서 사진을 찍으면 의도치 않게 이마에 주름이 생길 수 있고, 그러면 당신의 프로필을 보는 사람은 당신이 화가 나 있다고 생각할 수 있다. 연구원들이 실제로 이에 대해 연구했는데, 햇빛으로 인해 인상을 쓸 때도 분노할 때 쓰는 근육과 같은 근육이 사용된다는 사실을 발견했다. 사람들에게 선글라스를 쓰지 않고 햇빛 아래를 걷게 했더니, 선글라스를 쓴 사람들에 비해 더 화가 나고 공격적인 사람으로 느껴졌다고 한다. 이마의 주름살을 결코 무시하지 마라!

이마에 주름을 잡게 했더니 실제로 더 많은 부정적 감정이 일어났다. 주름진 이마는 우리를 덜 행복하게 만들고, 덜 유쾌하게 하며, 전반적으로 타인과의 관계에도 부정적 영향을 미친다.

- **분노 인코딩:** 당신이 뭔가에 집중하는 모습을 거울에 비춰보라. 눈썹 사이에 두 개의 수직선이 보이는가? 가만히 있는데도 짜증난 얼굴로 보이지 않으려면 항상 이마의 긴장을 풀도록 해라.
- **분노 디코딩:** 이마에 주름이 진 사람을 보면 주의 깊게 살펴라. 그들이 뭔가에 집중하고 있는가? 그렇다면 괜찮다. 내버려둬도 상관없다. 그들이 화가 난 것 같은가? 그렇다면 적신호다! 그 사람에 대해 탐구하고 해결책을 찾아라.

2. **슬픔:** 우리는 슬플 때 입꼬리를 찌푸리며 밑으로 내린다. 또 눈꺼풀이 아래로 처지고 눈꼬리도 좁혀진다.

정말 슬프게도, 내 얼굴은 가만히 있어도 아주 슬퍼 보인다. 내 양 입꼬리가 자연스러운 상태에서도 아래를 향하고 있기 때문이다. 나는 또 눈꺼풀이 비정상적일 정도로 크다. 맞다, 이상한 얼굴 생김새다. 그래서 나는 아주 멀쩡한 상태인데도 축 늘어져 보이는 경향이 있다.

하지만 그런 점을 알았으니 이제 정정할 수 있다. 그래서 중요한 회의를 하거나 동영상을 찍을 때는 평소보다 눈을 조금 크게 뜨고 입을 위로 향하게 하려고 노력하는 편이다. 또한 메이크업으로도 이런 결점을 관리한다. 아이라인으로 눈꼬리를 위로 올리기도 하고 눈꺼풀을 음영으로 처리해 눈을 크게 뜬 것처럼 보이게 만든다. 이런 작은 변화를 주는 것만으로도 내 일을 수행하는 데 극적인 영향을 미친다.

당신도 RBF 문제가 있다면, 카메라를 시선보다 약간 높게 배치하라. 그러면 카메라 렌즈를 올려다보게 되어 눈이 더 커지고 더 깨어 있는 것처럼 보이게 할 수 있다. 중요한 회의에 참여해서 첫인상을 좋아 보이게 할 때나 중요한 사항을 강조할 때는 입꼬리를 위로 향하게 하고 눈썹을 치켜올려라. 이 정도만 해도 당신이 회의에 열심히 참여하고 있고 비록 RBF지만 실제로는 전혀 짜증이 나지 않았음을 상대방에게 보여줄 수 있다.

- **슬픔 인코딩:** 당신의 입은 어느 쪽을 향하고 있는가? 당신의 얼굴 특징은 어떤 감정을 인코딩하고 있는가? 얼굴 특징을 알면 필요할 때 조금 더 의도적으로 사용할 수 있다.
- **슬픔 디코딩:** 누군가가 입을 크게 찌푸리는가? 그의 입이 어깨를 으쓱하는 모양을 하고 있는가? 그럴 때 당신에게는 두 가지 선택지가 있다. 첫째는 그들의 기분을 달래주기 위해 뭔가를 하는 것이고, 둘째는 그들에게 공간을 제공하는 것이다. 특히 직장에서 사람들은 자신의 슬픔을 다룰 공간이 필요하다.

3. **경멸:** 입의 한쪽을 들어 올리는 가식적 웃음(히죽거림)에는 경멸의 의미가 담겨 있다.

조지 W. 부시George W. Bush가 미국 대통령에 출마했을 때, 그에게는 한 가지 문제가 있었다. 바로 히죽 웃는 모습을 보인다는 점이다. 그의 그런 제스처는 많은 사람을 화나게 했다. 정치 작가 드루 웨스턴Drew Westen 박사는 "그의 악명 높은 히죽거림이 부시에 관한 '잘못된 인상'을 주고 있었다"라고 지적했다.

그가 속한 공화당은 어떻게 하면 '오만함 대신 진지함'을 보여줄 수 있는지에 대해 부시에게 조언하는 등 신속한 조치를 취했다.

온라인 시사잡지 〈슬레이트Slate〉가 1999년에 '조지 W. 부시의 히죽거림'이라는 기사에서 "부시의 히죽거리는 습관이 공화당 내에서

합당한 우려를 불러일으키고 있다"라고 보도했을 정도다.

　이는 그저 표정에 불과하지만, 사람들을 매우 혼란스럽게 만든다. 사실 멸시, 업신여김, 우월감과 유사한 경멸은 흔히 지루함, 무관심, 불안과 혼동된다. 연구원들이 사람들에게 경멸의 표정을 보여주면서 무슨 감정인지 맞혀보라고 했더니, 43%만이 경멸을 정확하게 맞혔다. 이것은 모든 표정 알아맞히기에서 가장 낮은 점수였다!

　나는 사람들이 행복 이모티콘😊을 보내려다가 히죽거리는 이모티콘😏을 잘못 보내는 등 경멸의 신호를 혼동하는 경우를 자주 본다. 비대칭적인 미소를 보이는 이모티콘😏은 부드러운 행복이 아니라 경멸을 나타낸다.

　연구에 따르면 RBF 얼굴에서 가장 흔하게 느껴지는 감정이 경멸이라고 한다. 경멸 제스처는 직업적 관계나 사회적 관계뿐 아니라 이성 관계에도 매우 심각한 영향을 미친다.

　시애틀에서 연구원이자 결혼 상담가로 일하고 있는 심리학자 존 가트맨John Gottman 박사는 지난 30년 동안, 왜 어떤 부부는 이혼을 하고 어떤 부부는 잘 지내는지 그 이유를 알아보는 실험을 진행했다. 그는 부부 사이에서 미래의 관계를 예측할 수 있는 패턴을 발견할 수 있을지 알고 싶었다.

가트맨 박사는 이 실험에서 부부의 운명을 예측할 수 있는 하나의 단서를 발견했는데, 그것이 바로 경멸의 신호였다. 부부 중 한 명 혹은 두 명 모두가 예비 상담에서 상대방에 대해 경멸을 보인다면,

Special Note ──────────────────────────── **구두점**

연구원들은 사람들이 보통 자신의 말을 강조하기 위해 구두점을 찍는 듯한 표정이나 제스처를 하는 것을 발견했다. 그래서 문자 그대로 그런 제스처를 **구두점**punctuators이라고 한다. 구두점은 상황에 맞는 감정과 관계없이, 그들의 말을 강조하기 위해 사용하는 신호, 제스처 또는 표정을 말한다.

예를 들어 배우이자 팟캐스트 진행자인 댁스 셰퍼드Dax Shepard는 그가 자주 보이는 비언어적 구두점인 '콧구멍 벌렁거림' 때문에 자신이 진행하는 팟캐스트 〈암체어 엑스퍼트Armchair Expert〉의 공동 진행자인 모니카 패드먼Monica Padman에게 자주 놀림을 당한다. '콧방울 확장'이라고도 불리는 콧구멍 벌렁거림은 위험 구역의 신호이자 공격성을 나타내는 비언어적 신호다. 코로 공기를 빠르게 들이마시면, 콧구멍이 벌렁거리며 확장된다. 또 화가 나서 긴장할 때도 콧구멍이 확장된다.

그러나 패드먼은 셰퍼드가 실제로 화가 나지 않았는데도 이 동작을 한다는 것을 알아챘다(그러므로 셰퍼드의 코 벌렁거림은 단지 뭔가를 강조하는 구두점일 뿐이다). 패드먼은 그의 콧구멍 벌렁거림이 게스트에게 공격적인 신호가 될 수 있기 때문에 되도록 자제하라고 조언했다.

구두점 표정은 부정적인 신호로 오해될 수 있으므로, 되도록 좀 더 긍정적이거나 중립적인 신호로 전환하도록 해라. 동료, 친구, 가족에게서 같은 신호가 수시로 반복적으로 나타난다면, 그것은 그들의 구두점일 가능성이 높다.

그 부부가 이혼할 가능성은 무려 93%에 달했다!

경멸은 매우 강력한 감정이라 잘 다루지 않으면 곪아 터질 수 있다. 경멸을 제대로 진정시키지 않으면 무례와 증오로 확대될 수 있다.

- **경멸 인코딩:** 당신의 프로필 사진에서나 상대방의 말을 평정한 상태에서 듣고 있을 때 실수로 가식적 웃음이 나타나지 않도록 주의하라.
- **경멸 디코딩:** 누군가에게서 경멸의 표정이 보이면 즉시 그 원인을 파악하라. 그들에게 무슨 말을 했고, 어떤 감정이 전달됐으며, 무엇이 그런 경멸감을 촉발했는가? 그런 다음 그들을 안심시킬 수 있는지 재확인하고, 부정적 원인을 해결할 수 있는지 알아보라.

> **원칙**
>
> 평정한 상황에서 당신의 얼굴이
> 어떤 신호를 보내고 있는지 깨닫고, 우발적으로
> 분노, 경멸, 슬픔의 신호를 보내지 않도록 하라.

● 위험 구역 신호를 영리하게 사용하라

지금까지 우리는 위험 구역의 신호를 피하는 것에 대해서만 이야기했다. 하지만 위험 구역 신호가 의사소통을 향상시키는 데 도움이 될 때는 없을까? 물론 위험 구역 신호를 사용해서 거부, 싫어함, 관계 철회(파혼) 같은 민감한 의사 표시를 할 수도 있다.

누군가 당신을 불편하게 만드는가? 입을 가리고 뒷걸음을 쳐보라. 누군가 회의에서 당신이 동의하지 않는 말을 꺼내는가? 팔짱을 낀 자세로 몸을 뒤로 기대보라.

나는 뭔가를 협상할 때 위험 구역 신호를 전문적으로 사용한다. 사실 사람들을 기쁘게 하는 일을 직업으로 삼고 있다 보니 뭔가를 거절하기가 좀 어렵다. 때로 의미 없는 말을 지루하게 주고받자면 지치고 긴장된다. 그럴 때는 비언어적인 신호를 사용해 내 의사를 전달한다.

나는 비언어적 의사소통이 의사를 대변하도록 하는 협상 전략을 쓴다. 이는 상대방이 스스로 협상하도록 만드는 효과적인 방법이다. 작동 방식은 다음과 같다. 당신이 협상하고 있는 상대방이 긍정적인 말을 하거나 당신이 동의하는 의견을 말할 때, 격려하는 말과 함께 긍정적인 비언어적 신호를 보내보라. 예를 들어 새 차를 사기 위한 협상을 한다고 해보자.

"와! [미소를 짓는다.] 그렇게 낮은 할부 금리를 제시해주시다니 정말 감격스럽군요."

[몸을 앞으로 기울인다.] "열선 시트도 들어 있군요. 너무 좋네요."

[고개를 끄덕이며 눈을 마주친다.] "정말이에요? 오늘 사면 무료 세차권 100장을 주신다고요?"

사람들은 보통 그들이 원하는 것을 얻기 위한 협상을 할 때 너무 흥분해 보이지 않으려는 실수를 범한다. 하지만 그런 태도는 실제로 당신에게 더 불리하게 작용한다! 온화함과 유능함의 비언어적 신호를 적절히 구사하면 상대방과의 친밀감을 형성할 수 있을 뿐 아니라 상대방이 당신을 존중하게 하는 데에도 도움이 되기 때문에, 결과적으로 더 나은 거래를 할 수 있다.

연구원들은 오히려 어중간한(이도 저도 아닌 중립적인 자세) 비언어적 태도가 협상 능력을 해친다는 사실을 발견했다. 원하지 않는 제안을 들었다면 실망스럽다는 비언어적인 신호를 분명하게 보임으로써 상대방으로부터 더 많은 양보를 이끌어낼 수 있다.

이것이 더 나은 협상을 할 수 있는 진정한 방법이다. 왜 기쁨을 감추거나 화를 억눌러야 한단 말인가? 있는 그대로 다 보여줘라! 당신의 진심을 강조해라. 마음에 들지 않거나 동의할 수 없는 이야기가 나오면 즉시 위험 구역 신호로 전환하라. 이것은 논쟁을 야기하지 않고도 실망감을 표시함으로써, 소리 없이 상대방의 양보를 이끌어내는 가장 확실한 방법이다.

예를 들어 그들이 당신에게 마음에 들지 않는 가격을 제시한다면 입을 굳게 다물어라. 그들이 실행 불가능한 일정을 제시한다면 팔짱을 끼고 이마에 주름을 잡아라. 그들이 당신이 필요한 것을 제시하지 않는다면 고개를 가로젓고 돌아서라. 이 모든 것들이 "고맙지만 됐어요"라고 말하는 미묘한 비언어적인 방식이다. 더 잘할 수 있겠는가?

어중간한 태도를 보이거나 감정을 숨기면 오히려 협상을 성공적으로 이끌 가능성이 떨어질 수 있다. 그럴 때는 당신에 대한 상대방의 신뢰도 옅어진다. 진정한 관계를 형성하려면, 진정한 감정을 보여줘라.

● 말과 신호를 일치시켜라

어중간한 태도는 협상을 망칠뿐더러 회사 업무를 수행하는 데도 피해를 줄 수 있다. 예를 들어 누군가가 회의를 시작하면서 "여러분과 함께하게 되어 기쁩니다"라고 말하면서 실제로는 불행한 얼굴, 지루한 목소리, 몹시 피곤해 보이는 자세를 보인다면 어떻겠는가? 이것을 **부조화**라고 한다. 말과 신호가 일치하지 않는 것이다. 비언어적 신호와 입으로 하는 말은 항상 일치해야 한다.

말과 보디랭귀지 신호가 일치하지 않는다면, 그것은 마치 총이 불발되는 것과 같다. 그럴 때 우리는 뭔가가 잘못됐음을 감지한다. 상대방의 말에 진실성이 없는 것처럼 보일뿐더러 혼란을 느낀다. 과연 언어적 메시지와 비언어적 신호 중 어떤 것을 믿어야 한단 말인가?

위험 구역 신호에 대해 기억해야 할 중요한 점은, 그 신호가 언어적 메시지와 일치해야 해당 의사 표시를 확실히 인지할 수 있다는 것이다. 예를 들어 누군가가 화가 났다고 말하면서 분노의 신호를 나타낸다면 그것은 일치한다. 비록 부정적 의미의 신호지만 당신은 그가 당신에게 숨기는 것이 아무것도 없다는 것을 알 수 있다.

예를 들어, 미셸 폴러는 그녀의 동영상에서 모든 종류의 위험 구역 신호를 보여주지만 사람들은 여전히 그 동영상을 보는 것을 좋아한다! 왜 그럴까? 바로 그녀의 말과 신호가 일치하기 때문이다. 그녀는 두렵고, 불안하고, 긴장된다고 말한다. 당연히 그녀의 신호도 똑같은 의미를 전달한다. 위험 구역의 신호가 그와 일치하는 언어적 메시지를 동반하지 않는다면, 당신은 그것이 적신호임을 알아야 한다. 그럴 때는 좀 더 세밀한 조사가 필요하다.

내 경험에 따르면, 말과 신호가 일치하지 않을 때 당신이 해야 할 일은 적신호 세 개가 한꺼번에 나란히 켜져 있는지 확인하는 것이다. 적신호가 하나라면 그것은 우연일 수도 있고, 정황에 따른 일시적인 현상일 수도 있고, 어쩌다 그렇게 된 것일 수도 있다. 예를 들어 누군가가 목을 만졌다면 그저 모기에 물렸기 때문일 수도 있고, 누군가가 팔짱을 끼고 있다면 추위 때문일 수도 있고, 누군가가 경멸의 표시를 보이는 것은 당신과는 전혀 상관없는 그 사람 자신에 대한 자기비판 때문일 수도 있다. 하지만 같은 주제에 대해 말과 신호의 불일치가 세 번 보인다면 그 진위를 우려하지 않을 수 없다.

연구에 따르면, 전후 맥락에서 여러 개의 신호를 찾는 것은 누군가의 진정한 감정을 정확하게 평가하는 가장 안전한 방법이다. 예를 들어 한 연구원은, 사람들이 뭔가를 숨길 때 몸통을 돌린다든지(거리 두기의 일종), 몸을 앞뒤로 흔든다든지, 머리를 흔든다든지 하는 등의 비언어적 신호를 여러 개 보인다는 것을 발견했다.

> **원칙**
>
> **가긍정적 판단**false positives(기준변인상에서는 실패인데 검사에서는 성공자로 잘못 예언하는 사례-옮긴이)**을 방지하려면 말과 신호의 불일치가 여러 번 발견되는지 확인해야 한다.**

이제 비언어적 신호의 끝에 도달했다! 당신이 알아야 할 모든 온화함과 유능함의 비언어적 신호를 정리하면 다음과 같다.

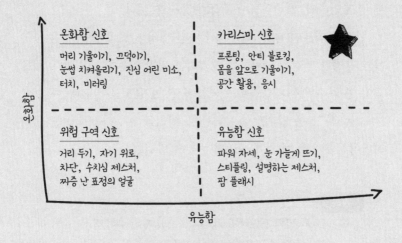

이제 당신만의 '내게 거짓말을 해봐' 게임 동영상을 만들어보자! 당신의 동작에서 위험 구역 신호 하나를 발견할 때마다 다음 페이지 차트에 표시한다.

단순한 과거의 일을 기억할 때(질문 1), 당황했을 때(질문 2), 거짓말할 때(질문 3) 당신이 어떤 신호를 인코딩하는지 확인해보자.

	질문 1	질문 2	질문 3
입술 오므림			
거리 두기			
환기			
자기 위로 제스처			
몸치장			
쇄골 사이 홈 만지기			
몸 차단			
입 차단			
눈 차단			
수치심			
분노			
콧구멍 벌렁거림			
슬픔			
입 모양 으쓱하기			
경멸			
구두점			
기타			

보너스 과제: 당신 주변의 다섯 사람에게 '내게 거짓말을 해봐' 게임을 하자고 요청하라. 그들에게 이 게임 동영상을 촬영할 의향이 있는지 확인한 다음, 동영상을 만들어 서로의 신호에 대해 함께 이야기를 나눠보라.

CUES

3부

음성·언어·이미지 신호: 관심을 사로잡고 소통의 격을 높여라

7장

음정, 음량, 속도를 성공의 방향으로 조절하라

로런이 묻는다. "고향이 어디세요, 캐머런 씨?"

캐머런이 대답한다. "메인주예요."

로런이 말한다. "메인주가 고향인 사람은 처음 보는 것 같아요."

캐머런이 대답한다. "아마 우리가 천생연분인가 보지요."

로런이 웃는다. "세상에, 이럴 수가."

로런 스피드와 캐머런 해밀턴은 지금 소개팅blind date을 하고 있다. 그런데 말 그대로 서로 보지는 못하는 상태에서 만나고 있다. 그들은 30명의 남녀가 서로 다른 '팟pod'에서 즉석 만남을 하는 넷플릭스의 〈러브이즈블라인드Love Is Blind〉 쇼에 참여하고 있다. 그들은 서로 대화를 나눌 수는 있지만 얼굴을 볼 수는 없다. 그러다 쇼가 끝날 무렵에 가서야 얼굴을 볼 기회를 얻을 수 있다. 무슨 미친 짓이냐고? 나도 처음에는 그렇게 생각했지만, 놀라운 반전이 일어난다.

로런과 캐머런은 서로 보지 못하는 상황에서 즉시 유대감을 형성하고 빠르게 서로를 알아간다. 첫 블라인드 데이트가 끝날 무렵, 그들 사이에는 이미 강한 유대감이 형성돼 있었다.

캐머런이 말한다.

"당신을 정말로 더 알고 싶어요."

"알아요, 전 당신이 좋아요."

"저도 당신이 좋아요."

"당신 목소리가 좋아요, 아주 귀엽게 들리거든요."

그들은 함께 웃는다.

그 후 며칠 동안 캐머런과 로런은 계속 블라인드 데이트를 이어 나간다. 그들은 벽을 사이에 두고 서로의 목소리를 듣고 질문에 답하면서 서로에 대해 더 많이 알아간다. 보디랭귀지나 어떤 비언어적 신호, 터치, 눈 마주침도 없이 그저 목소리로만 이야기를 나눈 것이다.

4일째 되는 날, 로런과 캐머런은 서로 사랑한다고 말한다.

그리고 5일째 되는 날, 마침내 캐머런은 "그녀가 바로 내가 찾던 사람입니다. 로런에게 청혼할 준비가 되어 있어요"라고 말한다.

그리고 그날 늦게, 그는 실제로 프러포즈를 했다.

로런도 "네!"라고 말하며 청혼을 받아들인다. 믿기지 않는다고? 제대로 읽은 게 맞다. 그리고 그들은 약혼했다……. 이 모든 일이 서로 만나보지도 않은 채 오직 목소리만 듣고 단 5일 만에 일어났다.

벌써 2년이 흘렀지만, 그들은 여전히 행복한 결혼 생활을 이어가고 있다.

우리는 목소리로부터 어떤 신호를 알 수 있을까? 그리고 왜 특정 목소리를 더 좋아할까? 당신의 목소리는 당신을 어떻게 대변하는가? 이 모든 것에 대해 알아보자.

● 목소리가 영향력을 좌우한다

우리가 어떻게 말하느냐(음색, 음량, 속도, 문장 구성, 운율 등)는 무엇을 말하느냐 만큼이나 중요하다. 우리는 목소리만 듣고도 그 사람의 감정 상태, 의도, 성격 등 많은 것을 알 수 있다.

목소리는 우리의 내부 상태를 매우 잘 나타낸다. 그래서 최근에는 기업의 실적 발표 회의에서 음성분석 소프트웨어를 사용해 해당 기업의 미래 실적을 예측하기도 한다. 경영자가 더 긍정적이고 자신감 있는 목소리 신호를 사용할 때, 애널리스트는 그 기업의 주가를 더 낙관적으로 전망한다. 목소리의 힘이 실적 예측에까지 영향을 미치는 것이다.

누군가의 목소리는 그 사람이 당신, 당신의 일, 당신의 사업에 대해 어떻게 생각하고 있는지를 알 수 있는 중요한 신호다.

깜짝 놀랄 만한 연구가 있다. 연구원들은 외과 의사가 환자와 상담한 내용을 녹화해서 이를 10초짜리 동영상으로 편집했다. 그들은 의사가 하는 말의 높낮이, 크기, 억양 같은 음성 신호만 들을 수 있게 하고 실제 단어는 들을 수 없게 영상을 조작했다. 말하는 단어에 어

Fun Tip | **파이팅 넘치는 기합 소리**

종합격투기 선수들의 발성을 분석한 결과, 기합 소리의 강도를 들으면 그들의 전투 역량이 어느 정도인지 예측할 수 있는 것으로 나타났다.

떤 의미도 부여되지 않은 상태에서 오직 음성 신호가 환자에게 어떤 영향을 미치는지를 테스트하는 것이 이 연구의 목적이었다.

연구원들은 실험 대상 환자들에게 이 동영상을 보고 의사들의 온화함, 적개심, 권위 의식, 불안감 등을 평가해달라고 요청했다. 한번 생각해보라. 말소리가 지워진 동영상을 보고 어떤 의사가 얼마나 유능한지, 얼마나 온화한지 가려내야 한다. 실험 대상 환자들은 오디오 트랙에 담긴 목소리의 높낮이, 크기, 억양 만으로 의사를 평가해야 했다.

그런데 놀라운 결과가 나왔다. 이 평가에서 낮은 점수를 받은 의사들이 실제로 더 많은 의료 사고를 경험했던 것이다. 이 실험에서 환자들은 의사의 기술 수준이 아니라 그들이 진료에 임하는 모습에 대한 인식에 따라 그들을 평가했다. 게다가 환자들의 평가는 그들이 동영상을 본 지 불과 몇 초 안에 내려졌다.

그렇다면 무엇이 이 의사들(이미 유능한 의사들로 평가받는 이들이었다)을 능력이 없거나, 믿을 수 없거나, 위험한 의사로 보이게 만들었을까? 그리고 반대로 다른 의사들을 자신감 있고, 강력하고, 신뢰할 수 있는 의사로 보이도록 만든 것은 무엇일까?

최고의 카리스마 목소리는 강력한 영향력을 미치는 데 필수적이다. 자신감과 전문성의 이미지를 보이고 싶다면, 강력한 목소리를 구사해야 한다. 먼저 어떻게 하면 능력 있고 자신감 있는 강력한 음성 신호를 만들 수 있는지부터 알아보자. 온화하고 신뢰할 수 있게 만드는 음성 신호에 대해서는 다음 장에서 살펴볼 것이다.

● 강력한 음성 신호 #1: 자신감 있는 목소리

에미상을 여섯 번이나 수상한 노련한 배우 알란 알다Alan Alda가 전설적인 코미디언이자 여배우인 베티 화이트Betty White에게 물었다. "당신도 처음에 관객과 마주하는 것이 두려웠나요?"

화이트가 대답했다. "지금도 여전히 무대 공포증이 있답니다."

알다는 그녀가 긴장하면 어떻게 되는지 궁금했다. "긴장해서 심장이 더 빨리 뛰면 목소리에도 영향이 있나요?"

베티 화이트는 "그럼요……" 하더니 억지로 목소리를 몇 옥타브 올려서 소리쳤다. "안녕하세요오……?" 꼭 긴장해서 우는 소리 같았다. "안녕하세요, 여러분? 여러분을 만나서…… 매우…… 아주…… 행복해요."

알다와 화이트는 다 안 다는 듯이 함께 웃었다.

긴장하거나 스트레스를 받으면 목소리가 높아지기 때문에 나는 이 고음 신호를 **불안한 음정**nervous pitch이라고 부른다.

앞서 넓은 자세 신호에 대해 언급한 것을 기억하는가? 불안하면 우리 몸은 자동적으로 수축된다. 턱을 안으로 집어넣고, 목에 힘이 들어가고, 팔짱을 끼고, 어깨는 축 처지거나 안으로 말린다. 이런 수축 자세에서는 폐의 공간이 작아져 공기를 들이마시기 어렵기 때문에 목소리를 제대로 낼 수 없게 된다. 긴장하면 목소리가 갈라지거나 높아지는 것은 바로 이 때문이다.

반대로 자신감이 있을 때는 어깨의 힘을 빼고, 가슴을 부풀리며, 시선은 위쪽과 주위를 향하고, 팔을 자유롭게 사용한다. 이 자세는 우리가 말하기 위해 사용하는 근육(폐, 횡격막, 성대, 목구멍, 입, 혀 등)을 이완시키고 확장시킨다.

직접 실험해보자. 먼저 현재 취하고 있는 자세 그대로 "여러분을 만나서 행복해요"라고 말해보라. 이것이 중립적인 상태에 있을 때 나오는 당신의 목소리다.

이제 몸을 되도록 작게 수축시켜라. 팔짱을 끼고 턱을 잡아당기고 입술 등 모든 근육을 단단하게 고정한다. 이 상태에서 "여러분을 만나서 행복해요"라고 말해보라. 목소리가 작게 들리지 않는가? 가능한 한 크게 말하도록 노력해보라. (주변에 다른 사람이 없기를 바란다. 하지만 누군가가 있다면, 그들과 같이해보라.) 이렇게 구부정하고 패배자 같은 자세로는 큰 소리로 말하기가 어려울 것이다.

이번엔 반대로 몸을 가능한 한 넓게 펴보라. 어깨를 뒤로 젖히고 심호흡을 하며 폐의 공간을 확장시킨다. 턱, 입술, 어깨, 목의 긴장을 풀어준다. 이 상태에서 "여러분을 만나서 행복해요"라고 말해보라. 더 멋지게 들리지 않는가? 최대한 크게 말해보라. 더 크게 말할 수 있을 것이다. 몸이 더 큰 공간을 차지할수록, 목소리의 자유를 더 많이 누릴 수 있다.

당신이 차지하는 공간이 작을수록 목소리의 자신감은 제한되고 떨어질 것이며, 그럴수록 더 불안하게 들릴 것이고, 당신의 목소리를 듣는 사람 또한 당신의 말을 신뢰하기 더 어려워질 것이다.

우리는 본능적으로 불안한 음정으로 말하는 사람을 믿지 못한다. 또한 불안한 음정은 거짓말의 신호일 수도 있다. 한 연구팀은 사람들이 진실을 말하지 않을 때 자기도 모르게 목소리의 음정을 높인다는 것을 발견했다.

우리는 불안한 음정의 목소리를 듣는 것을 불편해하고, 자신감 있는 목소리를 듣는 것을 좋아한다. 가장 편안하게 구사할 수 있는 최저음을 사용할 때, 우리의 자신감도 목소리에 실린다. 그런데 여기서 확실히 구분할 필요가 있다. 자신감 있는 음정은 당신이 낼 수 있는 음역대의 가장 깊숙한 곳이 아니라 편안하게 구사할 수 있는 수준에서 가장 낮은 음정을 뜻한다.

연구원들은 목소리의 음정을 낮추면 다른 사람들이 우리를 더 강력한 사람으로 인식하게 된다는 점을 발견했다. 또한 가장 편안하게 구사할 수 있는 최저음으로 말할 때 사람들은 우리를 더 강력하고 추상적으로 생각한다. 이 얼마나 거리낄 것 없는 손쉬운 방법인가.

물론 나는 낮은 음정을 좋아하지만, 그렇다고 해서 너무 낮추지는 마라! 사기로 판명됨에 따라 지금은 존재하지 않는 건강 기술 회사 테라노스Theranos의 설립자인 엘리자베스 홈즈Elizabeth Holmes는 낮은 바리톤 목소리가 특징인 인물이었다. 그러나 그녀의 많은 옛 동료들은 그녀의 목소리조차 가짜라고 주장했다. 패션, 성性, 미용 등 여성의 관심사를 다루는 온라인 매거진 〈더컷The Cut〉은 그녀가 만취하면 '품위를 잃어버리고' 높은 목소리로 말하는 본 모습을 드러낸다고 보도했다.

깊숙할 정도로 낮은 음정이라 사용하기 부자연스럽게 느껴진다면, 그때는 너무 낮은 것이다! 자연스러운 음정을 구사하는 두 가지 방법이 있다. 바로 공간 확보와 호흡 조절이다.

- **1단계: 자세를 교정한다.**

  목소리 자신감과 신체적 자신감을 한꺼번에 향상시킬 수 있다. 앞서 파워 자세에서 배운 것과 같은 자세 교정법을 사용해보라. 다시 반복하자면, 어깨와 귓불 사이의 거리를 최대한 멀게 하라. 발은 평소보다 8cm 더 넓게 벌린다. 손의 힘을 빼고 돌려서 어깨와 평행을 이루게 한다.

- **2단계: 숨을 내쉬면서 말한다.**

  심호흡은 자신감 있는 목소리를 낼 수 있는 매우 빠른 방법이다. 숨을 들이마실 때가 아니라, 심호흡을 한 뒤 숨을 내쉬면서 말하라.

> **원칙**
> 공간 확보와 호흡 조절을 통해
> 자연스러운 어조로 최저음을 구사한다.

● 강력한 음성 신호 #2: 진지한 설명식 어조

몇 년 전, 나는 한 소프트웨어 대기업과 판매 경로 개선에 대한 상담을 한 적이 있다. 우리는 그들의 이메일 행동 신호부터 전화 응대 목소리 신호, 그리고 그들이 무역 박람회에서 사용한 비언어적 신호까지 모든 것을 검토했다.

이 과정에서 가장 흥미로웠던 것은 팀에서 구매 전환율이 가장 낮은 한 영업사원을 돕는 일이었다. 그를 엘리엇이라고 부르기로 하자. 엘리엇은 좋은 사람이었지만, 한 가지 큰 문제가 있었다. 바로 판매를 끝까지 성사시키지 못한다는 것이었다. 그는 카리스마도 있고 제품에 대한 지식도 풍부했다. 고객과 동료도 그를 존경하고 좋아했다. 엘리엇과 그의 상사들은 그가 왜 할당된 목표를 달성하지 못하는지 이해할 수 없었다. 그는 할 수 있는 모든 할인 혜택을 다 제공하고 나서야 겨우 판매를 성사시키곤 했다.

나는 미리 녹음해둔 그의 영업 상담 전화 몇 통을 듣고는 즉시 문제가 무엇인지 알 수 있었다. 그의 음정은 대체로 나무랄 데 없었다. 저음의 카리스마 있는 목소리였다. 하지만 그는 제안 설명의 가장 중요한 부분이라 할 수 있는 가격 이야기를 할 때마다 **질문식 어조** question inflection를 사용했다. 그러니까 문장의 끝부분에서 음정이 올라가는 것이다(문장 끝을 올리는 업토크가 실제 현장에서 얼마나 이상하게 들리는지 보려면 scienceofpeople.com/cues/cues-bonuses의 〈SNL〉 콩트 〈The Californians〉를 보라).

엘리엇은 영업 상담 말미에 "우리는 귀하의 사업을 돕고 싶습니다"라고 말한 다음 질문식 어조로 말했다. "우리의 서비스의 가격은 500달러입니다?" 이런.

우리는 귀하의 사업을 돕고 싶습니다. 우리의 서비스 가격은 500달

러입니다?

엘리엇은 가격을 제시하는 것이 아니라 오히려 가격을 묻는 것처럼 말하고 있었다. 이는 그의 잠재고객에게 가격에 대해 의문을 품으라는 신호를 보낸 것과 다름없다. 잠재고객들은 그에게 추가 할인을 해달라고 압박했다. 그들은 계속 실랑이를 벌이며 협상을 이어나갔다.

엘리엇이 가격에 대해 질문식 문장을 사용하자, 고객들도 듣는 방식을 바꿨다. 연구원들은 설명하는 상황에서 질문식 어조를 사용하면 듣는 사람의 뇌가 단지 '듣는' 태도에서 '더 자세히 살펴보자'는 태도로 전환된다는 것을 발견했다. 결국 설명해야 할 때 질문식 어조를 잘못 사용하면 대화의 취약성과 불안정함을 드러내게 된다는 것이다.

거짓말쟁이들은 종종 무의식적으로 상대방에게 "날 믿지요?"라는 질문식 어조를 구사하는 실수를 범한다. 질문식 어조를 잘못 사용하면 오히려 상대방에게 부정직함을 상기시킬 뿐이다.

결국 엘리엇의 질문식 어조가 그의 판매 성과를 최악으로 만든 원인이었다. 그가 판매 설명의 앞부분에서 공들여 쌓아올린 모든 공감대와 신뢰는 잘못된 질문식 어조를 사용하는 순간 물거품이 됐다.

다행히도 이것은 너무나 쉽게 바꿀 수 있는 신호였다. 엘리엇이 가격을 말할 때 중립적 어조로 바꾸자 금방 큰 변화가 나타났다. 협상에서 반발과 흥정은 줄어들었고 더 많은 거래가 성사됐다(오, 예!). 그뿐 아니라 자신이 제시한 가격에 더 자신감을 느끼게 됐다. 이것이 바로 신호를 바꿈으로써 생긴 선순환이었다.

질문식 어조를 잘못 사용하면 듣는 사람이 당신의 능력을 의심하게 된다. 나는 사람들이 자신과 자기 생각에 대해 이야기할 때 질문식 어조로 말하는 것을 흔히 듣는다. 예를 들어 자동응답 음성녹음 인사말에서도 이런 질문식 어조의 말을 듣는다.

안녕하세요, 나 사라예요? 전화 주셔서 정말 기뻐요? 곧 연락드리겠습니다?

회의를 시작할 때도 이런 질문식 어조를 자주 듣는다.

그럼 시작해볼까요? 오늘은 새로운 프로젝트에 대해 이야기해볼까요? 자, 시작합시다?

자기 생각을 공유할 때도 이런 질문식 어조로 자주 말한다.

내게 좋은 생각이 있어요. 이 부분부터 먼저 하면 좋겠다고 생각합니다? 그러면 더 효과적일 것 같아요?

가장 자신감 있는 말도 질문식 어조로 말하면 자신감이 떨어진다. 사람들이 당신을 진지하게 받아들이고 당신의 말을 믿기를 바란다면, 당신의 생각을 질문식 어조가 아니라 설명식 어조로 말하라.

• 당신의 자동응답 음성녹음 인사말을 들어보라. 질문식 어조를 사용하고 있는가? 다시 녹음하라!

246

- 예전의 프레젠테이션이나 영상통화 녹화분을 살펴보라. 설명조
  로 말해야 할 때 또는 특정 사람에게 자신도 모르게 질문식 어조
  를 사용하지는 않았는가?
- 중요한 말이나 생각이 있다면, 질문식 어조가 아니라 설명식 어조
  로 말하는 연습을 하라.

> **원칙**
> 사람들이 당신의 능력을 의심하지 않도록 하려면,
> 질문식 어조의 사용을 당장 멈춰라.

● 강력한 음성 신호 #3: 보컬 프라이는 금물

보컬 프라이vocal fry라는 말을 들어본 적이 있는가? 목소리가 갈라져
서 삐걱거리는 것처럼 들리는 시끄러운 소리를 뜻하는데, 베이컨이
프라이팬에서 지글거리는 것처럼 들린다고 해서 그렇게 부른다. 보
컬 프라이는 처음에는 젊은 여성들 사이에서 흔했는데 이제 남녀를
불문하고 자주 보인다. 연구에 따르면 보컬 프라이는 직업적 성공을
저해하는 매우 빠른 방법이다. 이는 보컬 프라이가 당신이 불안하다
는 신호를 보냄으로써 당신의 이미지와 메시지를 모두 훼손하기 때
문이다. 그러니까 보컬 프라이는 당신의 능력을 망쳐버린다.

왜 이런 일이 일어나는 것일까? 불안을 느끼면 심호흡이 어려워
져서 충분히 호흡을 하지 못하기 때문에 보컬 프라이가 발생한다. 우
리가 숨을 쉴 때는 성대가 분리된다. 그런데 말을 시작하면 성대가

서로 마찰하며 그 진동으로 소리를 만들어낸다. 그래서 제대로 숨을 쉬지 않고 계속 말한다면, 성대가 효과적으로 마찰하지 못하고, 삐걱거리는 것 같은 울림을 만들어낸다. 누군가 보컬 프라이 소리를 내면 성대가 덜컹거리는 소리를 듣는 듯한 느낌이 든다. 듣기 역겹지 않겠는가?

보컬 프라이 소리는 손톱으로 칠판을 긁는 소리처럼 귀에 거슬리고 듣는 사람에게 불안감을 유발한다. 그럴 법한 일이다. 보컬 프라이 소리를 내는 것은 자신감과 능력이 떨어졌다는 것을 상대방에게 알리는 위험 구역 신호다. 자신감 있고 유능한 사람은 보컬 프라이를 피하기에 충분한 호흡과 공간을 확보한다.

보컬 프라이로 말할 때, 사람들이 당신을 진지하게 받아들이거나 당신의 말을 신뢰하기란 거의 불가능할 정도로 어렵다. 그런데 이런 일이 너무나도 무심코 일어난다! 보컬 프라이는 두 개 이상의 문장이나 독립된 절이 접속사 없이 연결되는 문장의 끝부분에서 자주 발생한다. 이런 긴 문장의 끝부분에서 숨이 차오를 가능성이 크기 때문이다. 우리는 긴장하면 모든 생각을 큰 날숨으로 날려버리면서 말을 서두르는 경향이 있다.

최악의 경우는 느긋한 소리를 내려다가 실수로 보컬 프라이 소리를 내는 것이다. 아마도 음성 강도를 낮추면 여유 있고 느긋하게 들릴 것이라고 생각하기 때문인 것 같다. 하지만 속지 마라! **보컬 프라이는 느긋하다는 표시가 아니라, 남의 시선을 의식한다는 신호다.**

다행히 보컬 프라이를 고칠 수 있는 쉬운 방법이 있다. 보컬 프라이 소리가 나는 것 같으면 즉시 심호흡을 하고 좀 더 크게 말해라. 조금이라도 볼륨을 높이는 것이 보컬 프라이에서 벗어나는 가장 빠른 방법이다. 성대가 서로를 밀어서 더 자연스러운 소리가 나기 때문이다.

당신과 함께하는 사람이 보컬 프라이 소리를 낼 때는 어떻게 해야 좋을까? 그냥 목소리를 크게 내라고 말해라. 그러면 보컬 프라이가 사라질 것이다.

- 되도록 짧은 문장으로 말하라.
- 너무 빨리 말하지 마라.
- 더 크게 말하거나 호흡을 더 자주 하라.

> **원칙**
> 보컬 프라이는 당신의 음성 자신감을 떨어뜨린다.

● 강력한 음성 신호 #4: 음량 조절

우리 팀이 독자들에게 받은 '내게 거짓말을 해봐' 동영상을 분석한 결과, 많은 거짓말쟁이가 음정을 높이는 동시에 음량은 낮춘다는 점을 발견했다. 돌아가서 당신의 동영상을 살펴봐라. 당신도 음량을 낮추는가? 거짓말쟁이는 긴장하고 있고, 말에 대한 자신감이 부족하고, 본능적으로 자신의 거짓말을 들키지 않고 싶어 하기 때문에 자신도 모르게 음량을 낮춘다.

이것이 우리가 큰 목소리로 말하는 사람에게서 더 큰 자신감을

Fun Tip

'두 가지 진실과 한 가지 거짓말' 게임

'두 가지 진실과 한 가지 거짓말' 게임(세 가지 사실 중 거짓말 하나를 가려내는 게임 - 옮긴이)을 해본 적이 있는가? 사람의 마음을 읽는 당신의 능력을 시험하는 아주 좋은 방법이다. 거짓말을 발견하기 위한 팁을 알려주겠다. 사람들은 종종 거짓말을 할 때 음량을 낮춘다(또는 질문식 어조를 사용한다).

발견할 수 있는 이유다. 놀랍다고? 많은 연구가 이를 뒷받침한다. 우리는 큰 목소리로 말하는 사람을 좋아하는 경향이 있다.

'목소리의 설득력'에 대한 연구에서 연구원들은 설득력이 좋은 사람이 다른 사람에게 영향을 미치기 위해 그들의 음량, 음정, 어조 같은 준∦언어paralanguage(몸짓·표정 등의 전달 행위 - 옮긴이)를 어떻게 사용하는지 조사했다. 연구원들은 강하고 자신감 있는 목소리로 말하는 사람은 준언어로도 자신의 메시지에 대한 강한 확신을 보이기 때문에 다른 사람들에게 설득력을 발휘한다는 사실을 발견했다.

의사소통을 잘하는 사람은 더 크게 말하면서 다양하게 음량을 조절한다. 의사소통에서 음량은 매우 중요하다. 다시 말하지만 소리를 크게 내기 위해서는 호흡과 공간이 확보돼야 한다.

더 크게 말하기는 당신과 듣는 사람 모두에게 비언어적인 이점도 부여한다. 예를 들어 누군가에게 좀 더 큰 목소리로 말해달라고 요청하면 그들은 다음과 같이 행동할 것이다.

• 더 똑바로 앉는다(넓은 자세의 신호).

당신은 내성적인 사람인가? 그래서 크게 말하는 데 어려움을 느끼는가? 그렇다면 너무 급격하게 큰 소리를 내려고 하지 마라. 중요한 요점을 말할 때만 약간 음량을 키워라. 사실 이 방법이 처음부터 끝까지 계속 큰 소리로 말하는 것보다 훨씬 더 효과가 크다. 또한 내성적인 사람은 몸을 앞으로 기울이거나 상대방에게 더 가까이 다가가려는 시도를 하는 것이 좋다. 더 가까이 다가가면 당신의 목소리가 더 크게 들린다.

- 심호흡을 한다(긴장을 푸는 데 도움이 된다).
- 다리를 굳건히 한다(넓은 자세의 신호).
- 고개를 위로 올리거나 턱을 들어 올린다(고개를 끄덕이는 신호이자 넓은 자세의 신호).
- 목을 맑게 해서 보컬 프라이를 제거한다.

그렇다면 할 수만 있다면 언제나 큰 소리로 말해야 한다는 뜻인가? 그렇지 않다! 진정한 목소리의 힘은 **음량의 강약**을 얼마나 능숙하게 활용하느냐에서 나온다. 음량을 조절한다는 것은 당신이 메시지를 조절하고 있음을 보여준다. 음량과 메시지의 내용이 조화를 이루려면 상당한 능력이 필요하다.

숙달된 의사소통자는 기쁨을 표시하고 싶을 때는 큰 소리로 말하고, 비밀스러운 내부 정보를 전하고 싶을 때는 조용히 말함으로써 듣는 이들이 몸을 앞으로 기울이게 만든다.

- 열정적이거나 신이 났을 때는 크게 말하라. 당신의 말을 음량으로 가득 채워라.
- 사람들에게 내부 정보를 알리거나 비밀스러운 팁을 공유할 때는 목소리를 낮추고 몸을 앞으로 기울여라.
- 동의를 표현하거나 누군가를 격려할 때는 보통 때보다 조금 더 큰 소리로 "그렇습니다!" 또는 "동의합니다"라고 말하라.

> **원칙**
>
> **중요한 요점을 강조할 때는 음량을 키운다.**

● 강력한 음성 신호 #5: 일시 정지

나는 스물일곱 살 때까지 아무 의미 없는 삽입어를 중독적으로 사용했다. 구체적으로 말하자면, 긴장하거나 뭔가를 생각하거나 시간을 끌거나 할 때, 음um, 그러니까so, 저well, 있잖아you know 같은 말을 습관적으로 사용했다.

이런 삽입어는 신뢰성을 떨어뜨린다. 한 연구에 따르면, 삽입어를 많이 사용하는 사람은 준비가 덜 되고 능력이 부족한 사람으로 보인다고 한다.

또 다른 연구에서, 실험 대상자들에게 브렉시트Brexit(영국의 유럽연합 탈퇴-옮긴이)에 대한 연설을 듣고 평가해달라고 요청했다. 한 연설은 삽입어는 사용되지 않았지만 내용이 가짜투성이였다. 또 다른 연설은 내용은 정확한 사실이었지만 삽입어가 많았다. 놀랍게도 사람들은 내용은 정확하지만 삽입어를 많이 사용해 연설을 한 사람보다 내용은 엉터리지만 삽입어를 사용하지 않은 연설을 한 사람을 더 능력 있고 더 실력 있고 더 매력적인 연설가로 평가했다. 그뿐 아니라 57%의 사람들이 내용이 엉터리인 삽입어가 없는 연설을 제대로 교육받은 사람이 한 연설이라고 생각했다! 삽입어가 많은 정확한 내용의 연설을 한 사람이 제대로 교육받은 연설가라고 평가한 사람은 36%에 불과했다.

말을 할 때 삽입어를 사용하는 이유는 두 가지다. 첫째는 다음 요점을 생각하는 동안 시간을 벌기 위해서고, 둘째는 말하다가 방해를 받을까 봐 두렵기 때문이다. 하지만 삽입어를 많이 사용할수록 오히려 더 방해를 받는다는 사실을 알아야 한다. 빈번한 삽입어로 인해 사람들이 당신의 자신감 부족을 알아차리면 이제 더는 당신 말을 듣느라 시간을 낭비하지 않으려 하기 때문이다.

그렇다면 이 삽입어 사용 습관을 치료할 방법은 무엇일까? 바로

'일시 정지'의 힘을 이용하는 것이다. 일시 정지는 당신의 능력과 자신감을 모두 살려준다. 의사소통에 자신 있는 사람은 자신의 말에 불필요한 군더더기 말을 채울 필요가 없다. 그들은 듣는 사람들이 빨리 요점이 끝나기를 기다린다는 것을 잘 안다.

가장 좋은 일시 정지는 **호흡을 가다듬기 위한 일시 정지**breathing pause다. 이는 말하는 것을 잠시 멈추고 숨을 들이쉬는 것을 말한다. 숨을 들이쉬면서 일시 정지하는 동안에 뭔가를 생각할 시간을 가질 수 있으므로 이는 매우 중요하다. 말하는 중에 심호흡을 하면 다음과 같은 여러 가지 이점을 얻을 수 있다.

- 음정을 좋은 상태로 낮게 유지할 수 있다.
- 보컬 프라이를 막을 수 있다.
- 원할 때 음량을 높일 수 있다.
- 필요할 때 생각할 시간을 벌 수 있다.
- 더 자신감 있는 목소리를 내게 해준다.
- 그리고 당연히, 지나친 삽입어 사용을 막아준다.

삽입어를 사용하고 싶다는 생각이 들 때마다 호흡을 하라. 실수로 삽입어를 사용했다 해도 걱정할 것 없다! 반복하지 않으면 된다. 물론 사과할 필요도 없다. 삽입어를 사용했다면 일단 호흡을 가다듬어라. 이는 앞으로 삽입어 대신 일시 정지를 사용하도록 뇌를 다시 훈련시키는 느린 방법이기도 하다. 다음은 '일시 정지'를 연습하기 위한 몇 가지 가이드라인이다.

1. 일시 정지는 짧을수록 좋다.

일시 정지는 짧아야 좋다. 한 연구에 따르면, 대화에서 일시 정지가 길면 이해력을 해칠 수 있으며, 일시 정지가 짧아야 도움이 된다고 한다. 짧은 일시 정지는 정보를 처리하기 위해서도 필수적이다.

어느 정도가 긴 것일까? 4초 이상이면 길다. 그렇다면 적당한 일시 정지 시간은 어느 정도일까? 짧게는 0.25초에서 0.5초 정도다. 다행히 0.25초에서 0.5초는 숨 쉬기에 충분한 시간이다.

더 흥미로운 결과도 있다. 같은 연구에서 대화 상대방의 일시 정지 패턴을 따라 하는 경향이 있다는 것을 발견했다. 상대방이 일시 정지를 길게 사용하면 우리도 그렇게 하고, 반대의 경우도 마찬가지라고 한다. 일시 정지를 얼마나 길게 해야 할지 확신이 서지 않을 때는 상대방의 일시 정지 신호를 따라 하라.

2. 일시 정지 사이에는 말을 천천히 하라.

빠른 속도로 말하는 것이 요점을 전달하는 가장 좋은 방법일까? 많은 연구에 따르면 빠르게 말하기는 실제로 그다지 효과가 없는 것으로 나타났다.

브라운대학교 연구원들은 빠르게 말하든 느리게 말하든 정보 전달 속도는 같다는 점을 발견했다. 어떻게 그럴 수 있을까? 말을 더 빠르게 하면 각 마디마디에 정보가 더 적게 담기기 때문이다.

삽입어를 사용하면 말을 더 빨리할 수는 있지만 그것이 반드시 효과적이지는 않기 때문에 능력을 보여주는 데 해롭다. 느린 속도로 말하면, 상대방의 이해력을 높일뿐더러 동시에 당신이 유능한 사람

반어적 질문

호흡을 가다듬기 위해 일시 정지를 사용할 만한 또 다른 시점은 반어적 질문 rhetorical question(실제로 대답을 듣기 위한 질문이 아니라 자신의 의견을 더 강조하려는 어법. 예를 들어 알 게 뭐야?Who cares?, 그걸 믿을 수 있어?Do you believe it? 같은 의문문-옮긴이)을 사용한 직후다. 연구원들은 반어적 의문문을 사용한 후 5~7초간 기다리면 상대방이 되돌아보거나, 스스로 답을 도출하거나, 이후 토론에 더 적극적으로 참여하도록 격려할 수 있다는 사실을 알아냈다. 나 역시 발표를 할 때 반문적 질문을 한 다음 잠시 멈추고 그 틈을 이용해 물을 마시곤 한다. 그러면 나와 듣는 사람들 모두 자연스럽게 다음 단계로 넘어갈 수 있다.

이라는 것을 다른 사람에게 알릴 수 있다. 결론적으로 당신이 능력 있는 사람임을 보여주려면 천천히 말해라. 호흡을 가다듬기 위한 일시 정지는 말하기 속도를 늦추는 매우 훌륭한 방법이다.

3. 강력한 일시 정지와 종료를 위한 일시 정지를 구분하라.

나는 발표를 할 때 하나의 생각이나 문장이 끝나면 일시 정지를 사용하곤 했다. 그런데 이때 내가 말을 다 끝냈다고 오해해서 종종 다른 사람이 끼어들었다. 물론 무례하게 굴려는 의도에서가 아니라, 단지 내 정지 신호에 반응했을 뿐이다. **종료를 위한 일시 정지**end pause는 요점을 다 말하고 끝냈다는 표시이기 때문이다.

따라서 일시 정지를 사용할 때 가장 좋은 방법은 흥미를 유발하는 것이다. 청중의 질문에 답변하거나 새 아이디어를 밝히거나 핵심 요점을 말하기 전에 일시 정지를 구사하라. 나는 이것을 **강력한 일시**

강력한 일시 정지에는 또 한 가지 좋은 용처가 있다. 바로 누군가의 나쁜 행동에 대응할 때다. 누군가가 당신에게 대들거나 부적절한 말을 할 때, 즉각 대꾸하거나 반응하지 마라. 일시 정지하고 호흡을 가다듬어라. 그러면 그들의 부적절한 말이 당신에게 상처가 되지 않고 공중에 그대로 떠 있는 상태가 된다. 그리고 이런 대응은 그들이 스스로를 되돌아보게 한다. 결국 상대방은 자신의 말을 취소하거나 사과하거나, 똑같은 실수를 반복하기 전에 한 번 더 생각하게된다.

정지power pause라고 부른다. 이런 일시 정지는 흥미와 관심을 유발하고 당신이 말을 다 끝냈다고 오인하지 않게 해준다.

강력한 일시 정지와 종료를 위한 일시 정지의 차이를 구분하라. 예를 들어보자. "나는 세상을 바라보는 방식을 바꾸게 해준 멋진 뭔가를 발견했지요. [일지 정지] 그것은 내 어린 시절부터 시작되었습니다." 여기서의 일시 정지는, 내 할 말이 다 끝나지도 않았는데 사람들이 끼어들 소지가 커 보인다.

반면 강력한 일시 정지는 다음과 같다. "나는 멋진 뭔가를 발견했지요. [일시 정지] 그것이 내가 세상을 보는 방식을 완전히 바꾸었습니다. 그것은 내 어린 시절부터 시작되었습니다."

두 사례 모두 일시 정지를 사용하지만 강력한 일시 정지는 다른 사람이 끼어들 소지는 줄이고 흥미를 더 유발한다.

나쁜 소식이 있다. '음' 등의 삽입어를 완전히 없애기는 어렵다는 것이다. 하지만 다행히 크게 줄일 수는 있다. 그 방법을 소개한다.

- 삽입어를 사용하는 이유를 찾아라. 최근의 프레젠테이션이나 회의에서 당신이 한 말의 녹음 파일을 들어보고(또는 다음번에 전화통화의 끝부분을 녹음해둔다), 언제 삽입어를 사용하는지 살펴본다.

- 국면 전환을 할 때 시간을 약간 지체시키기 위해 삽입어를 사용하는가? 삽입어 대신 사용할 수 있는 전환 문구나 이야기를 찾아라.

- 말하는 도중 방해받을까 봐 두려워 삽입어를 사용하는가? 강력한 일시 정지를 더 많이 구사하고 전체적으로 좀 더 천천히 말하라.

- 뭔가 잘 생각나지 않을 때 삽입어를 사용하는가? 그렇다면 전하려는 내용에 대해 더 많이 연습하고 더 많이 숙지해야 한다.

- 습관적으로 삽입어를 사용하고 있는가? 사실 이것이 가장 고치기 어려운 경우다! 다시 한번 시도해보자. 삽입어를 사용했다면 일시 정지하고 호흡을 가다듬는다. 뇌를 다시 훈련시키려면 시간은 걸리겠지만 효과가 있을 것이다. 포스트잇에 '일시 정지하고 호흡을 가다듬는다'라고 써서 컴퓨터 앞에 붙여놓고 전화가 올 때마다 그것을 본다. 그러면 전화통화를 하면서 말하는 속도를 줄이고 필요할 때 일시 정지해야 한다는 것이 상기될 것이다.

원칙
강력한 사람들은 의도적으로 일시 정지를 구사한다.

● 목소리의 힘을 활용하라

누군가에게 뭔가를 물어보고 싶을 때 당신은 직접 전화를 거는가, 아니면 문자로 하는가? 아니면 영상통화를 하는가, 이메일을 보내는가? 그들에게 바로 인스턴트 메시지를 보내는가, 아니면 직접 사무실로 찾아가는가?

요즘에는 문자, 이메일, 채팅으로 소통하는 일이 점점 많아지고 있다. 실제로 대부분의 소통에서 이는 전혀 문제가 없다. 효율적이고 쉬우니까. 하지만 중요한 문제를 다룰 때는 목소리의 힘을 활용하는 편이 항상 더 낫다는 것을 기억하라.

심리학자 닉 에플리Nick Epley와 율리아나 슈뢰더Juliana Schroeder는 목소리가 성격에 대한 비밀스러운 신호를 전달한다는 것을 발견했다. 그들은 실험 대상자를 두 그룹으로 나누어 입사 지원자들의 능력, 사려 깊음, 지능에 대해 점수를 매겨달라고 요청했다. 어떤 그룹에게는 한 지원자의 업무 자격에 대한 서류를 직접 읽게 했고, 다른 그룹은 그 지원자가 똑같은 내용을 큰 소리로 읽는 것을 듣게 했다.

실험 대상자들이 이 요청을 받았을 때, 그들은 서류를 읽거나 듣는 데 별다른 차이가 없으리라고 생각했다. 하지만 결과는 생각과 달랐다. 그것도 아주 큰 차이가 있었다! 똑같은 내용인데도 지원자가 직접 읽는 것을 들은 그룹이 그 사람을 더 능력 있고 더 사려 깊고 더 똑똑하다고 평가했다. 그들은 지원자의 목소리를 들었을 뿐이지만, 같은 내용을 눈으로 읽은 그룹보다 그들을 더 좋아했고 그들을 고용하는 데 더 호의적인 것으로 나타났다.

에플리와 슈뢰더는 『포춘』지 선정 500대 기업의 전문 채용 담당자를 대상으로 한 실험에서도 똑같은 결과를 얻을 수 있었다.

목소리가 당신에게 힘을 준다는 것을 알겠는가? 목소리가 당신의 자신감, 능력, 재능을 보여준다. 그러므로 중요한 상황에서는 목소리를 사용하라.

더 능력 있어 보이고 싶고 다른 사람에게 더 진지하게 받아들여지고 싶고 덜 방해받고 싶다면, 이 장에서 배운 다섯 가지 목소리 신호를 더 자주 사용해보라.

이제 이것들을 신호 차트에 추가해보자.

신호	디코딩	인코딩	내면화
가장 편안하게 구사할 수 있는 최저음	주변에 너무 높은 음정으로 말하는 사람이 있는가? 그들의 말소리를 들을 때 어떤 느낌이 드는가?	다음번 전화통화를 할 때는 파워 자세를 취해보라. 더 깊게 말하기 쉬워졌는가?	당신의 목소리가 마음에 드는가? 가장 편안한 음정을 찾기 위해 여러 가지 음정을 시험해보라.
질문식 어조	주변에 설명문을 질문식 어조로 말하는 사람이 있는가? 자신도 모르게 긴장해서 그런가, 아니면 습관적으로 그렇게 하는가?	어려운 뉴스, 가격, 일정, 명령의 내용을 중립적이거나 끝부분을 내리는 어조로 말하는 연습을 하라.	당신은 언제 질문식 어조를 사용하는가? 긴장 때문인가, 아니면 습관적인가?

신호	디코딩	인코딩	내면화
보컬 프라이	보컬 프라이 소리를 내는 사람을 알고 있는가? 어떻게 하면 그들이 그것을 고치도록 도울 수 있는가?	당신이 보컬 프라이 소리를 낸다면, 말하는 속도를 줄이거나 일시 정지하고 호흡을 가다듬도록 노력하라.	긴장하면 말이 빨라지는가? 또 긴장할 때 호흡이 얕아지는가? 당신이 언제 긴장하는 목소리를 내는지 확인하라.
음량	주변에 항상 강한 음성으로 말하거나 또는 항상 부드럽게 말하는 사람이 있는가? 그것이 그들의 성격과 어떤 관련이 있는가?	말하는 상대방에 따라, 또는 말하는 주제에 따라 음량을 달리해서 말하도록 노력하라. 그것이 당신의 생각을 분명히 전달하는 데 도움이 되었는가?	큰 소리로 말하는 것이 더 편한가? 그렇지 않다면 너무 크게 말하지 마라!
호흡을 가다듬기 위한 일시 정지	주변에 말을 너무 빠르게 또는 너무 느리게 하는 사람이 있는가? 그것이 그들에 대한 당신의 인상에 어떤 영향을 미치는가?	강력한 일시 정지를 몇 차례 시도해 보고 어떤 느낌이 드는지 보라. 말하는 속도가 좀 더 느려졌는가? 자신감은 더 높아졌는가?	당신은 말을 너무 빨리 하는가, 아니면 너무 느리게 하는가? 그 이유는 무엇인가?

보너스 과제: 당신의 '내게 거짓말을 해봐' 동영상을 다시 보라. 거짓말을 알 수 있는 목소리 신호가 있는가? 질문식 어조를 사용하는가? 음량이 줄어드는가? 이제 목소리가 당신을 나타낸다는 것을 알았을 것이다.

8장

온화한 음성 신호로
단숨에 호감을 획득하라

그녀는 타협하지 않는 강력한 리더십 스타일 덕분에 철의 여인으로 불렸다. 또한 영국 최초의 여성 총리이자 20세기 최장수 총리였다. 하지만 마거릿 대처는 총리 재임 내내 목소리 때문에 어려움을 겪었다.

대처의 수석 고문단 중 한 명인 팀 벨Tim Bell은 다음과 같이 회상한다. "그녀는 뱃속에서 나오는 목소리가 아니라 가슴 높이에서 말을 한다는 점에서 신체적으로 좀 문제가 있었지요……. 그녀의 목소리는 엄격하고 거만한 데다 약간 허세를 부리는 듯이 들렸어요."

총리에 출마하기 전 대처의 보좌관들은 그녀의 목소리를 바꾸기 위해 유명한 배우 로런스 올리비에Laurence Olivier에게 도움을 구하기도 했다. 올리비에는 호흡하는 법과 더불어 자연스럽게 목소리를 낮추는 방법을 가르쳐줬다. 그게 도움이 되긴 했지만 문제를 완전히 해결하지는 못했다.

대처는 총리 취임 이후에도 하원에서 말할 때 끊임없이 방해를 받았고 무시당했다. 특히 질의 시간에 어려움을 겪었는데, 영국 의회에서 하원의원들이 질문할 때 정부 장관들은 오랜 시간 서 있어야 했다. 대처가 가장 힘들어했던 것도 바로 이 때문이었다. 의원들의 질의에 답할 때 그녀의 음정은 매우 높아졌고 그게 그녀를 더 긴장하게 만들었다.

이런 고통은 누구에게나 자주 일어난다. 자신감 있는 목소리를 내기 위해 우리는 목소리를 높이지만, 더 크게 말하려면 호흡을 더 많이 해야 한다. 그래서 금방 날카로운 쉰 목소리를 내게 되고, 음정이 높아지며, 보컬 프라이 소리가 나는 것이다(보컬 프라이 소리는 크지도 않고 강력하지도 않다). 사회학자 앤 카르프Anne Karpf 박사는 특히 여성들이 이 문제를 훨씬 더 많이 겪는다고 말한다. "우리 사회에는 여전히 여성 목소리 특유의 날카로움, 지나친 감정 표출, 권위의 결여에 대한 강한 편견이 존재합니다."

대처는 이 문제를 어떻게 해결할 수 있었을까? 극작가 로널드 밀러Ronald Millar는 그녀에게 목소리를 낮추고, 주위에 소음이 있어도 들리도록 더 천천히 말하라고 조언했다. 바야흐로 정치 역사상 가장 위대한 목소리 변화 프로젝트가 시작된 것이다. 1975년, 마침내 대처는 총리로 선출됐다. 그녀는 총리가 된 후에도 자신의 목소리 카리스마를 만들기 위해 계속 노력했다. 전국 방송에 나갈 때는 자기만의 독특한 목소리 기술을 사용했다. 동정적이고 세심한 목소리가 요구되는 방송을 할 때는 성대를 이완시키기 위해 꿀차를 한 잔 마셨다. 목소리에 특별한 매력을 추가하고 싶을 때는 얼음물을 마셨다. (재미있게도 얼음물은 실제로 효과가 있다. 직접 해보시길!)

이런 노력 끝에 대처는 진정으로 탁월한 의사 전달자로 거듭날 수 있었다. 그녀는 자신의 목소리에 유능함과 온화함을 모두 담고자 끊임없는 노력을 기울였다.

최고의 의사 전달자는 카리스마 척도의 다이얼을 조절한다는 이야기를 기억하는가? 그들은 항상 카리스마 구역에 머물지만 목표에 따라 유능함과 온화함 사이를 자유자재로 드나든다.

7장에서 우리는 낮은 음조를 사용하고, 때에 따라 음량을 수시로 조절하고, 질문식 어조의 사용을 교정하고, 호흡을 가다듬기 위해 일시 정지하고, 보컬 프라이를 피하는 등 여러 가지 음성과 관련한 능력 신호를 사용하는 법을 배웠다. 그렇다면 음성으로 온화함도 전달할 수 있을까? 어떻게 하면 목소리로 개성을 표현할 수 있을까? 어떻게 하면 더 역동적으로 들릴까? 이 장에서는 온화함의 음성 신호를 배울 것이다. 먼저 인사말부터 시작해보자.

● 온화함의 음성 신호 #1: 목소리에도 첫인상이 있다

연구에 따르면 사람들은 보통 상대방이 말하는 것을 들은 후 첫 0.2초 안에 그가 얼마나 자신감 있는지를 판단한다고 한다. 이는 첫 마디에서 목소리의 첫인상이 결정된다는 의미이다. 우리의 첫 번째 말은 대개 인사말이다(여보세요?Hello?, 저기요!Hey!, 안녕Hi 등).

바로 여기에 문제가 있다. 인터뷰, 발표, 또는 회의를 준비할 때, 우리는 우리의 자격, 성과, 이야기할 내용에 대해서는 생각하지만 어떻게 시작할지에 대해서는 거의 연습하지 않는다. 이는 청중을 사로잡을 기회를 놓치는 것과 같다.

몇 년 전, 나는 감정이 목소리를 어떻게 변화시키는지, 특히 감정이 인사말에 어떤 영향을 미치는지 알고 싶었다. 그래서 우리는 먼저 실험 대상자들에게 자신의 인사말을 여섯 가지 다른 버전으로 녹음해달라고 요청했다. 당신도 당신의 인사말을 여섯 가지 버전으로 시도해보라.

1. **보통 어조의 인사말:** 평소 전화를 받을 때처럼 인사말을 하라. 이것이 기준이 될 것이다.
2. **행복한 어조의 인사말:** 당신을 행복하게 만드는 것을 상상하면서 진정한 미소를 지으며 인사말을 하라.
3. **슬픈 어조의 인사말:** 당신을 슬프게 만드는 것을 상상하면서 슬픈 표정을 지으며 인사말을 하라.
4. **화난 어조의 인사말:** 당신을 화나게 만드는 것을 상상하면서 화난 표정으로 인사말을 하라.
5. **파워 자세의 인사말:** 슈퍼맨처럼 양손을 허리에 얹고 확장된 자세를 취하며 인사말을 하라.
6. **다시 보통 어조의 인사말:** 이제 어느 정도 온화해졌다면, 두 번째 기준으로 삼기 위해 다시 한번 보통 어조로 인사말을 하라.

같은 사람의 말이지만 이 여섯 차례의 인사말이 모두 다르게 들렸을 것이다(⟨TEDx London Talk⟩에 들어가면 내 여섯 가지 인사말을 들을 수 있다). 우리는 오직 인사말만으로 그 사람을 얼마나 좋아할 수 있는지를 알고 싶었고 수천 명에게 이 여섯 가지 인사말에 대한 호감도를 스스로 자신의 목소리를 들으면 이상하지 않던가? '이게 정말 내 목소리란 말이야?'라는 생각이 들지 않는가? 내 목소리가 생각과 다르게 들리는 데에는 과학적인 이유가 있다. 우리는 말하는 동안 자신의 목소리를 듣는데 이때는 목소리가 뼈를 통해 전달되기 때문에 낮게 들리고, 녹음으로 들을 때는 높게 들린다. 그뿐 아니라 목소리는 불안, 짜증 그리고 우리가 숨기고 싶어 하는 성격적 특징을 드러낸다.

평가해달라고 요청했다. 당신도 당신의 인사말 녹음본을 듣고 평가해보라. 평가를 종합해보니 명확한 패턴이 나타났다. 어떤 인사말이 가장 호감도가 높았고, 어떤 인사말이 가장 호감도가 낮았을까?

슬픈 어조의 인사말이 호감도가 가장 낮은 것으로 나타났다. 화난 어조의 인사말이 간발의 차이로 2위를 기록했다. 이게 무엇을 의미하는가? 기분이 안 좋을 때는 전화를 받지 마라! **짜증이 나면 목소리가 달라진다.** (나는 딸의 사진을 전화기 배경 사진으로 설정해놓았기 때문에 기분이 좀 좋지 않을 때는 딸의 얼굴을 본 다음 전화를 받는다.)

기준으로 삼은 인사말(보통 어조의 인사말)과 행복한 어조의 인사말은 거의 같은 호감도 점수를 받았다. 다행스러운 소식이다! 전화를 받을 때마다 미친 듯이 웃을 필요가 없으니 말이다. 중립적이거나 긍정적인 인사말 모두 괜찮다는 의미다.

이 실험에서 한 가지 놀라운 사실은, 파워 자세를 취했을 때의 인사말이 높은 호감도를 받지 못했다는 것이다. 파워 자세의 인사말은 행복한 인사말과 보통의 인사말에 이어 3위를 차지하며 화난 인사말보다 약간 더 좋은 점수를 받았을 뿐이다.

왜 이런 일이 일어났을까? 우리는 자신감을 좋아하지만, 파워 자세는 때로는 약간 공격적으로 느껴질 수 있다. 자존심은 강력하지만 위협적인 힘이 될 수도 있다. 하지만 이 또한 좋은 소식이다. 전화를 받을 때마다 슈퍼맨이나 로키처럼 서 있을 필요가 없으니까 말이다. 충분히 호흡을 하는 한, 어떤 인사말이든 다 괜찮다.

호흡에 관해 말하자면, 인사말을 할 때 흔히 저지르는 실수가 하나 더 있다. 바로 인사말을 하며 숨을 멈추는 것이다. 당신은 전화벨이 울리면 어떻게 하는가? 나는 전화가 오면 숨을 들이쉬었다가 참은 상태에서 전화를 받았었다. 아마도 전화벨이 울리는 전화기를 찾을 때까지 몇 초 동안은 숨을 계속 참을 수 있을지 모른다. 하지만 막상 전화를 받아 말할 때는 호흡이 딸려서 작고 긴장된 목소리가 나올 수밖에 없다. 실제로 내 전화 목소리를 녹음해서 들어봤더니 '여보세요?'라는 첫마디가 전체 통화 중에서 음조가 가장 높았다!

나는 영업사원들과 일하는 동안 전화를 걸고 고객이 전화를 받을 때까지 기다리면서 그들에게도 똑같은 패턴이 일어난다는 것을 발견했다. 특히 긴장하고 있을 때는 더욱 그랬다.

인사말을 하면서(전화를 받으면서) **숨을 멈추지 마라.** 오히려 숨을 내쉬면서 인사말을 하는 연습을 해라. 여기에는 일석이조의 효과가 있다. 당신의 몸을 편안하게 하고 호흡을 가다듬게 해줄 뿐 아니라, 당신의 목소리가 더 자신감 있게 느껴지고 들릴 것이다 전화통화뿐만 아니라 누군가를 직접 만날 때나 영상통화를 할 때도 마찬가지다.

자신감 있는 인사말은 어떤 매체에서든 통하게 마련이다.

> **원칙**
>
> **기분이 좋지 않거나 숨을 멈춘 상태로
> 전화를 받아서는 안 된다.**

인사말 하는 법

- 심호흡을 한두 번 깊게 하라.
- 전화를 받아도 괜찮을 만큼 기분이 좋은가? 그렇다면 받아라. 그렇지 않다면 몇 분 후에 당신이 답신 전화하는 것을 고려해보라.
- 상대방과 대화하는 것이 즐겁다면 미소를 지어라. 그렇지 않더라도 최소한 중립적인 표정을 지어라.
- 숨을 내쉬면서 첫 인사말을 하라.

● 온화함의 음성 신호 #2: 기쁨을 표현하는 말

다른 사람들과 상호작용할 때 모든 사람은 비밀스레 염려한다. '내가 그들과 잘 통했을까?' 하고. 그다음 염려는 '내가 그들에게 필요한 존재일까?' 하는 것이다.

목소리는 누군가를 안심시키고 동료 의식을 불어넣는 최고의 방법이다. 바로 그 방법에 대해 말해주겠다. 먼저 **온화한** 말을 사용하라. 상대방에게 기쁨을 표현하는 문구를 사용하는 것이다. 이는 상대방이 당신을 온화하게 만들었음을 보여주는 방법이기도 하다. 다음은 내가 자주 사용하는 온화한 말이다.

- 오, 당신 소식을 들으니 정말 기뻐요!
- 당신 전화를 기다렸답니다.
- 이런 게 바로 뜻밖의 기쁨이지요.
- 전화 주셔서 정말 기뻐요!

간단한 문구지만 분명히 듣는 사람에게 위안을 줄 것이다. 전화를 건 사람에게 인사할 때도 다음과 같은 온화함의 음성 신호를 사용할 수 있다.

- 잘 지냈어? 네가 전화해주니 정말 기뻐.
- 안녕하세요, [상대방 이름!] 전화해주셔서 감사합니다.
- 안녕하세요. 발신자 이름에 당신 이름이 떠서 정말 반가웠어요.
- 안녕하세요, [상대방 이름!] 요즘 별일 없으시지요?
- 안녕하세요! 너무 오랜만이에요.

앞서 배운 것처럼, 웃기만 해도 당신의 목소리는 더 행복하게 들리고 더 호감이 갈 수 있다. 하지만 업무적 상황에서는 웃기가 결코 쉽지 않다. 회사에서 늘 똑같은 지루한 일을 처리하면서 어떻게 항상 웃으며 통화할 수 있단 말인가? 쉬운 방법을 알려주겠다! 바로 온화한 말을 사용하는 것이다.

"당신 소식을 듣게 되어 기뻐요!", "행복한 월요일입니다, 여러분!", "좋은 아침!" 같은 인사말을 하면 진심으로 웃기가 더 쉬워진다. 대화의 처음 몇 마디에 이런 말을 넣으면 목소리에 온화함이 담긴다. 온화한 말 몇 가지를 더 소개한다.

- 여러분, 행복한 금요일 보내세요.
- 당신과 함께하게 되어 너무 좋아요.
- 여러분, 만나서 반가워요.
- 당신 소식을 들으니 정말 기뻐요.
- 오늘 날씨가 정말 멋지네요.
- 무슨 좋은 일이라도 있나요?
- 좋은 아침입니다.
- 좋은 오후 보내세요.
- 좋은 밤이에요.

말로 하는 포옹

소통하는 데 영상통화 같은 시각적 도구를 점점 더 많이 사용할수록, 직접 접촉하며 얻는 관계의 이점을 잃어버리게 되지는 않을까 하는 우려가 된다. 영상통화가 과연 직접 만나서 악수할 때의 따뜻한 체감 효과를 대체할 수 있을까? 나는 이를 알아내기 위해 폴 작Paul Zak 박사의 도움을 받았다. 우리는 온화한 언어의 사용이 상대방과의 직접적인 비언어적 접촉과 유사한 효과를 낼 수 있는지 알아내기 위한 실험을 수행했다. 포옹이나 하이파이브 같은 따뜻한 언어를 사용함으로써 과연 실제로 포옹하고 하이파이브하는 것과 똑같은 효과를 얻고, 마찬가지로 친밀한 관계를 형성하고 구축할 수 있을까?

우리는 이 실험에서 다음과 같은 온화한 언어를 사용했을 때, 실제로 사람들과 더 가까이 연결된다는 사실을 발견했다.

- 내 가상 포옹을 받아봐!
- 이건 디지털 하이파이브야!
- 카메라를 통한 주먹 인사야.
- 원격으로 뺨에 두 번 키스!

스마트워치로 피부 전도skin conductance를 측정했더니, 사람들은 "와주셔서 감사합니다"라거나 "만나서 반가워요" 같은 평범하고 중립적인 긍정적 시작 문구와 달리, 위와 같은 따뜻한 언어 신호를 들었을 때 실제로 친밀감을 느낀다는 사실을 발견했다.

이것은 음성으로 온화함을 전할 수 있는 쉬운 방법이다. 비언어적 온화함의 신호를 보내는 말을 사용하라. 정말로 포옹하고 싶다는 마음을 말로 전하라. 상대방에게 직접 만나서나 할 수 있는 악수 신호를 보냈다면, 상대방이 그것을 알게 하라. 나는 전화나 영상통화를 할 때, 심지어 문자나 이메일을 보내면서 따뜻함을 표현하고 싶을 때 그렇게 한다.

원칙

허용, 진정한 행복, 말로 하는 포옹 등으로
사람들에게 온화함을 전하라.

◉ 온화함의 음성 신호 #3: 감정을 실은 목소리

사람들이 당신의 말을 잘 듣지 않는 것 같다는 생각이 든 적이 있는 가? 아니, 그보다 더 심하게, 당신의 말을 지루해한다는 느낌이 든 적 이 있는가? 우, 나는 그 느낌이 어떤지 잘 안다. 하지만 좋은 소식이 있다. 사람들의 그런 태도는 대개 당신이 말하는 내용보다는 당신이 그 말을 어떻게 전달하느냐와 더 관련이 있다는 것이다. 그렇다면 얼 마든지 고칠 수 있지 않겠는가! 누군가의 말을 들을 때 우리는 두 가 지에 관심을 기울인다. 바로 **자신감**과 **감정**이다.

- **자신감**은 유능함의 신호다. 당신의 말을 진지하게 받아들이게 만 든다. 낮은 어조와 적당한 억양은 다른 사람들에게 '내가 기분 좋 게 말하고 있으니 당신도 분명 기분이 좋을 겁니다'라는 신호로 들린다.
- **감정**은 온화함의 한 측면으로, 당신을 흥미로운 사람이라고 생각 하게 만든다. 다양한 음성 변화와 활기찬 음성은 다른 사람들에 게 '정말 재미있는 걸 말하고 있으니 주의 깊게 들으세요'라는 신 호로 들린다.

우리는 '다양한 음성 변화'를 통해 음성 신호를 보낸다. 연구원들 은 우리의 뇌가 상대방이 보내는 음성 신호에 담긴 감정을 알아채는 데 10분의 1초밖에 걸리지 않는다는 사실을 발견했다. 음성은 상대 방에게 우리의 감정, 기분, 태도를 전달하는 주요한 방법이다.

직업 종사자 대부분이 감정은 메시지를 전달하는 데 방해가 된다고 생각하지만, 실제로는 오히려 메시지의 전달력을 향상시킨다. 감정은 사람들의 관심을 사로잡고, 우리 말에 더 귀를 기울이고 싶게 만든다. 말에 감정이 실려야 더 쉽게 기억된다.

사람들이 당신이 하는 말에 귀를 기울이게 하고 싶은가? 말에 감정을 실어라. 감정이 실린 다양한 음성은 말의 조미료와 같다. 예컨대 간호사들은 다양한 음성을 사용하며 환자에게 말할 때 더 따뜻해 보였다. 직장인은 감정을 숨기는 경향이 있다. 극성스러운 사람으로 보이거나 과장하는 사람으로 보이고 싶지 않기 때문이다.

감정 없이 말하면 편안하고 침착하게 들리지 않는다. 오히려 부주의하게 들린다. 당신의 말이 지루하게 들린다면 당신이 지루한 신호를 보내고 있다는 뜻이다. 당신의 아이디어가 자랑스럽다면, 평상시처럼 행동하지 마라. 감사와 강한 동기를 마음에 품고 말하라. 어떤 것에 관심이 있다면, 어중간하게 말하지 말고 당신의 생각에 힘을 싣고 그것을 강조하라.

다양한 음성 변화를 시도할 때는 스스로가 의식될 수 있다. 또한 지나친 열정을 가지고 있지 않다고 생각하는 편이 안전하게 여겨지기도 한다. 감정을 보여주면 다른 사람에게 당신의 약점이 노출될 수도 있지만, 그것이 바로 사람들의 관심을 더 강하게 끌어들인다!

특히 내성적인 사람은 자기 자신을 지나치게 의식해서 다양한 음성 변화를 사용하는 데 어려움을 겪을 수 있는데, 이에 대해서는 생각을 바꾸어야 할 필요가 있다. 당신은 지식, 실력, 아이디어 등을 축적하기 위해 열심히 노력했다. 당신은 자기 자신에 대한 관심이 아니라 아이디어에 대한 관심을 불러일으키고 있는 것이다. 다양한 음성 변화를 사용하면 그저 당신 말이 더 재미있게 들리는 것 이상의 도움을 받을 수 있다. 음성 변화는 당신뿐 아니라 사람들이 당신의 말에 더 관심을 기울이게 해주기 때문에 그들에게도 큰 유익이 되는 연결 고리 역할을 한다.

다양한 음성 변화의 사용을 가장 크게 방해하는 주범이 있다. 바로 원고를 사용하는 것이다. 대본은 완벽한 단어를 구사할 수 있게 해주지만, 말에 진정한 음성 변화와 감정을 담기 어렵게 만든다.

미국 커뮤니케이션 분석회사 콴티파이드 커뮤니케이션스 Quantified Communications의 데이터 과학자들은 소프트웨어를 사용해 기업인, 정치인, 연설가 등의 연설을 10만 개 이상 분석했다. 그들은 특히 단어 선택, 음성 신호, 표정, 제스처 신호 등 모든 것을 주의 깊게 살폈는데, **다양한 음성 변화를 10%만 더 사용해도 청중의 관심도가 훨씬 더 높아진다는 사실을 발견했다!**

나는 자신의 TED 강연을 좀 더 다듬고자 하는 강연자들과도 일을 하는데, 그들이 일반적으로 저지르는 공통적 실수가 두 가지 있다. 지나치게 원고에 의존한다는 것과 연습할 때 감정을 배제한다는 것이다. 한 의뢰인은 강연을 준비하며 가장 지루하고 단조로운 어조로 다음과 같이 말하면서 리허설을 시작했다. "오늘 여러분과 지난 10년간 일어난 가장 흥미로운 과학의 발전에 대해 이야기를 나누고자 합니다. 당신의 삶을 바꿀 놀라운 발전을 공유하게 되어 기쁩니다."

"잠깐, 잠깐만요." 내가 그를 저지했다. "정말 기쁩니까? 정말 흥분되나요? 별로 기쁜 것 같지 않은 표정인데요."

레이건 대통령에게서 얻은 교훈

로널드 레이건Ronald Reagan 전 대통령은 위대한 소통가로 잘 알려져 있다. 하지만 처음부터 그랬던 것은 아니었다. 그는 사회 경력 초기에 방송국 아나운서로 일했는데, 광고를 너무 지루하고 단조롭게 읽었다는 이유로 라디오 방송국에서 해고됐다. 그는 이 단점을 고치기 위해, 프랭클린 루스벨트Franklin D. Roosevelt의 '노변정담Fireside chats, 爐邊情談(대공황과 제2차 세계대전이라는 위기 상황에서 루스벨트 대통령이 30회에 걸쳐 국민과 허물없이 나눈 라디오 담화-옮긴이)'을 읽는 연습을 했다. 그는 루스벨트 대통령이 어떻게 이 담화문을 읽었는지 알고 있었지만, 다시 들어도 역동적으로 들렸다. 레이건은 이 담화문의 짧은 구절을 대화하는 어조로 바꿔 약간 변화를 주면 훨씬 더 좋게 들린다는 것을 깨달았다. 이후 그는 자기 생각을 머릿속에 단단히 기억한 다음 그것을 대화하는 듯한 음조로 말했다. 당신이 어떤 원고를 읽어야 한다면, 레이건의 교훈을 배워보라. 찾아보고 읽고 기억한 다음 대화하듯 말하라. (전직 대통령 연설문 작성자이자 작가인 제임스 C. 흄스James C. Humes의 책 『세계 최고의 화술』에서 따온 이야기이다.)

그가 되물었다. "물론이죠! 이건 놀라운 발견입니다. 나는 지난 20년간 이 연구에 매달려왔습니다. 이것이 세상을 바꿀 겁니다. 우리가 생각하는 방식에 완전히 혁신을 가져올 테니까요."

내가 말했다. "좋아요, 이제 정말로 흥분한 것 같군요! 아까 말할 때 그 감정은 어디에 있었지요?"

그가 대답했다. "음, 강연 시간을 맞추려고 너무 많이 연습하다가 감정을 싣는 것을 잊어버리고 말았군요."

우리는 그에게서 원고를 빼앗고 대신 감정을 채워줬다. 나는 또한 그가 즉석에서 원고 없이 말할 수 있도록 자신의 이야기 몇 개를 사용하도록 했다. 대본 없는 즉흥적인 발표를 할 때는 이야기와 감정을 사용할 것을 강력히 추천한다. 당신이 기억하고 싶은 몇 가지 주요 이야깃거리를 미리 만들어놓아라. 그러면 원고를 외워야 한다는 함정에 빠지지 않고 말에 진정한 감정을 실을 수 있을 것이다.

● 원고에 비언어적 신호를 삽입하라

팀 벨은 마거릿 대처에게 흥미로운 기술을 적용했다. 그는 그녀의 연설 원고에, 연설 도중 언제 레몬차나 얼음물을 마셔야 하는지를 알려주는 신호를 삽입했다. "우리는 그녀의 연설 원고를 펼쳐놓고 공개회의를 했습니다. 그리고 일시 정지해야 할 부분에 밑줄을 그려 넣었죠. 하지만 박수를 표시하는 밑줄은 넣지 않았지요. 청중이 그때 박수를 치지 않으면 그녀가 당황할 테니까요."

1976년 1월 13일에 작성된 대처 총리의 연설 대본이 하나 있는데, 여기에는 "목소리를 낮게 유지하고 긴장을 늦추되, 너무 느리게 말하지 말 것" 같은 메모가 표시돼 있었다. 이때는 대처가 이미 많은 연설을 경험한 이후였다. 1976년에 그녀는 국회의원을 거쳐 교육부 장관을 역임하고 야당의 지도자가 됐지만, 여전히 목소리를 어떻게 내야 하는지 등을 알려주는 표시를 연설 원고에 메모해놓고 있었다. 대처뿐 아니라 경험이 많은 그 외 연설가들도 원고에 알림 표시를 메모해놓는다.

이는 아주 강력한 도구로, 나는 이것을 비언어 원고라고 부른다. 비언어 원고는 당신의 원고나 노트에 알림 신호를 표시해놓는 것이

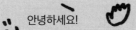

안녕하세요!

제 이름은 바네사 반 에드워즈입니다.

저는 오랫동안 오늘을 기다려왔습니다.

오늘 우리는 리더십의 과학에 대해 이야기해볼 것입니다.

'리더는 타고나는가, 아니면 만들어지는가?'라는 질문의 답을 찾아보고자

합니다. //

그리고 우리는 세 가지 다른 종류의 신호를 사용해볼 것입니다.

1. 보디랭귀지
2. 목소리 어조
3. 표정

저는 어색함을 극복하는 데 어려움을 겪었었는데, 이제 여러분과 함께 변화를 이끌어볼 겁니다.

다. 비언어 원고를 활용하는 가장 좋은 방법은, 다양한 음성 변화를 사용해야 할 곳, 강조해야 할 곳, 도움이 되는 제스처를 해야 할 곳이 떠오르도록 원고에 메모해놓는 것이다. 영화나 연극 대본을 읽은 적이 있다면 이 방법이 흔히 사용되지만 발표나 연설문 원고에는 잘 사용되지 않고 있다는 사실을 알 것이다! 적어도 지금까지는 말이다.

내가 청중들에게 처음 인사할 때 사용하는 샘플 원고를 보자.

"안녕하세요!"라고 말할 때 나는 미소를 지으며 청중에게 손을 흔들어 온화함을 최대한 끌어올린다. 또 낮은 목소리를 내면서 유능함을 표출하는 것도 잊지 않는다. 하지만 시작하는 문장에서 실수로 질

문식 어조를 사용하는 나쁜 습관을 고쳐야 했다. 그 습관을 고치는 데 비언어 원고가 큰 도움을 줬다. 비언어 원고는 **카리스마 함정**을 극복하는 데에도 도움이 된다.

나는 긴장하면 이름을 말할 때 우물거리는 경향이 있어서, 말하는 속도를 늦추는 연습을 해야 했다. 그래서 이름을 말할 때는 가슴에 손을 얹고 또렷하게 발음하려고 노력한다. 비단 나만이 아니다. 다른 사람들도 자기 이름을 말할 때 서두르곤 한다. 우리는 자신의 이름을 수만 번 들었겠지만, 청중은 대부분 처음 들어볼 테니 이름은 천천히 말하도록 하라.

"저는 오랫동안 오늘을 기다려왔습니다"라고 말할 때는 긍정의 의미로 고개를 끄덕이며 가능한 한 많은 관객과 눈을 맞추려고 한다.

나는 또 말을 빨리하는 경향이 있어서 원고에 '호흡을 가다듬기 위한 일시 정지' 표시를 해놓는다. 때로는 예화를 말할 때 지루한 느낌이 들기도 하는데, 이는 강의할 때마다 같은 이야기를 100번도 넘게 반복했기 때문이다. 그래서 나는 항상 내 원고의 이야기 부분에 굵은 점을 찍어놓는다. 이렇게 해놓으면 그 부분을 말할 때 실제 감정을 되살려 실감 나게 말하는 데 도움이 된다.

> **원칙**
>
> 다양한 음성 변화는 당신의 목소리를
> 더 흥미롭게 만들어준다.

비언어 원고를 사용하는 방법은 다음과 같다. 당신이 유명한 연출자의 도움을 받고 있다고 상상해보라. 그들이 우리 원고를 보면 과

연 무엇을 추가하거나 강조하라고 가르쳐줄 것 같은가? 원고에 어떤 감정과 조미료를 추가하라고 장려할 것 같은가?

- 자주 말을 멈추거나 빨리 말하는 습관 때문에 어려움을 겪고 있는 가? 일시 정지해야 할 곳에 밑줄을 긋는다.
- 너무 느리게 말하는가? 느리게 말하는 부분을 다른 색으로 표시한다. 나는 빨리 말해야 할 부분은 녹색으로, 느리게 말해야 할 부분은 빨간색으로 처리한다.
- 웃어야 할 부분을 놓쳤는가? 원고의 웃어야 할 부분에 '웃음'이라고 써놓거나 웃는 얼굴을 그려 넣는다.
- 어떤 부분에서 몸을 앞으로 기울이거나, 고개를 끄덕이거나, 강조해서 말하고 싶은가? 그 부분을 굵은 글씨로 쓴다든지, 여백에 알림 표시를 추가한다.
- 청중과 눈을 마주치는 것이 어려운가? 그 부분에 '눈을 들어 청중 바라보기→' 표시를 추가한다.

● 온화함의 음성 신호 #4: 환영의 음성

커피가 너무 마시고 싶은 어느 날 스타벅스 드라이브스루 매장의 창문 앞에 차를 세웠다. 그러자 아기가 크루아상을 달라고 소리쳤다(불행하게도 내 아이는 '크루아상'이라는 단어를 알고 있었다). 남편은 모카커피를 주문할 생각이었다. 내 앞에 있는 스피커에서 친근한 여성의 목소리가 흘러나왔다. "안녕하세요! 무엇을 드릴까요?"

"어디 보자, 모카 프라푸치노 하나하고요."

스피커 속 여성이 말했다. "음, 멋진 선택이십니다."

"그리고 크루아상 하나 주세요."

그녀는 "오우, 대단해요. 오, 그리고 또……"라고 말하면서 계속 주문을 격려하는 목소리로 중얼거렸다.

"아침 샌드위치 하나 추가해주시고요."

그녀가 계속 중얼거렸다. "음~ 맛있겠군요. 음~."

"참, 샌드위치 두 개 주세요."

스피커가 말했다. "아하, 좋은 생각이십니다."

나는 스피커 너머의 그녀가 훌륭한 주문 접수원이라는 느낌이 들기 시작했다. 그래서 또 무엇이 필요한지 생각해내려고 애썼다. "에~ 그리고 또……"라며 시간을 지체하자 그녀가 다시 말했다.

"오, 괜찮아요. 천천히 말씀하세요."

"아, 그래요! 아몬드 우유 커피 큰 컵으로 하나 더요."

그녀가 대답했다. "오, 좋은 생각이에요. 저도 그걸 좋아한답니다."

내가 "이제 다 됐어요"라고 말하자 그녀가 내 말을 반복하며(따라 하기) 말했다. "네, 다 하셨군요! 손님의 맛있는 주문이 곧 준비될 겁니다. 다음 창구로 가서 기다려주세요." 나는 확신, 격려받은 느낌, 즐거운 기분을 느끼며 차를 앞으로 움직였다.

이 놀라운 스타벅스 직원(그녀의 이름을 알았다면 좋으련만)은 내가 '환영 음성vocal invitations'이라고 부르는 방법을 사용했다. 환영 음성은 목소리를 사용해 다른 사람을 포용하고, 초대하고, 확신을 주고, 환영

하는 기술이다. 우리는 계속 이야기하도록 상대방을 격려하고, 동의를 표하고, 관심을 보이고, 귀를 기울이고 있다는 것을 보여주기 위해 환영 음성을 사용한다. 환영 음성에는 세 가지 유형이 있다.

첫째는 **경청의 소리**listening sound로, 특정 단어는 아니지만 기쁨, 관심, 흥미를 나타내는 감탄사다. 전형적인 경청의 소리로 아, 오, 우, 음, 우우, 으흠, 우후, 아하 같은 감탄사를 들 수 있다. 이런 감탄사는 누군가의 말에 귀를 기울일 때 내는 소리다. 이런 감탄사는 온화함을 즉시 높여주는 음성 신호다.

냉담하고 위협적으로 보인다거나 사람들을 긴장하게 만든다는 말을 들은 적이 있다면, 쉬운 해결책이 있다. **상대방에게 환영 음성을 사용해보라**. 상대방이 뭔가 흥미로운 말을 하고 있다면, '오'라고 대꾸하라. 상대방이 잠시 말을 멈추고 생각에 잠기면, '으흠'이라고 말하라. 상대방이 당신에게 인정을 구한다면, 고개를 끄덕이며 '우후'라고 말해보라. 상대방의 말에 편안함을 느꼈다면 눈썹을 치켜올리거나, 미소를 짓거나, 몸을 앞으로 기울여라. 환영 음성은 서로의 관계를 따뜻하게 해주는 훌륭한 방법이다.

환영 음성의 두 번째 유형은 따뜻하고 열정적인 소리로 '**격려하는 말**encouraging words'을 하는 것이다. 가장 많이 쓰이는 말은 '맞아요Yes', '와우Wow', '어서요Go on', '더 자세히 말해줘요Tell me more', '재미있는데Interesting', '정말요?Really?', '대단해요Great', '멋져요Fascinating', '알겠어요I see', '계속해요Keep going' 등이다. 이런 표현을 '말로 하는 눈짓'이라고 생각해도 좋다. 일반적으로 이 방식을 활용할 때는 세 단어 이하를 사용해서 상대방의 말을 강조하거나 상대방이 말을 계

Fun Tip | 표현력이 부족한 사람들

지나치게 금욕적인 사람들, 즉 얼굴이나 몸짓 등의 표현력이 부족한 사람들 Under-Expressers에게 특히 유용한 방법이 있다. 비언어적인 표현력이 부족하다면 목소리 쪽을 미묘한 방식으로 더 활용해보라. 내 수강생 가운데 표현력이 부족한 사람들은 손짓이나 미소를 많이 사용하기보다 조용한 목소리로 '아하' 또는 '음'이라고 말하는 것을 더 자연스럽게 느낀다.

속하도록 격려한다.

환영 음성의 마지막 세 번째 유형은 **상대방의 음성 따라 하기**vocal mirroring으로, 다른 사람의 소리, 단어, 환영 음성을 예민하게 따라 하는 것을 말한다. 스타벅스의 주문 접수원이 이 방법을 알고 있었는지 모르겠지만, 그녀는 내게 음성 따라 하기를 행했다.

대화를 잘하는 사람들은 자연스럽게 서로를 따라 한다. 어쩌면 그것이 그들을 훌륭한 대화자로 만드는지도 모른다. 상대방을 따라 하면 우리의 신호가 증폭될 뿐 아니라 상대방의 신호에 동기화된다. 상대방의 환영 음성을 따라 할수록 서로를 더 신뢰하게 된다. 상대방이 말하는 동안 내가 '아하'라고 말하면, 이는 '상대방의 말에 관심이 있다'는 표현이다. 그다음에 내가 말할 때 상대방이 '아하'라고 말하면 이는 그가 내 말에 귀를 기울이고 있음을 보여준다. 그러면 우리는 말하지 않아도 같은 생각을 하고 있다는 것을 안다.

상대방과 동기화되어 강한 유대감을 구축하면 우리는 서로 비슷한 단어, 비슷한 환영 음성, 비슷한 어조를 사용하기 시작한다. 이 같은 음성 따라 하기는 자연스럽게 일어나지만, 의도적으로 사용해서 관계를 촉진할 수도 있다.

나의 수강생 중 한 분은 비밀 경찰관이다. 그는 강한 스트레스 아래 있는 사람들을 수시로 만나는데, 그들과 빠르게 관계를 구축하기 위해 항상 음성 따라 하기를 사용한다. 그는 그들의 언어 표현, 환영 음성, 심지어 그들이 사용하는 **단어의 유형**까지 따라 한다. 그들이 트럭이라는 단어 대신 굴착기라는 단어를 사용하거나, 탄산수를 말할 때 '팝pop'이라는 단어 대신 소다soda라는 단어를 사용하면 자기도 그대로 따라 한다고 했다. 그의 경험에 따르면, 그러면 빠르게 신뢰를 구축할 수 있다. 이는 부정직한 행동이 아니라, 함께하는 사람들에게 존경과 관심을 보이는 그만의 방법이다.

나는 그에게서 의뢰인이 사용하는 용어를 연구해야 한다는 것을 배웠다. 그래서 프레젠테이션을 하기 전에, 상대방이 의뢰인client이라는 단어를 사용하는지 고객customer이라는 단어를 사용하는지, 또는 판매 설명sales pitch이라는 단어를 사용하는지 제안서proposal라는 단어를 사용하는지 알아낸 다음, 프레젠테이션에 사용할 단어를 그에 맞게 고친다.

한 연구에서, 회사원들이 급여 협상을 할 때 음성 따라 하기를 얼마나 사용하는지를 조사했다. 그 결과 연구원들은 음성 따라 하기를 더 많이 사용한 직원이 최종 급여 협상에서 더 많은 급여를 확보한다는 사실을 발견했다.

어떻게 하면 진정성 있는 음성 따라 하기를 할 수 있을까? **섬세하고 자연스럽게 하는 것이 가장 중요하다.** 좋아하는 단어가 들리면 바로 시도해보라! 누군가가 당신의 확답을 구한다면 이를 쉽게 구사할 수 있다. 그들이 "동의합니까?ok?"라고 물으면 "동의합니다!ok!"라고 말하기만 하면 된다. 그들이 "이해하셨습니까?Got it?"라고 물으면 "이해했습니다!Got it!"라고 말하기만 하면 된다. 그들이 당신의 말을 들으면서 "아하!"라고 말하면 당신도 "아하!"라고 대꾸하기만 하면 된다.

물론 따라 하기를 지나치게 하면 안 된다. 그러면 앵무새처럼 들릴 수 있다. 다만 환영 음성 몇 가지를 섬세하게 구사하면, 내성적인 사람을 격려하거나, 새로운 친구를 사귀거나, 당신에게 중요한 사람을 진정시킬 때 유효할 수 있다.

몇 년 전, 나는 팀원들과의 관계 구축에 어려움을 겪고 있는 한 신임 관리자를 상담했었다. 나는 그와 전화 몇 통을 하고 나서 무엇이 문제인지 즉시 알 수 있었다. 그는 내가 '**거부의 음성**vocal denial'이라고 부르는 신호를 보여주고 있었다.

거부의 음성은 환영 음성과 정반대되는 신호다. 이 음성의 단어나 소리에서는 싫어함, 동의하지 않음, 혐오감이 드러난다. 그런 표현은 사람들을 낙담시킨다. 대개 '이런!Ooof', '아이쿠Eeek', '이봐Oy', '으이구Eeesh', '아이고!Ay-ya-ya!' 같은 소리를 동반하거나, '안 돼No', '웩 yuck', '아니Nope', '앗Yikes', '아야Ouch' 같은 짧은 단어로도 표현된다.

거부의 음성은 실수로도 흔히 사용된다! 이 신임 관리자는 팀원들의 말을 들으면서 '아이쿠'라는 말을 남발했는데, 자신은 그런 말을 하는지도 모르고 있었다. 그는 그 소리를 자연스럽게 내뱉었지만 그런 신호는 대화 상대자를 낙담시켰다. 회사에서 그들의 위치를 생각해보라. 그런 부정적인 음성 피드백을 받으면 직원이 그에게 생각을 공유하고 싶겠는가?

물론 거부의 음성을 의도적으로 사용할 수도 있다. 예를 들어, 확실한 거부 의사를 표하는 언어를 회피하거나 대체하기 위해 거부의 음성을 사용할 수 있다.

문제는 거부의 음성이 위협적이라는 것이다. 하지만 거부의 음성과 환영 음성은 모두 사회적 두려움을 줄이면서 대화할 수 있는 방법이다. 거부의 음성을 대화에 올바르게 배치하면, '당신의 생각에 동의하지 않습니다'라고 노골적으로 말하지 않더라도 상대방의 말에 동의하지 않는다는 의사를 은근하게 알릴 수 있다. 실제로 상대방 앞에서 대놓고 그런 말을 하려면 더 큰 노력과 용기가 필요하기 마련이다.

2018년에 우리는 소규모의 청중을 대상으로하는 '피플 스쿨 People School'이라는 강좌를 촬영하기 위해 큰 스튜디오를 빌렸었다. 나는 아주 많이 긴장했다. 20명의 새 수강자를 상대로 3일 동안 강의하기 위해 맞춤형 세트를 준비했고, 제작진만 열두 명에 여러 대의 카메라가 돌아가고 있었다. 모든 것을 준비하는 데 비용이 많이 들었기 때문에 제시간에 끝내야 한다는 압박감도 컸다.

그런 상황에서 수강생 중 한 명인 밥의 목소리가 내게 결정적 도움을 줬다. 밥의 목소리는 표현력이 풍부했고, 흥미를 느끼면 혼잣말로 만족스러운 듯 '으음' 하고 중얼거렸다. 그가 의식했는지 아닌지는 모르지만, 그가 몇 분마다 내는 '으음' 하는 소리가 내게 큰 격려가 됐다. 내가 새로운 연구나 사실에 관해 이야기할 때면 그는 큰 소리로 '아하!'라는 소리를 냈는데, 조용한 방음 스튜디오에서 그의 음성은 내게 더 많은 자신감을 줬다.

그는 또 진정한 웃음소리를 호탕하게 낼 줄 아는 사람이었다. 강의하면서 내가 다소 어색한 농담을 했어도 그의 호탕한 웃음소리는 다른 사람마저 진심으로 웃게 만들었다. 내가 요점을 강조할 때는 그의 섬세한 격려 음성이 내가 선 자리까지 들릴 정도였다.

그의 환영 음성은 가르치는 내게 훌륭한 선물이었다. 그가 청중석에서 작은 음성 응원을 보내면서 강의를 계속할 수 있는 에너지를 내게 주는 것 같았다. 가장 중요한 점은 그의 그런 환영 음성이 다른 수강생들에게도 격려가 됐다는 것이다! 나는 그가 '아하!'라고 말할 때 다른 수강생들도 눈을 들어 올리고 고개를 끄덕이는 모습을 봤다. 그가 웃으면 다른 수강생들도 함께 웃었다. 그의 환영 음성이 모든 사람에게 따뜻함을 선물한 것이다.

원칙

환영 음성은 다른 사람에게
따뜻함, 격려, 감사를 선물해준다.

● 온화함의 음성 신호 #5: 롤모델 생각하기

음성 게임을 하나 해보자. 다음 질문에 대한 답을 큰 소리로 말해보라. 당신 곁에 사람이 있다면 동참할 의향이 있는지 물어보라.

버전 A: 당신이 가장 좋아하는 음식에 대해 자세히 말해보라. 어떤 음식인가? 어디서 먹을 수 있는가? 얼마나 맛이 좋은가?

잠시 멈추고 심호흡을 하라. 이제 버전 B로 들어가보자.

버전 B: 당신이 스티브 잡스라고 가정해본다. 이를 위해 잠시 그가 된 것처럼 생각을 집중해보라. 스티브 잡스처럼 서보거나 앉아본다. 그가 손을 든 것처럼 당신도 똑같이 손을 들어본다. 당신이 스티브 잡스인 것처럼 생각을 집중하면서 당신이 가장 좋아하는 음식에 대해 자세히 말해보라. 어떤 음식인가? 어디서 먹을 수 있는가? 얼마나 맛이 좋은가?

스티브 잡스처럼 행동할 때 당신의 목소리가 다르게 들렸는가? 목소리가 더 커졌는가? 더 많은 단어를 강조했는가?

우스꽝스러워 보이지만 이는 실제 수행된 실험이다. 연구원들이 학생들에게 스티브 잡스가 된 것처럼 집중해서 그에 대해 생각하라고 요청하자, 학생들이 즉시 자신이 더 나은 연설가가 된 느낌을 받는다는 사실을 발견했다! 좀 더 구체적으로 말하자면, 학생들이 잡스에 대해 집중해서 생각하자 그들은 청중과 더 의도적으로 눈 맞춤을 했고, 더 나은 목소리를 내기 시작했으며, 더 크게 말했고, 더 명확한 제스처를 사용했다.

결국 이 연습이 사람들의 보디랭귀지와 카리스마 있는 음성을 향상시킨다는 결과를 내면서, 연구원들은 대중 연설의 수준을 높이는 빠른 방법 가운데 하나로 **연설 롤모델**을 집중적으로 생각하는 방법을 추천하고 있다.

당신의 연설 롤모델은 누구인가? 좋아하는 TED 강연자, 팟캐스터, 프로그램 진행자가 있는가? 집중해서 그들에 대해 생각하라! 나의 연설 롤모델은 심리 전문가 브레네 브라운Brené Brown, 영화배우 겸 감독 트레이시 엘리스 로스Tracee Ellis Ross, 동기 부여 작가이자 연설가 멜 로빈스Mel Robbins 등이다. 나는 그들의 연설에서 진정성, 재미, 신뢰감을 모두 발견한다.

이 시각화 과정은 뭔가를 하기 위한 준비 훈련으로 매우 효과적이다. 다음에 중요한 전화를 걸기 전에 또는 중요한 발표를 준비할 때, 당신이 가장 좋아하는 연설가의 동영상을 보면서 호흡을 가다듬어보라. 당신의 연설 롤모델처럼 첫 문장을 사용하는 요령과 요점을 강조하는 기술을 연습해보라.

● 영향력 있는 목소리를 위한 준비운동

당신의 목소리가 가장 온화하면서도 가장 카리스마 있게 들리게 하려면, 중요한 일을 하기 전에 당신의 목소리를 준비시켜야 한다. 목소리의 카리스마를 높이려면 다음에 열거한 기술을 사용해보라.

남들이 볼까 봐 부끄럽다면 당신만의 개인 공간을 찾아라. 이 기술은 조용히 실행하기 어렵다.

1. **숨을 깊게 들이마셔라.** 어깨를 올리며 숨을 들이마시는 것이 아니라 숨을 들이쉴 때 어깨를 아래로 내려놓는 것이 요령이다. 좋은 목소리를 내기 위한 호흡은 모두 배에서 이루어진다.

2. **자세를 교정하라.** 어깨를 아래로 내리고, 두 발을 넓게 벌리며, 손등을 밖으로 향하게 해서 내려뜨린다.

3. **발성 연습을 하라.** 나는 모든 중요한 통화나 연설에 들어가기 전에 좋아하는 노래를 혼자 흥얼거린다. 2, 3분 정도밖에 걸리지 않지만 다양한 발성을 할 수 있도록 성대를 준비시키는 좋은 방법이다. (내가 사전에 목소리 준비 연습을 어떻게 하는지 배우고 싶다면 scienceofpeople.com/cues/cues-bonuses를 확인하라. 쉿 동작, 콧노래, 구호 외치기, 발성 연습 등 모든 것이 들어 있다.)

4. **시간이 몇 분 남는가?** 당신이 가장 좋아하는 연설가의 동영상을 스마트폰으로 시청하고 그의 흐름을 연습해본다. 특히 처음 30초의 문장과 마지막 30초의 문장을 집중적으로 연습한다.

이 준비운동 페이지를 사진으로 찍어서 다음 중요한 일을 위해 저장해둬라. 당신은 할 수 있다.

목소리 카리스마를 다이얼처럼 조절할 수 있다는 것을 기억하라. 온화함을 높이고 싶다면 온화함 신호를 더 많이 사용하라. 능력을 높이고 싶다면 유능함 신호를 더 많이 사용하라. 최고의 카리스마를 보이고 싶다면 잘못된 질문식 어조, 보컬 프라이, 거부의 음성 같은 위험 구역의 음성 신호는 피하라.

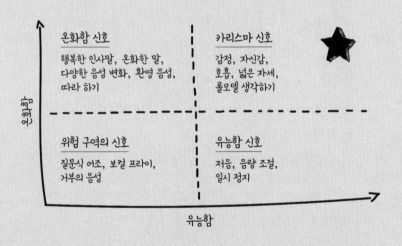

온화한 음성 신호를 실행해보자. 이제 신호 차트에 음성 신호가 추가됐다.

신호	디코딩	인코딩	내면화
카리스마 있는 인사말	누가 가장 인사말을 잘하는가?	웃는 얼굴의 인사말, 숨을 내쉬면서 하는 인사말 등 몇 가지 다른 버전의 인사말을 만들어보고, 당신에게 가장 멋지게 들리는 인사말을 찾아보라.	누군가와의 대화가 행복할 때, 당신의 행복함을 나타내 보여라. 누군가와의 대화가 즐겁지 않을 때, 상대방에게 그것을 알리고 싶다면 즐겁지 않다는 것을 나타내 보여라! 누군가에게 더는 전화하지 말라고 요청하고 싶은가? 그들에게 가상 하이파이브나 디지털 포옹을 보내라.
친절하고 온화한 음성	대화 상대방에게 환영받는다는 느낌을 받는가? 어떤 사람이 당신을 환영하지 않는다는 느낌을 주는가? 그 이유는 무엇인가?	몇 가지 다른 온화한 음성을 시도해보고 당신과 당신의 성격에 맞는 것을 찾아보라.	누군가에게 따뜻하고 포근한 느낌을 전하고 싶은가? 그들에게 가상 하이파이브나 디지털 포옹을 보내라.
음성 감정	감정이 부족한 사람을 알고 있는가? 그가 냉정하게 느껴지는가? 그들의 목소리에 주의를 기울여보라. 목소리가 주요 원인일 수 있다.	당신 자신이 지루해지거나 당신의 목소리가 지루하게 들린다면, 더 많은 예화를 사용하고 더 많은 경외감을 공유하라.	감정을 표현하기가 어려운가? 처음에는 약간 바보스럽게 느껴질 수 있겠지만, 천천히 시작해보라. 한 가지 신호를 선택해 자신감이 생길 때까지 시도해보라!

신호	디코딩	인코딩	내면화
환영 음성	가장 좋아하는 환영 음성은 무엇인가? 나는 사람들이 '아하!'라고 말할 때를 좋아한다. 어떤 환영 음성이 당신을 가장 격려하는가?	당신에게 가장 자연스럽게 느껴지는 환영 음성은 무엇인가? 모두 시도해 보라!	실수로 거부의 음성을 사용하는가? 당신이 최근에 한 연설이나 통화 녹음본을 듣고 당신의 음성을 확인해 보라.
롤모델 생각하기	당신 주변 사람 가운데 음성 카리스마가 뛰어난 사람은 누구인가? 그들로부터 배우도록 노력하라.	음성 롤모델이 될 만한 사람 몇 명을 찾아 따라 해보라. 스티브 잡스, 오프라 윈프리, 멜 로빈스처럼 말해보고, 누구의 음성이 당신에게 가장 잘 어울리는지 보라.	당신 자신을 음성 롤모델로 삼을 수 있는가? 훌륭한 발표를 하거나 회의를 성공적으로 이끈 적이 있는가? 영감을 받아야 할 필요가 있을 때마다 그 녹음 파일을 꺼내 듣도록 하라!

9장

영향력 있는 사람은 사용하는 어휘가 남다르다

1996년 사비르 바티아Sabeer Bhatia와 잭 스미스Jack Smith는 새로운 웹 제품에 대한 아이디어를 설명하러 다니느라 여념이 없었다. 두 사람은 벤처 투자자들을 상대로 몇 달 동안의 설명회와 스무 번이 넘는 미팅을 하고 나서야 마침내 30만 달러의 종잣돈을 투자받을 수 있었다. 그 정도면 그들이 현재 다니고 있는 직장을 그만두기에 충분한 돈이었다. 그들은 재빠르게 첫 번째 버전의 사이트를 구축했고, 1996년 3월 27일, 핫메일닷컴Hotmail.com이라는 도메인을 구입했다.

출시가 가까워지면서, 이제 그들의 가장 큰 고민은 이 사이트를 어떻게 성장시킬 것이냐 하는 문제였다. 어떻게 하면 사이트의 이름을 세상에 알리고 수백만 명의 사용자를 끌어모을 수 있을까? 옥외 광고와 라디오 광고도 생각해봤지만, 그럴 만한 돈이 없었다. 바로 그때 문득 한 가지 생각이 떠올랐다. 사람들은 보통 이메일을 어떻게 사용하는가? 사람들은 다른 사람에게 메시지를 보낼 때마다 이메일을 사용한다. 그래서 두 사람은 핫메일에서 보내는 모든 이메일의 맨 아래에 한 줄짜리 메시지를 삽입하기로 했다.

그런데 그 한 줄에 어떤 메시지를 담아야 할까? 직설적인 광고? 도움을 호소하는 문구? 두 사람은 사람들의 마음을 따뜻하게 해주는 느낌과 직설적인 광고를 모두 담는다는 결정을 내렸다. 그들은 마침내 다음 문구를 생각해냈고 모든 이메일의 맨 아래에 다음 한 줄의 메시지를 넣었다. "추신: 당신을 사랑합니다. Hotmail.com에서 무료 이메일을 받아보세요."

몇 주 만에 핫메일의 인기는 폭발적으로 증가했다. 물론 바티아와 스미스가 '추신'이 이메일에서 매우 잘 읽히는 부분 가운데 하나라는 사실을 알았던 건 아니다. 나중에 커뮤니케이션 컨설턴트이자 저자인 프랭크 런츠Frank Luntz 박사가 **이메일에서 시작하는 문장 다음으로 많이 읽히는 부분이 추신**이라는 사실을 발견해냈다.

핫메일의 설립자인 두 사람은 그 단순한 문장이 사용자를 폭발적으로 늘린 가장 큰 원동력이었다고 말한다. 〈테크크런치TechCrunch〉는 "핫메일 가입자 가운데 80%는 친구에게서 받은 메일에서 핫메일을 알게 됐다고 말했다"라고 보도했다. 그로부터 불과 1년 후, 핫메일은 마이크로소프트에 4억 달러에 인수됐다. 바티아와 스미스는 사람들에게 신호를 보내며 가장 올바른 단어를 사용했을 뿐이다. 당신은 올바른 신호를 보내기 위해 어떤 단어를 사용하고 있는가?

● 온화함의 단어, 유능함의 단어

처음 보는 사람에게 게임을 하자고 요청한다고 가정해보자. 이 게임의 원래 이름은 '커뮤니티 게임Community Game'이지만 그 사람에게는 '월스트리트 게임Wall Street Game'이라고 말한다. 당신은 게임 이름이 게임 참여자들에게 영향을 미치리라고 생각하는가?

그에 대한 올바른 대답은 "그렇다"이다! 연구팀은 이 게임을 한 그룹에는 커뮤니티 게임(온화함의 제목)이라고 설명했고, 다른 그룹에는 월스트리트 게임(유능함의 제목)이라고 소개했다. 실제 게임의 규칙은 같았지만, 어떤 그룹이 더 협력을 잘했는지 추측해보라. 커뮤니티 게임에서는 참가자들의 3분의 2가 협력적 자세를 보였지만, 월스트리트 게임에서는 참가자들의 3분의 1만이 협력적 태도를 보였다. 그저 하나의 언어적 신호를 바꾸었을 뿐인데 그 그룹 사람들의 행동 방식이 바뀐 것이다.

당신은 당신의 회의를 뭐라고 부르는가? 당신이 요청한 이름? 당신의 팀원 이름? 당신 자신의 이름? 당신이 어떤 단어를 사용하느냐에 따라 사람들의 행동과 당신에 대한 인식이 바뀐다. 이는 당신의 카리스마를 조절하는 쉬운 방법이기도 하다. **온화함을 보이고 싶다면, 더 따뜻한 단어를 사용하라. 유능함을 보여주는 것이 목표라면, 유능함의 단어를 사용하라.**

따뜻한 단어는 친근함, 신뢰, 낙관주의를 전달한다. 바로 '유대감', '협력', '행복', '함께' 같은 단어들이다. 따뜻한 단어는 미소나 머리 기울임과 같은 효과를 낸다. 따뜻한 단어는 말 그대로 따뜻하고 포근한 느낌을 줌으로써 우리를 더 연결해주고 더 관심을 갖게 해주고 더 귀를 기울이게 만든다. 나는 이모티콘과 느낌표도 따뜻한 신호라고 생각한다. 한 연구에 따르면, 회사의 고객서비스 직원으로부터 문자를 이모티콘은 이메일, 문자, 프로필 소개, 채팅 등에 비언어적 신호를 추가하는 좋은 방법이다. 감정을 전달하기 위해서는 그에 맞는 이모티콘을 사용하는 것이 중요하다.

받은 고객들은 이모티콘을 사용한 직원들을 더 높이 평가했고 더 호의적이라고 여기는 것으로 나타났다.

반면 유능함의 단어들은 힘, 지식, 유효성 등을 전달한다. 바로 '머리를 맞대다', '효과적', '생산적', '과학적' 같은 단어들이다. 유능함의 단어는 스티플링, 의도적인 제스처 등과 같은 효과를 낸다. 유능함의 단어는 우리에게 동기를 부여하고, 무엇이든 할 수 있으며, 우리가 마땅히 있어야 할 올바른 상황에 처해 있다고 느끼게 해준다. 데이터, 도표, 연구 자료 등은 모두 유능함의 신호들이다.

본질적으로 의미가 너무 좋아서 온화함과 유능함을 모두 나타내는 카리스마 단어도 몇 가지 있다. 예를 들어 '자신감', '위대한', '창의적' 같은 단어는 낙관주의와 흥미를 함께 유발하기 때문에 온화함과 유능함을 모두 보여준다.

위험 구역 단어들은 부정적이거나 아예 신호를 거의 보내지 않는다. 위험 구역에서 우리는 무미건조함과 싸운다. **위험 구역에서 우리는 대개 지나치게 부정적인 단어를 사용한다기보다 그저 지루한 단어들만 사용하기 때문이다.**

아직도 어떤 단어가 온화한 단어인지, 어떤 단어가 유능함의 단

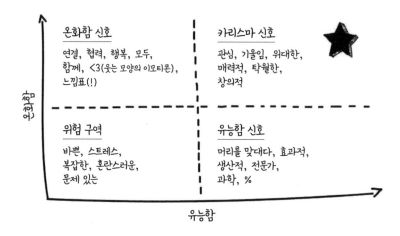

어인지, 어떤 단어가 지루한 단어인지 잘 모르겠다고? 사실 이것은 과학이라기보다는 예술에 가깝다. 단어 하나가 당신에게 어떤 생각을 가져다주는지 생각해보라. 또 어떤 사람, 상징, 사물이 당신에게 따뜻함이나 능력을 상기시켜주는가? 이 정도만 알아도 충분하다!

● 언어 신호를 의도적으로 선택하라

업무 커뮤니케이션이 점점 더 부실해지고 있다. 카리스마 신호가 전혀 보이지 않는 것이다. 이 얼마나 큰 낭비인가! 나 역시 늘 무심코 다음과 같이 이메일을 보내곤 했다. 무엇이 문제인지 보이는가?

브라이언

다음 주 회의는 다 준비됐습니다. 제가 프로젝트 개요서와 샘플 제안서를 준비했으니 회의에서 모두 함께 검토할 수 있을 것입니다. 질문 있으시면 말씀해주시기 바랍니다. 변동 사항 있으면 알려주세요.

바네사

첫째, 너무 지루하다. 둘째, 카리스마 신호가 전혀 없다. 이 이메일은 기본적으로 상대방에게 뇌를 그냥 닫아달라고 요청하는 것과 다름없다. 무료한 단어기 남발되어 어떤 감정도 표현하지 못한다.

우리는 이메일을 통해 요점 이외에도 훨씬 더 많은 것을 전달할 수 있다. 언어적인 신호 몇 가지만 추가해도 그저 그런 메시지를 훌륭한 메시지로 바꿀 수 있다. 다음 이메일은 위 이메일과 분량은 비슷하지만 완전히 다른 느낌을 준다.

안녕하세요, 브라이언,
다음 주에 당신과 함께 일할 것을 생각하니 벌써 기대됩니다. 제가 우리 모두에게 바람직한 결과를 가져다줄 목표 워크시트와 개요서를 준비할 것입니다. 우리는 함께 어려움을 극복하고 모든 것을 끝까지 해낼 수 있을 것입니다. 어떤 질문이든 기꺼이 답해드리겠습니다. 안녕히 계세요.

바네사

밑줄 친 단어들이 카리스마 신호다. 이 이메일에는 '목표', '함께', '행복', '바람직한' 같은 온화한 단어뿐만 아니라 '기대', '결과', '어려움을 극복하고 끝까지 해냄'과 같은 유능함의 단어도 들어 있다. 사람들이 '함께', '행복'과 같은 문구를 들으면, 실제로 '함께해서 행복하다'는 느낌을 받는다.

알다시피 우리는 '협력'이라는 단어를 읽으면 실제로 더 협력적으로 변한다. 또 '함께', '우리', '우리의', '우리에게', '모두' 같은 단어를 들으면, 서로 더 연결되어 있다는 느낌을 받는다. 누군가가 우리에게 "기꺼이 질문에 답해드리겠습니다"라고 하는 말을 들으면, 우리는 질문하는 것이 두렵지 않고 안전하게 느껴진다. 많은 사람이 자신이 쓴 지루하고 무료한 이메일에 따뜻함이 들어 있으리라고 생각하지만, 그런 생각만으로 실제로 유대감이 생기지는 않는다.

당신이 선택한 언어적 신호가 당신과 당신 팀의 성공에 도움을 줄 수 있다. 이제부터 언어적 신호를 조금 더 의도적으로 사용할 수 있는 방법에 대해 알아보기로 하자.

1단계: 이메일 감사를 수행하라

당신은 카리스마 있게 의사소통하는가? 한번 알아보자! 당신이 다른 사람에게 온화함과 유능함을 전달하기 위해 어떤 종류의 신호를 사용하는지 알아보려면 **이메일 감사**email audit를 해보면 된다.

이메일 감사를 수행하는 방법은 다음과 같다.

- 이메일의 보낸 편지함 폴더를 연다.
- 가장 최근에 보낸 중요한 메시지 다섯 개를 선택한다.
- 온화한 단어를 얼마나 많이 사용했는지 그 수를 센다.
- 유능함의 단어를 얼마나 많이 사용했는지 그 수를 센다.

- 카리스마 단어를 얼마나 많이 사용했는지 그 수를 센다.
- 마지막으로 '문제', '실수', '나쁜', '스트레스' 같은 부정적인 단어를 사용했는가?

어떤 패턴이 보이는가? 수천 명의 학생이 이 감사를 수행했는데, 그들은 대개 어느 한 가지 유형의 신호(과도하게 온화한 단어나 과도한 유능함의 단어)를 많이 사용한다는 것을 알게 됐다. 이는 그들이 앞서 배운 카리스마 척도의 한 부분에 치우쳐 있다는 증거다.

또한 보통은 카리스마 신호를 거의 사용하지 않는 것으로 나타났다. 그들 소통의 대부분은 위험 구역에 매우 가까운 것으로 드러났다.

누구에게 보내느냐에 따라 당신이 사용하는 단어의 유형이 달라진다는 걸 알아챘을지도 모른다. 상사에게 이메일을 보낼 때는 유능함의 단어를 많이 사용하고, 동료에게 이메일을 보낼 때는 온화한 말을 많이 사용하지 않는가? 이는 사람들이 당신을 다르게 대하는 이유가 될 수 있다. 당신이 그들에게 그렇게 하도록 신호를 보내기 때문이다.

온화한 말을 많이 사용한 이메일의 예를 보도록 하자.

안녕, 로드!
어제 새로운 제안을 하며 당신과 함께 일할 수 있어서 정말 좋았습니다. 언제나처럼 당신과 협력하는 것은 정말 멋진 일입니다! 우리가 정말로 특별한 일을 하게 될 것이라는 생각이 드는군요. 오늘 내가 해야 할 부분을 끝내면 다음에 함께 검토할 수 있기를 바랍니다.

=) 안녕히 계십시오.

안드레아

다음은 유능함의 말을 사용한 같은 이메일이다.

로드 귀하,

어제 강력한 토의 세션을 한 것에 감사드립니다. 이 새로운 제안은 완전히 시의적절합니다. 우리는 이 제안으로 곧 다음 단계로 나아 갈 거라고 생각합니다. 오늘까지 내가 해야 할 부분을 마무리하면 더 빨리 진행될 것입니다. 그럼 다음에 또.

안드레아

위 두 메일의 단어 수는 거의 비슷하지만, 전혀 다른 신호를 보내고 있다. 그리고 물론 두 이메일 모두 무료하지 않다는 점에 주목하라. 이메일을 쓸 때는 수신자에게 알리는 정보뿐만 아니라 수신자가 어떤 감정을 느낄 것인가까지도 생각해야 한다. 단지 당신의 의사소통에 단어 몇 가지를 추가하라는 뜻이 아니다. 의도적으로 단어를 선택해야 한다는 의미이며, 그렇게 하면 당신(또는 당신 팀)은 소기의 목표를 달성할 수 있을 것이다.

바티아와 스미스는 물론 "추신: 당신을 사랑합니다. Hotmail. com에서 무료 이메일을 받아보세요"라는 이 간단한 한 문장에 온화함의 단어와 유능함의 단어가 완벽하게 조화를 이루고 있다는 사실을 알지 못했을 것이다. "당신을 사랑합니다"는 동서고금을 막론하고 가장 온화한 문구이며, 사람들에게 사랑하는 이들을 떠올리라는 신호를 보낸다. 그리고 뭔가를 무료로 받을 수 있다는 환영의 말은 그것을 얻거나 달성하거나 도달할 수 있는 우리 능력을 촉발하는 듯하지 않는가? 이 문장 하나가 그들의 말을 더 카리스마 있게 만들고 사람들이 메일을 더 많이 공유하도록 격려했다. 마지막 한 줄이 세상을 완전히 바꾸어놓은 것이다.

나는 링크드인이 내게 보낸 이메일에서 온화함의 단어와 유능함의 단어가 완벽하게 조화를 이룬 것을 보고 감명을 받았다. 그들은 내게 "당신의 전문지식이 필요합니다"라는 제목의 이메일을 보내왔다. 구체적인 유능함의 단어를 구사한 이 제목만으로도, 나를 절실히 필요로 한다는 느낌을 받을 수 있었다. 이어서 이메일 상단에 "링크드인은 당신의 의견을 듣고 싶습니다!"라는 따뜻한 머리글을 사용함으로써 유능함의 말을 사용한 제목과 균형을 맞추었다.

의도적이든 우연이든, 그들은 이메일 본문에서도 온화함의 말과 유능함의 말을 균형 있게 사용했으며, "시간을 내주셔서 감사드립니다. 안녕히 계십시오"라는 최고의 인사말로 끝을 맺었다.

정확하게 배치된 몇 개의 신호가 큰 차이를 만들어낸다.

> **원칙**
> 당신이 글에서 사용한 단어는
> 비언어적 신호만큼이나 온화함, 유능함, 카리스마를 보여준다.

2단계: 지루하게 만드는 단어는 금물

지루한 회의는 오늘날 직장인이 직면하는 큰 위기 가운데 하나일 것이다. 당신의 회사 회의도 판에 박힌 방식으로 진행되고 있지 않은가? 대부분의 영상통화나 전화 회의는 지루하고 무미건조한 방식으로 시작되는 듯하다. 바로 이런 식이다.

안녕하세요, 여러분. 오늘 우리는 몇 가지 주간 업데이트를 검토할 것입니다. 이번 주 초에 이메일로 여러분에게 보내준 문서를 검토한 다음 마지막으로 질문 시간을 갖도록 하지요. 사람들이 로그인하는 동안 잠시 기다렸다가 몇 분 후에 시작하도록 하겠습니다.

여기에 사용된 단어들은, 이번 회의도 여느 회의와 다르지 않을 것이라는 말 외에 새로운 말은 거의 전달하지 못하고 있다. 이는 시작도 하기 전에 새로운 의사소통을 할 기회를 놓치는 것과 다름없다. 이 따분한 시작 문장에 카리스마를 불어넣어보자. 이번에도 단어 수는 크게 다르지 않지만 온화함과 유능함의 신호를 모두 사용할 것이다.

팀원 여러분, 행복한 월요일입니다! 여러분 모두를 다시 보게 되어 정말 기쁩니다. 오늘은 우리가 함께 검토할 흥미로운 업데이트 사항이 있습니다. 허심탄회하게 토론한 다음 질문을 받도록 하겠습니다. 사람들이 다 오기를 기다리는 동안, 이번 주말에 재미있는 계획이 있는 사람은 이야기해주시겠습니까?

이러한 작은 변화는 말하는 사람과 회의에 참석한 모든 사람이 회의를 성공적으로 할 수 있도록 설정해줄 수 있다.

카리스마 단어를 사용하는 것이 가짜처럼 느껴진다면 어쩌면 당신은 기업식 표현을 하는 로봇 좀비가 될까 봐 걱정하는지도 모르겠다. 우리는 팀의 잘못된 관행을 덮거나 호도하기 위해 신호를 사용하고 싶지는 않다. 그러나 그런 신호들은 회의나 관계를 긍정적인 방향으로 유도하는 데 도움이 될 수 있다.

의사소통에 긍정적인 언어적 신호를 더하는 몇 가지 쉬운 방법이 있다. 사실 그렇게 많은 방법이 필요하지도 않다. 간단한 문구만 사용해도 카리스마 척도의 적절한 위치에 도달할 수 있으니까 말이다.

우선 **시작 문장**에서 출발해보자. 이메일, 대화, 중요한 채팅에서 당신이 꺼내는 처음 몇 마디는 카리스마 척도에서 당신이 원하는 위치와 일치해야 한다. 이는 회의, 전화, 영상통화, 채팅에서도 마찬가지다. 내 경험에 따르면, 첫 열 단어에 집중해야 한다. 그저 '하이', '헤이', '헬로'라고만 말하지 말고 인사말에 흥미를 더해보라!

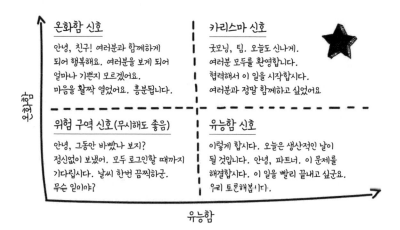

'안녕, 친구!', '여러분과 함께하게 되어 행복해요', '여러분을 만나서 얼마나 기쁜지 모르겠어요', '여러분과 협력하게 되어 기뻐요', '이 일을 함께할 수 있어서 흥분됩니다' 같은 말로 시작하라.

유능함의 단어를 시작 문장으로 사용하면 참가자들에게 당신이 생산적이고 능력이 있다는 느낌을 전달할 수 있다. '이렇게 합시다', '오늘은 생산적인 날이 될 것입니다', '이 문제를 해결합시다', '이 일을 빨리 끝내고 싶군요' 같은 문장은 모두 우리의 능력을 보여준다.

그리고 '팀', '신나게', '환영합니다', '시작합시다' 같은 말은 카리스마와 완벽하게 어울리는 단어다. '굿모닝, 팀', '오늘도 신나게', '여러분 모두를 환영합니다', '협력해서 이 일을 시작합시다', '여러분과

Fun Tip   **끝맺음 말**

나는 이메일 뉴스레터를 10년이 넘게 써왔다. 뉴스레터에는 의사소통과 대인관계 기술에 대한 최신 팁과 요령을 담는다. 그러면서 끝맺음 말을 어떻게 쓸지 고민하곤 했는데, 그때마다 이메일을 다 읽고 나서 사람들이 어떤 느낌을 받으면 좋을지를 생각했다. 결론부터 말하자면, 내 일의 사명이자 내가 맨 처음 이메일 뉴스레터를 쓰기 시작한 이유는, 어떻게 하면 사람들이 성공적이라고 느낄 수 있도록 도울까 하는 것이었다. 그래서 나는 끝맺는 말로 다음 문구를 사용하기 시작했다. '당신의 성공을 위하여, 바네사.' 뉴스레터 독자들과 수강생들도 금방 그 문구를 참조해서 내게 되돌려줬다. 그들은 자기 메일의 끝맺음 말로 '당신의 성공을 위하여'를 사용하면서 "이 모든 성공의 팁을 제공해주셔서 감사합니다"라는 답장을 보내곤 했다. '당신의 성공을 위하여'라는 문구는 내게는 쉬운 절차 의례였고, 독자들에게는 적절한 끝맺음 말을 상기시켜줬다. 당신은 메시지에 맞는 올바른 끝맺음 말을 사용하는가?

정말 함께하고 싶었어요'라고 말해보라.

마무리 멘트는 어떻게 하면 좋을까? 항상 카리스마로 끝내라. 내가 좋아하는 따뜻한 마무리 멘트는 '응원합니다', '최고입니다', '정말 ~하고 싶어요!', '진심으로 안부를 전합니다Warmest regards', '안녕히 계십시오Yours truly, Faithfully, Warmly' 등이다. 물론 '사랑합니다'도 빼놓을 수 없다. 내가 가장 좋아하는 유능함의 마무리 멘트는 '진심으로 Sincerely', '정중히Regards', '공손하게Respectfully', '감사하게Appreciatively', '앞으로 나아가는Onward' 등이다.

또 온화함과 유능함이 최적의 균형을 이루는 마무리 멘트로 내가 좋아하는 표현은 '당신과 함께 일하게 되어 기뻐요', '이것이 정말 기대됩니다', '어떤 질문에도 기꺼이 답변드리겠습니다', '뭐든 할 수 있어!', '당신의 성공을 위해', '잘했어요', '모든 것이 감사할 따름입니다' 등이다. '안녕', '조만간 다시 얘기해' 같은 무미건조하고 지루한 마무리 멘트는 피해라. 이보다 더 나쁜 경우는 마무리 멘트를 아예 하지 않는 것이다.

당신 상황에 맞는다면, 유능함의 마무리 멘트나 슬로건으로 '우리에게 의존하셔도 좋습니다'라는 문구를 사용할 수도 있을 것이다. 또는 온화한 버전의 멘트로 '마음 푹 놓고 우리를 믿으세요'라는 문구를 사용해도 좋을 것이다.

> **원칙**
>
> 중요한 의사소통에서는
> 기억에 남을 수 있는 언이를 사용하라.

3단계: 카리스마 연출하기

우리는 이력서에 사용하는 언어적 신호가 당신에 대한 인식을 어떻게 바꿀 수 있는지 알아보고 싶었다. 그래서 우리 팀은 한 가지 실험을 하기로 했다. 먼저 두 개의 모의 이력서를 만들었다. 두 이력서에는 똑같은 사진과 이름이 사용됐지만, 이력서 헤드라인의 일부 단어를 약간 다르게 했다. 그러니까 링크드인이나 이력서 소개란의 헤드라인을 생각하면 좋을 것이다. 헤드라인은 대개 열 개 정도의 단어로 이뤄진다.

온화함 버전의 이력서 헤드라인에는 "저는 팀이 서로 협력하도록 돕고, 고객을 더 행복하게 만들기 위한 관계를 구축할 것입니다"라는 문구를 올려놓았다.

유능함 버전의 이력서 헤드라인에는 "저는 생산성과 고객 성과를 높이기 위해 기업 시스템을 간소화하겠습니다"라는 문구를 올려놓았다.

그리고 1,000명이 넘는 사람들에게 이 이력서를 온화함과 유능함의 관점에서 평가하도록 했다. 두 이력서의 차이는 크지 않았지만 단지 단어 몇 개를 바꿀 만한 가치는 충분했다. 따뜻함의 단어를 추가한 이력서는 온화함 측면에 대한 평가가 5% 더 높았다. 유능함의 단어를 추가한 이력서 역시 5% 더 높은 능력 평가를 받았다. 5% 차이로 이력서 속 인물에 대한 사람들의 인식이 완전히 바뀌었다고 말할 수 있을까? 물론 아니다. 하지만 카리스마 척도의 다이얼을 쉽게 돌릴 수 있는 계기는 될 것이다.

다음으로 우리는 동영상에서도 같은 효과가 나타날지 확인하고 싶었다. 우리는 남성 모델 한 명과 여성 모델 한 명에게 온화함 버전과 유능함 버전으로 자기소개 동영상을 만들도록 했다. 앞의 이력서처럼, 온화한 버전의 대본은 "안녕하세요. 저는 알렉스입니다. 저는 팀이 서로 협력하도록 돕고 고객을 더 행복하게 만들기 위한 관계를 구축할 것입니다"였고, 유능함 버전의 대본은 "안녕하세요. 저는 알렉스입니다. 저는 생산성과 고객 성과를 높이기 위해 기업 시스템을 간소화하겠습니다"였다.

우리는 두 모델에게 되도록 비슷한 비언어적 음성적 신호를 사용해서 말하라고 지시했다. 그런 다음 대본을 서로 바꿔 읽도록 했다.

다시 1,000명에게 이들의 동영상을 온화함과 유능함의 관점에서 평가해달라고 요청했다. 이번에는 더 큰 차이가 나타났다. 또 성별에 따른 차이도 보였다!

여성 모델의 경우, 유능함 버전의 대본을 사용한 동영상이 온화함 버전을 사용한 동영상보다 15% 더 능력이 높다고 평가됐다. 단지 단어 몇 개를 바꿨을 뿐이라는 사실을 감안하면 이는 놀라운 차이였다. 반면 온화함 버전의 동영상은 유능함 버전의 동영상보다 5% 더 따뜻하다는 평가를 받았다. 남성 모델의 경우, 온화함 버전의 동영상이 11.5% 더 따뜻하다고 평가됐다. 온화함을 높이기 위한 꽤 쉬운 방법이 아닐 수 없다. 그렇지만 유능함 버전의 동영상은 능력 평가에서 유의미한 차이를 보이지 않았다.

이것은 두 가지 중요한 시사점을 제시한다. 첫째는 우리가 사용하는 단어가 중요하다는 것이다. 언어적 신호 몇 개만 바꿔도 당신에 대한 사람들의 인식을 바꿀 수 있음을 보여준다. 이는 이력서나 온라인 프로필에서는 물론, 영상통화나 직접적인 만남에서도 마찬가지다. 그러므로 당신의 프로필과 이력서를 올바른 언어적 신호로 즉시 업데이트해라.

둘째는 언어적 신호가 성별에 대한 우리의 인식에도 어떻게든 영향을 미친다는 것이다. 두 모델을 이용한 연구에서, 여성은 온화함에서 더 높이 평가되고, 남성은 능력 면에서 더 높이 평가되는 경향을 보였다. 이런 점에서 볼 때, 올바른 신호의 사용은 성에 대한 고정관념에 대응하기 위해서도 중요하다고 할 수 있다.

우리 사회는 특별한 이유 없이 여성을 온화함의 관점에서 더 높게 인식한다. 이는 여성들이 능력 있어 보이려면 비언어적으로든, 음성적으로든, 언어적으로든 유능함의 신호를 의도적으로 더 많이 사용해야 한다는 의미다. 반면 남성에 대해서는 유능함의 관점을 더 높게 인식한다. 따라서 남성이 따뜻함을 높이고 싶다면 온화함의 비언어적·음성적·언어적 신호를 더 많이 사용해야 할 것이다.

작은 변화로 강력한 카리스마를 보일 수 있는 기회는 많다. 창의력을 발휘하라! 당신에게 영감을 줄 몇 가지 아이디어를 소개한다.

- 회사마다 다양한 평가 제도를 운영한다. 충성도 프로그램을 운영하는(온화함을 높게 평가) 회사가 있는가 하면, VIP 등급이나 엘리트 코스를 운영하는(유능함을 높이 평가) 회사도 있고, 보상 점수 제도를 운영하는(온화함과 유능함을 모두 평가) 회사도 있다.
- 회의를 시작하거나 발표를 하기 전에, 활기찬 옛날 음악(온화함을 유발)이나 조용한 클래식 음악(유능함을 유발)을 듣는다.

Fun Tip | **회의에 늦는 사람을 기다리지 마라**

"전원 참석할 때까지 기다리겠습니다." 회의를 시작할 때 내가 가장 싫어하는 표현 중 하나다. 회의를 주재하는 사람이 이런 말을 하면, 이미 참석한 사람들에게는 각자 컴퓨터로 이메일이나 확인하라는 신호를 보내는 것과 같다. (어쩌면 그들은 아직 오지 않은 사람들이 조금 더 늦게 나타나기를 바랄지도 모른다.) 하지만 회의를 시작하기 직전인 이 순간이야말로 카리스마 있는 질문을 해서 사람들의 회의 참여를 유도하고 당신의 온화함을 보여줄 절호의 기회임을 잊어서는 안 된다. 뭔가 온화한 말로 회의를 시작하고 싶은가? 사람들에게 "지난 주말에 재미있었던 일 얘기할 사람?" 또는 "다가오는 연휴에 멋진 계획 있는 사람?" 같은 질문을 해보라. 유능함의 말로 회의를 시작하고 싶은가? 사람들에게 "최근에 좋은 팟캐스트 들은 사람?" 또는 "좋은 책을 읽어본 사람?" 같은 질문을 해보라.

- 나는 이름표를 만들 때마다 항상 약간의 언어적 신호를 가미한다. 유능함 측면을 높이고 싶을 때는 내 이름 밑에 나에 대한 간략한 보조 설명을 써 넣는다. 온화함 측면을 높이고 싶을 때는 내 이름 밑에 대화의 물꼬를 틀 만한 재미있는 문구를 써 넣는다.
- 회의나 발표를 시작할 때 여분의 시간이 있으면, 의도적으로 분위기를 돋운다. 유능함을 강조하고 싶을 때는 강력한 TED 강연의 한 부분을 보여주거나 영감을 주는 인용문을 공유한다. 온화함을 강조하고 싶을 때는 어색한 분위기를 깨뜨릴 수 있는 농담이나 재미있는 이야기를 끼워 넣는다.

상호작용에서 상대방에게 무엇을 보여주고 싶은가? 당신은 브로슈어, 명함, 초대장, 이력서, 웹사이트, 맺는말 등에서 어떻게 온화함과 유능함의 균형을 맞추는가? 당신의 프로필, 이메일, 녹음 인사말은 어떠한가? 의도적인 언어적 신호를 추가할 기회를 절대 놓치지 마라.

원칙

온화함을 좋아하는 사람들에게는 온화함의 신호를 사용하고,
능력을 좋아하는 사람들에게는 능력의 신호를 사용하라.
확실하지 않을 때는 두 가지를 아우를 수 있는 카리스마 신호를 사용하라.

4단계: 영감을 줄 것인가, 정보를 줄 것인가?

마침내 매트리스를 교체해야 할 때가 왔다. 내 남편은 능력이 뛰어나기로 소문난 연구원이다. 그는 시중에서 가장 많이 팔리고, 가장 높은 평가를 받으며, 최신 연구 데이터가 있는 매트리스를 찾기 시작했다. 반면 나는 다양한 소셜 네트워크에 올라 있는 매트리스 사진을 살펴봤고, 최근에 매트리스를 구매한 두 친구에게 문자를 보내 자신들이 구매한 제품에 대해 어떻게 생각하는지 물었다.

내 남편은 결정을 내리기 위해 능력을 사용했다. 그에게는 데이터, 숫자, 과학적 증거가 필요했다. 반면 나는 온화함을 사용했다. 직관, 사진, 친구들의 추천이 바로 그것이다. 결국 우리는 결정을 할 수 없었다.

그러던 어느 날, 식당에 함께 앉아 밖을 내다보다가 한 버스 광고를 봤다. 광고에는 '캐스퍼: 깐깐하게 설계되었습니다. 겸손한 가격에 엄청난 편안함'이라고 쓰여 있었다. 우리는 서로를 바라보며 "바로 저거야!"라고 소리쳤다.

그 광고의 슬로건은 온화함과 유능함의 완벽한 조화를 보여줬기 때문에 우리 두 사람의 마음을 사로잡았다. '깐깐하게 설계되었습니다'라는 문구는 내 남편처럼 능력을 중시하는 사람에게 잘 먹히는 신호다. 캐스퍼의 웹사이트에는 『U.S뉴스&월드리포트U.S. News & World Report』가 선정한 '최고 매트리스상賞', '10년 한정 보증', '100일 무위험 보증 시험' 같은 온갖 종류의 유능함 구호가 넘쳐났다.

그런데 온화함을 추구하는 나는 무엇에 끌렸을까? 바로 '겸손한 가격에 엄청난 편안함'이라는 문구다. 이 문장은 내 마음에 곧장 전달되는 따뜻한 신호였다. 그 문구를 본 순간 나는 '오, 예!'라고 생각했다. 가격을 흥정할 필요도 없었다. 웹사이트에 들어가보니 침대 위에서 키득거리고 있는 한 아이의 사진과 패션잡지 『보그』의 재미있는 추천사가 있었다. 캐스퍼 실험실의 엔지니어와 연구원을 만날 수 있는 '침대 뒤의 두뇌들을 만나다'라는 제목의 카리스마 넘치는 동영상도 있었다. 그야말로 우리 두 사람의 관심을 모두 사로잡을 만했다. 결국 우리는 집에 있는 모든 매트리스를 바꾸었다.

온화함의 신호와 유능함의 신호는 각각 그에 맞는 사람들에게 신호를 보낸다. 온화함에 반응하는 사람들은 **영감을 받고 싶어 한다.** 그들은 이야기, 농담, 비유, 사회적 증거를 좋아한다. 반면 유능함에 반응하는 사람들은 **정보를 받고 싶어 한다.** 그들은 데이터, 조사, 사례 연구, 사실 등을 좋아한다.

당신의 청중이 어느 쪽인지 확실하지 않은가? 두 가지가 모두 섞여 있는가? 그렇다면 균형을 잡아라. 나는 강의실에서 가르칠 때나 내 동영상을 촬영하며 온화함과 유능함 사이에서 완벽하게 균형을 잡기 위해 노력한다. 다음은 탁월한 능력과 온화함의 균형을 맞추기 위한 몇 가지 지침이다(어쩌면 지금까지 이 책을 읽는 동안 이미 알아차렸을 것이다).

- 조사나 연구라는 단어를 언급할 때마다 예화를 함께 사용한다.
- 측정 데이터를 공유할 때마다 사례 연구나 비유를 함께 사용한다.
- 능력에 관한 것을 언급할 때마다 온화함, 유머, 허술함 등을 약간 씩 섞는다.

내 강의를 듣는 사람은 매우 다양하다. 기업의 간부나 엔지니어도 있지만, 인사 담당자, 영업사원, 기업가, 의사도 있다. 나는 내 콘텐츠로 영감과 정보를 모두 전달함으로써 모든 청중에게 공감을 일으키고 싶다. 나는 실제로 내가 사용하는 슬라이드에 온화함의 단어 수와 유능함의 단어 수의 균형을 맞추기 위해 노력한다.

온화함을 보여주는 슬라이드에는 많은 예시, 재미있는 GIF, 동영상, 스토리가 담긴다. 유능함을 보여주는 슬라이드에는 데이터, 조사 자료, 차트, 연구 결과 등이 담긴다. 물론 온화함과 유능함이 섞인 슬라이드도 있다. 예를 들면 연구 자료를 스토리 형식으로 편집하거나, 조사 자료의 동영상을 보여주기도 하고, 데이터를 애니메이션으로 만들어 구현하기도 한다.

영감과 정보의 균형을 어떻게 맞춰야 할까? 동료들과 어울릴 때, 당신은 그들의 독특한 카리스마 특징에 맞추어 말하는가? 당신의 팀원들이 따뜻한 사람이라는 사실을 안다면, 따뜻한 주제를 다룸으로

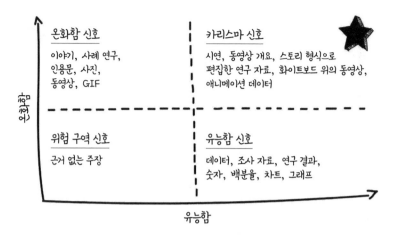

써 그들의 온화함에 맞출 수 있다. 먼저 그들의 가족과 개인적인 삶에 대해 물어보며 회의를 시작하라. 그들의 책상에서 본 가족사진에 대해 이야기하라. 개인적인 이야기를 나눠라. 따뜻한 말과 따뜻한 비언어적 신호를 사용하라. 따뜻한 사람은 대개 수다스럽고 친밀감을 형성하는 것을 좋아한다.

반면 능력을 중시하는 사람들은 일반적으로 바로 행동으로 옮기는 것을 좋아한다. 군이 수다를 떨고 싶다면 업계의 뉴스, 헤드라인, 사업적 성공 사례 같은 유능함의 주제를 다루는 편이 좋다. 유능함의 말과 비언어적 능력 신호를 사용하라. 이메일이라면 유능함의 언어를 많이 사용해 재빨리 대응하라. 그들은 '곧 큰 프로젝트가 생기나요?', '헤드라인을 보셨나요?', '업계 소식을 들으셨나요?' 같은 질문을 매우 좋아한다.

무슨 일이 있어도 지루하거나 부정적인 질문은 피하고, 위험 구역 근처에는 가지도 마라. '바쁘셨어요?'라는 질문은 절대 금물이고, 질

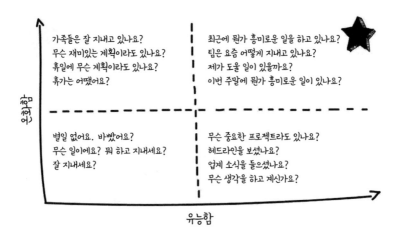

문 같지도 않은 질문도 해서는 안 된다. 이런 질문은 사회적으로 너무 흔해서 잘 기억되지 않는다. '어떻게 지내세요?', '무슨 일이에요?', '뭐 하고 지내세요?' 같은 지루하고 따분한 질문은 제발 그만둬라!

내가 가장 좋아하는 카리스마 질문은 온화함과 유능함을 모두 아우른다. '최근에 뭔가 흥미로운 일을 하고 있나요?', '제가 도울 수 있는 일이 있을까요?', '이번 주말에 뭔가 흥미로운 일이라도 있나요?' 같은 질문을 해보라. 개인적으로 가장 좋아하는 시작 멘트는 '무슨 좋은 일이라도 있나요?'다.

당신의 아이디어가 반향을 일으키길 원하는가? 당신의 소통 신호를 청중이 좋아하는 스타일에 맞춰라.

> **원칙**
> 온화함을 중시하는 사람은 영감을 추구하고,
> 유능함을 중시하는 사람은 정보를 추구한다.

5단계: 카멜레온 언어를 사용하라

당신과 가장 많은 시간을 보내는 다섯 사람, 혹은 당신이 가장 많이 생각하는 다섯 사람을 떠올려보라. 그들은 누구인가? 아래에 그들의 이름을 적어라.

1. _____
2. _____
3. _____
4. _____
5. _____

당신은 그들이 카리스마 척도의 어디에 해당하는지 아는가? 그들이 당신에게 보낸 최근 다섯 개의 이메일, 채팅 또는 문자를 보고 그들이 온화함의 단어나 유능함의 단어를 얼마나 많이 사용했는지 세어보라. 또는 그들의 소셜 프로필을 보고 그들이 사용하는 온화함의 단어와 유능함의 단어 수를 세어봐도 좋다. 이에 따라 그들이 온화한 사람인지, 유능함을 추구하는 사람인지, 두 가지가 완벽하게 조화된 카리스마를 지닌 사람인지를 판단해서 그들의 이름 옆에 표시하라.

당신이 그들에게 줄 수 있는 가장 큰 선물은 그들에게 맞는 카리스마 언어를 사용하는 것이다. 그들의 독특한 카리스마 조합을 강조하는 칭찬을 건넨다면 그들은 분명히 고마워할 것이다. **유능함을 추구하는 사람들은 자신들의 능력을 확인받는 것을 좋아한다.** 그들에게는 다음과 같이 말하라.

"당신은 정말 흥미로운 사람이군요!"

"당신의 조언은 언제나 최고입니다."

"저는 당신이 뭘 해야 하는지 아는 사람이라는 걸 알고 있었어요."

"여러 프로젝트에서 당신과 함께 일하게 되어 기쁩니다."

온화한 사람들에게는 따뜻한 피드백과 진심 어린 칭찬으로 격려한다. 그런 사람들에게는 다음과 같이 말하라.

"당신은 최고예요."

"당신은 파티를 시작하는 방법을 잘 알고 있군요!"

"당신과 함께 있으면 항상 편안한 느낌이 들어요."

"당신에게 마음을 열고 이야기할 수 있어서 기쁩니다."

"나는 당신을 믿어요."

유능함인지 온화함인지 확실하지 않을 때는 다음과 같은 말로 두 가지 모두를 자극하라.

"당신이 우리 팀에 있어서 너무 좋아요."

"이 문제에 대해 전문지식으로 도움을 주셔서 감사합니다."

"이 문제가 일어나니 당신 생각이 간절하더군요."

나는 개인적으로 이 말을 좋아한다. "그렇지 **않아도 당신 생각을 하던 중이었어요!**" 유능함을 추구하는 사람이든 온화한 사람이든, 누군가가 자신에 대해 생각하는 것을 싫어할 사람은 없다. 다만 주의할 점이 있다. 거짓으로 그렇게 말해서는 안 된다. 당신이 누군가와 함께 일하는 것을 정말 좋아하지 않는다면, 그렇게 말하지 마라! 당신이 누군가를 정말로 신뢰하지는 않아서 그렇게 말하기가 불편하다면, 이는 당신이 그 사람과의 신뢰를 다시 쌓기 위해 노력해야 한다는 좋은 신호가 될 수 있다.

마땅한 좋은 말이 생각나지 않는다면? '자네, 또 지각이군', '자네는 너무 까탈스러워', '당신의 진심을 잘 모르겠어!' 같은 부정적인 피드백을 하는 자신을 발견한다면, 리셋과 재부팅이 필요한 때라는 신호다. 언제 어디서든 써먹을 수 있는 온화함과 능력의 표현 하나씩은 갖추기 바란다.

어려운 상황에 처한 사람에게 내가 마음을 담아 하는 말은 아주 사소하다. '회의에서 항상 메모를 하는 모습이 보기 좋아요' 또는 '우리는 같은 스타일로 커피를 마시네요!' 같은 식이다. 작더라도 공통점은 강력한 힘을 발휘한다. 그런 사소한 것에서부터 시작해보라.

인생의 중요한 사람들과 상호작용할 때 선택할 수 있는 또 다른 방법이 있다. 바로 상대방을 세심하게 따라 함으로써 언어적으로 그에게 동조하는 것이다. 여기서 중요한 것은 '세심하게'라는 말이다. 즉 상대방과 비슷한, 긍정적이고 중립적인 단어를 사용하는 것이다. 나는 이것을 카멜레온 언어verbal chameleon라고 부른다. 이 언어를 사용하면 상대의 카리스마 스타일과 조화를 이룰 수 있다.

고객의 주문을 자신들의 정확한 말로 반복해서 따라 하는 종업원이, 단지 공손하고 긍정적인 말을 사용하는 종업원보다 팁을 70% 이

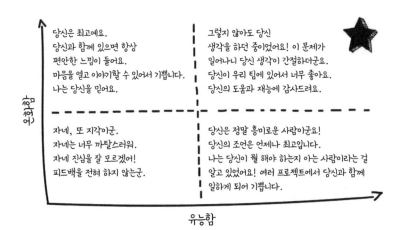

상 더 받는 것으로 조사됐다.

또 다른 연구에서 연구원들은 실험 대상자들을 두 그룹으로 나누어 가상의 채팅을 통해 협상을 하라고 요청했다. 한 그룹은 채팅 첫 10분 동안 상대방의 말을 따라 하도록 지시받았고, 다른 한 그룹(대조 그룹)은 아무것도 따라 하지 않도록 지시받았다. 실험 결과, 첫 번째 그룹이 나머지 그룹보다 훨씬 더 나은 협상 결과를 도출해냈다. **상호작용의 첫 몇 분 동안 상대방의 말을 따라 하라.**

이것이 실제 상황에서 어떻게 나타날까? 카멜레온 언어에 능한 영화배우 엘런 드제너러스Ellen DeGeneres의 사례를 보자. 다음은 그녀와 또 다른 영화배우 제니퍼 애니스톤Jennifer Aniston 사이에 첫 4초간 오고 간 대화다.

제니퍼: 안녕하세요!
엘런: 안녕하세요!

제니퍼: 자기, 만나서 반가워요!

엘런: 나도 만나서 반가워요.

마치 언어 핑퐁 같지 않은가! 엘런이 자신의 쇼에 출연하는 게스트들과 그렇게 빨리 친해지는 이유 중 하나는 그녀가 인터뷰를 진행하면서 거의 항상 상대방의 말을 따라 하기 때문이다.

당신도 상호작용을 하며 그렇게 할 수 있다. 예를 들어 내 의뢰인이 내게 "우리 협상을 더 진척시키려면 더 많은 증거가 필요하다고 생각합니다. 무슨 데이터라도 있나요? 우리 팀은 똑같이 지루한 교육을 한 번 더 받는 건 아닌지 여전히 우려하고 있습니다. 우리는 정말로 영감을 받을 수 있는 변화를 모색하고 있습니다"라고 말한다면, 나는 다음과 같이 대답할 것이다. "전적으로 동의합니다. 우리도 항상 증거를 원하니까요. 그래서 추천사와 데이터를 첨부했습니다. 물론 지루하지도 않고요. 영감을 주는 변화라는 목표를 달성하기 위한 매력적인 활동도 많이 있습니다. 샘플 동영상을 보시겠습니까?"

고급 팁을 하나 주자면, 나는 때로 그들이 좋아하는 이모티콘도 사용한다. 그들이 :) 혹은 =) 를 사용한다면, 나도 그들이 사용하는 존경의 언어 신호를 사용한다.

그렇다고 해서 **당신답지 않은 방법으로 흉내를 내지는 마라.** 나는 느낌표 한 개는 사용하지만 세 개까지 사용하는 것은 지나치다고 생각한다. 블로거이자 일러스트레이터인 팀 어반Tim Urban은 온화함보다 유능함을 강조하는 사람이다. 그가 최근 트위터에 "나는 팀원들에게 보내는 이메일의 어떤 문장에 느낌표 하나를 붙여야 할지 말지 결정하는

데 시간이 오래 걸립니다"라는 글을 올렸다. 조금 힘들더라도 그는 자신의 문장에 어느 정도의 온화함을 더해야 한다는 것을 알고 있었다.

온화함의 대표자 격인 매트 포퍼비치Matt Popovich가 팀의 글에 다음과 같은 답을 달았다. "나는 일단 모든 문장 뒤에 느낌표를 붙이지요. 그런 다음 '여기에 죄다 느낌표를 붙일 수는 없지. 사람들이 내가 미치광이인 줄 알 테니까'라고 생각하고 마지막 하나가 남을 때까지 느낌표를 하나씩 줄여나간답니다."

이것이 바로 실제 상황에서 온화함 관점과 유능함 관점의 차이다. 여기서 한 가지 특별히 언급하고 싶은 것이 있는데, 카리스마 언어를 많이 사용하면 처음에는 좀 어색하게 느껴질 수 있다. 마치 전혀 안 쓰던 근육을 푸는 것 같은 느낌이라고나 할까. 내 수강생 중 한 명인 알레그라는 줌을 통해 만난 패션 디자이너 스무 명에게 감사 메일을 보내고 싶었다. 그녀는 어느 특정 디자이너는 온화한 단어를 더 많이 사용했기 때문에 온화함의 신호를 더하면 그녀의 간단한 감사 이메일이 더욱 강력해질 수 있으리라 생각했다. 비록 그것이 자신에게 익숙하지 않은 것일지라도 말이다.

그녀는 내게 다음과 같이 설명했다. "당연히 메일 한 통을 다 작성한 다음에 똑같이 복사해서 붙여 넣으면 될 거라고 생각했지요. 그런데 그 특정 디자이너에게는 더 친밀하고 더 따뜻한 메일을 보내고 싶었습니다. 그래서 평소보다는 좀 더 감동적인 표현을 쓰고 싶어서 '당신과 이야기를 나눈 일이 이번 행사에서 가장 기억에 남습니다'라든가 '당신은 내게 영감을 주었어요' 같은 표현을 사용했지요. 약간 민망하다는 느낌도 들었지만, 그게 사실이었으니까요."

그 디자이너는 즉시 다시 만나자는 답변을 보내왔다.

한 연구는 '새롭게 알게 된 지인으로부터 도움을 받고 그에 대해 감사를 표하면, 그와의 사회적 관계가 계속 발전될 가능성이 더 크다'는 점을 발견했다. 물론 이는 두말할 나위 없이 분명해 보이지만, 중요한 것은 감사를 표하는 방법이다. 만일 알레그라가 똑같은 메일을 복사해서 붙여 넣었다면 어떤 특별한 답변도 받지 못했을 것이다. 하지만 그녀는 그 특정 디자이너가 온화한 사람이라고 생각하고 따뜻한 표현을 더 많이 구사했고 그것은 효과가 있었다. 그녀는 자신이 느끼고 있는 진실을 충실히 표현했다. 거짓으로 느껴지는 **단어를 사용하거나 마음에 없는 따라 하기를 해서는 안 된다.**

다른 모든 신호와 마찬가지로, 적절한 언어 사용은 듣는 사람에게 무의식적으로 전달된다. 내 수강생 중 한 명인 세라핌은 그가 사람들에게 "그게 걱정되나요?"라고 물으면 그들이 "네, 그게 걱정됩니다"라면서 자신의 말을 무의식적으로 따라 한다는 것을 발견했다. 그래서 이제는 "아무 문제 없지요?"라고 묻는다. 그러면 대부분이 "아무 문제 없습니다"라고 대답하곤 했다. 그는 이런 작은 변화로 사람들의 동의를 이끌어낸다.

당신이 언어적 카리스마 신호를 의미 있게 사용할수록, 의미 있는 반응을 더 많이 얻게 될 것이다.

원칙

**당신이 사용하는 단어는
당신이 다른 사람들에게 보내는 신호다**

당신은 당신의 카리스마를 어떻게 보여주는가? 카리스마 감사audit를 해보라! 당신이 이용하고 있는 소셜 미디어나 도구를 살펴보고 얼마나 많은 온화함의 단어와 유능함의 단어를 사용하고 있는지 세어보라. 당신의 카리스마 목표와 일치하는가?

	온화함의 단어	유능함의 단어
링크드인 프로필		
음성 메일		
이메일 맺음말		
최근에 올린 소셜 미디어 게시물 10개		
명함 또는 마케팅 자료		

10장

강력한 시각적
존재감을 구축하라

게임을 하나 해보자. 바다 위에 뜬 달을 바라보고 있다고 상상해보라. 당신의 머릿속에 그 광경을 실제로 그려보라. 맑은 날 밤하늘에 달이 떠 있고 그 아래로 어두운 파도가 출렁인다. 이제 당신이 아는 세탁세제 브랜드 이름 하나를 빨리 대보라. 머릿속에 가장 먼저 떠오르는 이름은 무엇인가? 타이드Tide(미국 P&G사의 세제로 조류, 조수 등의 뜻이 있다-옮긴이)라고?

연구원들이 실험 대상자들에게 바다와 달 같은 단어를 보여준 후 가장 선호하는 세제에 대해 물었을 때, 대부분이 타이드를 언급했다.

왜 그럴까? 바다 위에 떠 있는 달의 이미지가 조수, 물, 중력, 파도 등 달과 바다와 관련된 다른 단어와 이미지를 포함하는 뇌의 신경 지도neural map를 활성화시키기 때문이다. 달을 상상해보라고 했을 때, 당신의 뇌는 달과 바다와 관련된 모든 것을 머릿속에 떠올렸다. 그리고 이것이 질문에 대한 당신의 답에 영향을 미친 것이다.

사람마다 신경 지도는 조금씩 다르지만, 대부분은 이미지와 아이디어 뒤에 숨겨진 감정적 연관성에 대해 비슷비슷한 기본 주제의식을 품는다. 시각적 신호가 강력한 이유도 바로 이 때문이다. 예를 들어, 소방차 사진을 봤다면 소방차가 빨간색을 연상시키고, 빨간색이 다시 장미를 연상시키는 신경 지도가 구축되는 식이다.

이런 과정은 우리 일상생활에서 항상 발생한다. 예를 들어 당신이 페이스북에 올라온 사진을 훑어보다가 친구 요청을 해온 여성이 스노보드를 들고 있는 사진을 봤다. 뇌가 스노보드와 관련된 당신만의 신경 지도를 활성화시키면서 당신은 모험, 얼음, 산, 휴가, 가족 등을 연상한다. 그 생각은 다시 당신이 어렸을 때 갔던 여행의 향수를

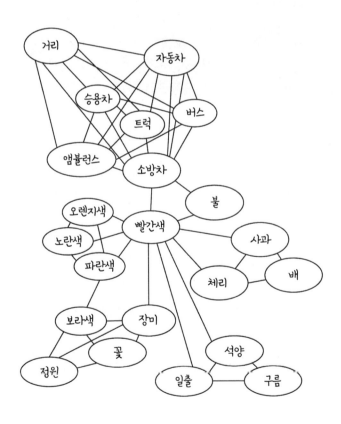

불러일으킨다. 마침내 당신은 그 여성의 친구 요청을 수락한다.

최근에 나는 동네 체육관에 있는 가게 앞을 지나다가 아래 사진의 가방이 판매되는 모습을 봤다.

이 체육관 가방에 재미있는 요소가 있다는 걸 눈치챘는가? 가방의 한쪽이 복근처럼 생겼다! 돌처럼 단단해 보이는 소위 왕王 자 복근 말이다. 당신이 왕 자 복근을 만들기 위해 체육관에 가는 사람이라면 (우리 대부분 그렇지 않은가?) 이 가방은 당신의 마음을 사로잡을 것이다.

시각적 신호는 적절한 사람을 끌어모으고, 환영하고, 유지하는 매우 좋은 방법 중 하나다. 또한 우리는 목표가 무엇이냐에 따라 온화함이나 유능함을 유발하는 시각적 신호를 사용할 수 있다. 당신은 시각적 신호를 사용하고 있는가? 이 장에서는 시각적 신호에 대해 살펴보기로 하자.

● 시각적 신호 #1: 시각적 비유

남편이 내 앞에 작은 파란 상자를 가져다놨다.

　내가 물었다. "비싸 보이는데, 보석인가요?"

　남편이 대답했다. "보석보다 더 좋은 거야."

　나는 연한 청색 상자의 뚜껑을 조심스럽게 열었다. 상자 안에는 장인이 만든 정교한 캔디 아홉 개가 완벽한 모양으로 놓여 있었다. 내가 단것을 좋아한다는 사실을 잘 아는 남편이 내 취향에 맞춘 아홉 가지 종류의 슈가피나Sugarfina(어른을 위한 고급 캔디 브랜드-옮긴이) 캔디를 직접 골라 온 것이다. 나는 핑크 샴페인 곰 젤리, 연꽃 젤리, 콜드브루 강장제, 하트 모양의 복숭아 칵테일 캔디를 맛봤다.

그 경험의 모든 것이 고급스럽게 느껴졌다. 캔디 상자를 보자마자 나는 그것이 보석함인 줄 알았다. 티파니의 보석함이 떠올랐기 때문이다. 그 상자는 크기, 모양, 색깔, 심지어 무게까지 티파니의 보석함과 매우 비슷했다.

캔디의 이름도 버번 베어스, 로제 올데이 젤리, 복숭아 차, 싱글 몰트 스카치 강장제 등 값비싼 제품들의 이름을 본떠서 붙였다. 나의 뇌는 이 고급스러운 캔디를 보고 즉각 다른 비싼 제품에 대한 신경지도를 만들었고, 결국 일반 캔디 젤리 가격보다 네 배나 비싼 값을 기꺼이 지불하도록 만들었다.

슈가피나의 설립자인 로지 오닐Rosie O'Neill과 조시 레스닉Josh Resnick은 처음부터 어른들에게 고급스러운 사탕을 경험하게 해주고 싶었다. 슈가피나라는 이름도 설탕sugar이라는 단어와 '좋다'라는 의미의 이탈리아어 피나fina를 합성해 만들어낸 멋진 언어 신호다. 매장도 사탕을 통에 넣어 파는 쇼핑몰 가게와는 전혀 달리 고급스럽고 장인 정신이 물씬 풍긴다.

슈가피나는 사탕을 통에 담아두는 대신, 마치 고급 식당에서의 식사 분위기를 연출했다. 매장에 가면, 당신을 전담하는 점원이 당신이 맛볼 수 있도록 캔디를 하나씩 골라준다. 당신은 다양한 젤리와 초콜릿의 미세한 특징, 맛, 질감에 대해 품평한다. 그들은 마치 고급 치즈, 와인, 보석을 쇼핑하는 것과 매우 비슷한 분위기를 연출한다. 이 모든 과정이 당신에게 각각의 제품이 상당히 비싸다는 것을 상기시킨다.

슈가피나는 언어적 신호, 색 신호뿐만 아니라 **시각적 비유**를 사용한다. 시각적 비유란 캔디 상자를 보석함으로 보이게 디자인하는 것처럼, 연상 작용을 일으키도록 생각, 사람, 장소, 물건을 창조적으로 표현하는 것을 말한다.

슈가피나가 고객들이 높은 가격을 받아들이도록 할 수 있었던 또 다른 흥미로운 방법은 바로 '시각적 배치'다. 슈가피나는 처음 영업을 시작하면서부터 고급 백화점인 노드스트롬Nordstrom에만 매장을 열었다. 여느 사탕 브랜드처럼 슈퍼마켓이나 주유소에서는 그들의 제품을 찾아볼 수 없다. 캐시미어 양말 속에 담긴 100달러짜리 캔디에 비하면, 샴페인 맛 곰 젤리는 저렴하게 느껴진다!

당신의 가격, 당신의 외모, 당신의 브랜드를 돋보이게 하고 싶다면, 사람들의 신경 지도에 접속해 더 섬세한 것을 찾아보라.

다음 페이지의 이메일 광고는 음식 배달 회사 캐비어Caviar의 또 다른 시각적 비유의 예다. 이 이메일을 보고 가장 먼저 떠오르는 것은 무엇인가?

우선 결혼식 청첩장처럼 생겼다. 이 이메일 광고는 다음 몇 가지 점에서 영리하다. 첫째, 타이밍이다. 캐비어는 2018년 5월 18일에 이 이메일을 보냈다. 바로 온갖 화제를 몰고 다닌 메건 마클Meghan Markle 과 해리Harry 왕자의 영국 왕실 결혼식 바로 전날이다. 이런 절묘한 타이밍(그리고 운송비 무료)은 왕실 결혼식 기간 동안에 편안하게 음식을 주문할 수 있게 만든다.

둘째, 글자체, 형식, 종이 색상 등 시각적으로 청첩장을 떠올리게 만들었다는 것이다. 이는 대부분의 사람들에게 긍정적인 연상을 하게 만들었다. 토요일에 사랑하는 사람의 기념일을 축하하고, 무도장

을 휘젓고 다니며, 공짜 스테이크에 맛있는 케이크를 먹는 것보다 더 좋은 게 어디 있겠는가?

셋째, 이 이메일은 당신을 흥분시킨다! 운송비 없음! 맛있는 음식! 얼마나 짜릿한가? 이런 시각적 신호들이 당신으로 하여금 돈을 아끼지 않고 연어, 스테이크 등 결혼식 피로연에 나올 법한 음식을 주문하도록 부추긴다.

마지막으로 이 이메일은 당신을 웃게 만든다. '어느 식당에서나'라는 문구가 기발하지 않은가? '평상복, 연회복 등 어떤 차림이든 무관'이라는 복장 규정도 재미있다. 그리고 회신 코드의 Hellyes(오, 예)가 무슨 뜻인지 알아챘는가? 이는 흥분을 나타내는 좋은 언어적 신호다.

캐비어는 이 같은 몇 가지 시각적 신호를 통해 호기심, 서비스의 가치 그리고 음식의 가격까지 높일 수 있었다.

캐비어가 시각적 비유를 사용한 멋진 방법 중 하나는 바로 글자체다. 아마도 이것이 캐비어 초대장의 핵심 포인트일 것이다. 그들은 이른바 '화려한 글꼴'을 사용하고 있는데, 이는 그들의 음식이 비싸고 우아하게 보이도록 하는 효과를 주었다. 연구에 따르면 사람들은 글자체로 감성 품질과 개성 품질을 판단한다. 다음은 이를 나타내는 연구 결과들이다. (예를 들어, 일본인들은 세리프 서체serif fonts(문자 끝부분에 짧은 가로선이 붙어 있는 서체-옮긴이)가 현대적이라고 알려진 좁은 글자체 narrow fonts보다 우아하고 고전적이며 매끄럽다고 생각한다.)

- 사람들은 풍자적인 내용은 타임스 **뉴 로먼**Times New Roman 글자체로 표시하면 더 재미있고 화나는 것처럼 보인다고 생각한다.
- 아리알Arial 글자체는 비교적 재미가 없다.
- 문장 전체를 대문자로 쓰면 이해하기 어렵다.
- 독자들에게 창의력을 발휘하고 싶다면, 예쁜 글자체를 사용하라. 이는 정말로 효과가 있다. 텍스트가 최적의 미적 매력을 보일 때 창의력도 같이 향상되는데, 이는 예쁜 글자체가 눈살을 찌푸리게 하는 근육이 활성화되는 것을 막아주기 때문이다.
- **코믹 산스**Comic Sans 글자체는 기억하기 좋다. 연구원들이 실험 대상자들에게 외계 생명체에 대한 공상과학 이야기를 읽게 했더니, 실험 대상자들은 아리알이나 보도니Bodoni 글자체보다 코믹 산스체로 인쇄된 책을 읽었을 때 더 많이 기억했다.

놀랍게도 사람들은 글자체에 민감하며 개인적인 선호도가 꽤 크다는 사실을 명심하라.

어떤 사람 또는 어떤 물건의 품질을 결정하는 데 도움을 주는 것은 색깔, 글씨체, 시각적 비유만이 아니다. 우리는 주변 환경의 모든 것으로부터 신호를 얻는다. 한 연구에서 실험 대상자들에게 두 가지 퍼즐 조각(매끄러운 퍼즐과 사포처럼 거친 퍼즐) 중 하나를 골라 조립하게 했다. 그리고 나서 그들에게 자신의 사회적 상호작용에 대해 평가해보라고 요청했더니, 거친 퍼즐 조각을 고른 사람들이 매끄러운 퍼즐 조각을 고른 사람보다 자신들의 상호작용이 덜 협조적이고 더 까다로우며 더 어색하다고 말했다. 거친 퍼즐 조각이 그들로 하여금 자신의 상호작용 자체를 더 거칠게 보도록 사전에 암시한 것이다.

이와 비슷한 결과가 다른 실험에서도 반복적으로 나타났다. 딱딱한 의자에 앉은 사람들은 자신의 상호작용을 유연하지 않고 가혹하다고 평가하는 것으로 나타났다. 또 면접관이 지원자의 이력서를 무거운 클립보드에 올려놓고 읽을 때, 가벼운 클립보드에 올려놓고 읽을 때보다 더 진지하게 판단하는 것으로 나타났다. 여기서 중요한 점은, 실험 대상자들은 퍼즐 조각, 의자, 클립보드가 자신들의 의견에 영향을 미쳤다는 생각을 전혀 하지 않았다는 사실이다. 우리는 신호가 우리에게 얼마나 영향을 미치는지 알지 못한다.

이게 과연 무슨 의미일까? 당신이 다른 사람에게 보내는 모든 신호를 생각해보라. 당신이 사용하는 단어, 음성, 보디랭귀지뿐만 아니라 주변 환경의 모든 것이 다 신호다. 우리는 어떻게 그 신호들을 최대한 활용할 수 있을까?

Fun Tip | **온도가 미치는 영향**

연구에 따르면 추운 곳에 사는 사람들이 더 냉담하고 덜 온정적인 반면, 따뜻한 곳에 사는 사람들은 더 협조적이고 사람을 더 잘 믿는다고 한다. 그러므로 누군가와 교제할 때는 차가운 얼음물을 들기보다 뜨거운 김이 나는 코코아 머그잔을 드는 것이 좋다. 누군가에게 마실 것을 권할 때는 이 점을 생각해보라.

나는 최근 새 피부과 의사를 찾고 있었다. 그런데 한 피부과 병원은 마치 온천처럼 느껴졌다. 고급스러운 소파, 신선한 꽃, 오이 물이 비치돼 있었고, 감미로운 음악이 흐르고, 향기 치료 효과가 있는 양초가 켜져 있는 등 정말 따뜻한 분위기가 물씬 풍겼다.

또 다른 피부과 병원은 최소한의 가구만이 깔끔하게 놓여 있고 소독약 냄새가 나며 직원들은 수술복을 입고 있는 전형적인 병원의 모습이었다. 물론 음악이나 오이 물 같은 것도 없었다. 나는 이런 청결한 분위기가 이곳의 경쟁력이라고 생각했다.

내가 어느 병원을 선택했는지 알 수 있겠는가? 나에게는 피부암 가족력이 있어서 무슨 일이 있어도 매년 한 번은 꼭 피부과 병원을 찾는다. 그래서 전형적인 병원 분위기의 피부과를 선택했다.

두 병원 중 어느 곳이 더 잘하고 못하고의 문제가 아니다. 어떤 사람은 따뜻하고 편안한 환경에 더 이끌려서 온천 같은 피부과를 선택한다. 반면 나 같은 사람은 병원다운 환경에 더 이끌린다.

여기 시각적 비유와 관련한 몇 가지 아이디어를 소개한다.

- **당신 자신, 당신의 일, 당신의 서비스를 묘사하기 위해 어떤 단어와 시각적 비유를 사용하는가?** SNS의 헤드라인, 소셜 프로필, 마케팅 자료, 사무실의 포스터 같은 곳에도 표시되어 있을 수 있다! 한번은 어느 사무실을 방문했는데, 그들은 으레 주는 캔디 대신 작은 밀감을 그릇에 담아 내줬다. 이 경험은 신선하고 재미있게 느껴졌고, 이 방문에 대한 호기심을 크게 키워줬다.

- **회의가 시작되기 전, 또는 당신의 거실이나 고객 대기실에 어떤 음악을 틀어놓는가?** 나는 내가 방문하는 모든 회사가 대기실에 각각 다른 음악을 틀어놓는다는 사실을 알았다. 아마도 그들의 브랜드에 가장 적합한 음악을 골랐을 것이다. 애플 지원팀에 전화했더니 바비 맥퍼린Bobby McFerrin의 〈돈 워리 비 해피Don't Worry, Be Happy〉가 흘러나왔다. 내가 거래하는 금융회사는 차분한 클래식 음악을 사용하고 있었다. 당신은 음악을 어떻게 사용하고 있는가?

- **당신이 자주 사용하는 글자체는 무엇인가?** 작가이자 즉흥시인인 내 친구 주디 홀러는 그녀의 모든 게시물, 책 표지, 심지어 인스타그램 게시물에도 노스웰Northwell이라는 특정 글자체를 사용한다(나는 SNS 게시물에 올리는 글의 글자체를 바꿀 수 있다는 것조차 몰랐지만!). 심지어 그녀의 동영상 스튜디오의 네온사인도 핑크색 노스웰 글자체다. 그래서 나는 노스웰 글자체를 볼 때마다 그녀가 생각난다!

● 시각적 신호 #2: 영감을 주는 이미지

간단한 질문: '배관공'이라는 단어를 들으면 무슨 생각이 떠오르는가?
물이 떠오르는가? 화장실? 파이프? 아니면 파이프 파열? 아인슈타인
Albert Einstein이 떠오른다고? 물론 그건 아닐 것이다.

그런데 나는 최근에 커다란 아인슈타인 그림과 함께 '아인슈타인
배관Einstein Piping'이라는 회사 이름이 새겨진 서비스 트럭을 봤다. 그
들은 또 '현명한 선택'이라는 말을 슬로건으로 사용하고 있었다. 나
는 그것을 본 순간, 그들이 경쟁자들과의 차별화를 위해 신경 지도를
영리하게 사용했다는 생각이 들었다. 그들은 지능, 복잡한 문제 해결,
천재성을 암시하는 신경 지도를 활성화하는 시각적 신호(회사 이름과
슬로건에 사용한 문구)를 사용했다. 당신의 집에 골치 아픈 배관 문제(화
장실의 고질적인 낡은 배관 막힘)가 발생했다면, 당신은 '아인슈타인 배
관'을 찾겠는가, 아니면 평범한 이름의 '위지 배관Wezee's Plumbing(근처
의 경쟁자)'을 찾겠는가?

최근 한 강의에서 이 이야기를 했더니, 강의가 끝난 후에 배관 프
랜차이즈 사업을 하는 짐이라는 사람이 다가왔다. 그는 자기 회사가
핑크색 트럭을 사용하고 있으며, 차량, 웹사이트, 마케팅 자료에도 우
아한 흰색 블라우스를 입은 여성(짐의 여동생)의 사진이 실려 있다고
말했다. 짐은 자신의 목표가 예의 바르고 깨끗한 배관공을 원하는 여
성들에게 어필하는 것이라고 말했다. 그래서 회사의 배관공들이 작
업화 위에 일회용 부츠를 신거나, 작업이 끝나면 싱크대 아래를 진공
청소기로 치우거나, 늘 깨끗한 유니폼을 입는 등 특별한 신경을 쓰고

있다고 했다. 그는 전에도 항상 청결함과 공손함을 강조했지만 핑크색 트럭과 여동생 사진을 사용하고 나서부터 회사가 본격적으로 도약했다고 말했다!

'아인슈타인 배관'은 유능함을 가치 있게 여기는 사람들에게 어필하기 위한 시각적 신호를 사용했다. 반면 짐은 온화함을 가치 있게 여기는 사람들에게 호소하고 싶어 한다. 어느 쪽이든 시각적 신호, 특히 이미지는 올바른 사람들에게 올바른 감정을 불러일으키기 위해 사용될 수 있다.

이미지는 몸의 신체적 변화까지 자극할 수 있다. 당신이 해변에서 일광욕을 하는 모습을 상상한다면, 당신은 즉시 더 편안하고 따뜻한 감정을 느끼게 될 것이다.

우리의 뇌는 우리가 보는 이미지를 불과 0.013초 안에 식별할 수 있다고 한다. 이는 웹사이트, 광고, 프로필, 사무실 등에서 보는 모든 이미지가 우리의 행동과 성과에까지 영향을 미친다는 것을 의미한다. 한 연구에서 연구원들은 어떤 그룹의 전화 교환원들에게는 평범한 종이에 인쇄된 대본을 읽게 한 반면, 다른 그룹의 교환원들에게는 경주에서 우승한 달리기 선수의 사진이 붙어 있는 대본을 사용하게 했다. 두 그룹에 자선 사업을 위한 모금 전화를 세 시간 동안 걸게 했는데, **사진이 붙은 대본을 사용한 그룹이 60% 더 많은 돈을 모았다.** 달리기 선수의 이미지가 교환원의 인내심, 속도, 우승이라는 신경 지도를 촉발했을 것이다.

시각적 신호의 힘을 활용하는 가장 좋은 방법은 그 신호를 강조 요인으로 사용하는 것이다. 트럭 옆에 '아인슈타인 배관'이라는 단어를 쓴 것은 매우 훌륭한 언어적 신호다. 하지만 더 강력한 것은 그 옆에 그려 넣은 앨버트 아인슈타인의 대형 그림이다.

넷플릭스Netflix도 이미지의 힘을 잘 활용하는 회사다. 넷플릭스의 사용자 경험에 대한 흥미로운 분석에서, 데이터 과학자들은 사용자의 82%가 텍스트보다는 이미지를 보고 그 영화를 보기로 선택한다는 사실을 발견했다. 결국 더 나은 이미지는 넷플릭스 스트리밍 시간의 증가로 나타났다.

그렇다면 어떤 이미지 신호가 더 효과적인지 궁금하지 않은가? (쇼나 영화에 출연진이 아무리 많아도) 세 명 이하가 있는 이미지의 효과가 더 큰 것으로 나타났다. 또 악당의 이미지가 영웅의 이미지보다 시청자를 더 자극하는 것으로 나타났다. 그리고 또 한 가지 놀라운 점은, **복합적인 표정이 웃는 표정보다 더 많은 조회 수를 끌어냈다는** 것이다. 이미지 신호를 전달하는 방법에 대한 몇 가지 아이디어를 소개하겠다.

- **영상통화에서의 배경.** 코미디언 케빈 하트Kevin Hart의 가상 인터뷰를 담은 유튜브 동영상에서, 그는 다른 흑인 코미디언들에게 자신의 뒤에서 여러 가지 긍정적인 비언어적 신호를 보내도록 했다. 그들이 보여주는 긍정적인 신호 덕분에 하트는 멋진 후광효과를 얻는다. 크리스 록Chris Rock은 눈썹을 치켜올리고, 베니 맥Bernie Mac은 놀란 표정을 하고, 리처드 프라이어Richard Pryor는 한 손을 들고 흔들며 마이크에 대고 뭐라고 이야기한디. 게다기 하트의 유튜브에서 다른 유명 코미디언들을 함께 보는 것은 하트가

그들과 긍정적인 관계를 맺고 있다는 연상을 하게 만든다. 당신의 배경은 당신에 대해 무엇을 말해주고 있는가? 이제 그것을 중요하게 생각하도록 하라.

- **당신의 발표를 더 흥미롭게 해주는 이미지.** 연구에 따르면 학생들은 단어만 볼 때보다는 이미지를 함께 볼 때 가장 잘 기억한다. 중요 표시 항목이 끊임없이 나오는 것이야말로 최악이다! 당신은 청중이 당신의 말을 기억하도록 돕기 위해 어떤 시각적 신호를 사용하고 있는가? 나는 그동안 강연을 할 때, 각 신호에 대한 스톡 이미지stock image(일일이 라이선스를 지불하지 않고 정액제, 혹은 무료로 사용할 수 있는 이미지-옮긴이)를 사용해 비언어적 신호를 가르쳐왔다. 그러다가 미국프로듀서조합을 대상으로 강연을 하던 중(강연 대상이 프로듀서와 배우였다), 몇 개의 스톡 이미지를 보디랭귀지를 하는 유명 인사와 운동선수의 사진으로 바꿔봤다. 그들의 이미지를 사용하면서 청중의 몰입도가 극적으로 증가했다. 청중은 더 많은 질문을 했고, 어떤 사진을 보고는 웃음을 터트리기도 했다.
- **당신의 브랜드나 메시지를 강화하는 이미지 신호를 사용하라.** 어떤 사람이 내게 한 변호사 사무실 건물의 사진을 보내준 적이 있다. 출입문 위에는 거대한 상어의 머리가 튀어나오는 듯한 그림이 붙어 있었다. 그것은 멋진 신호였다. "이 변호사는 상어입니다!"
- **신호를 사용해 사람들의 기분을 풀어준다.** 지난해 나는 멕시코의 카보 산 루카스Cabo San Lucas에 도착하면서 입국 수속이 까다로울 것이라고 예상했다. 그런데 완전히 개조된 터미널에 도착하고 나서 깜짝 놀랐다. 온통 스크린으로 장치된 벽에는 찰랑이는 파도

Special Note

혼란을 야기하는 신호는 금물

혼란스러운 시각적 신호를 조심하라. 몇 년 전, 우리 동네의 한 피자 가게에서 끔찍한 마케팅 캠페인을 실행했다. 그들은 피자 할인권이 들어 있는 노란 봉투를 인쇄해 사람들의 차에 붙였는데, 모양새가 마치 무슨 주차권처럼 보였다. 나는 호기심에 봉투를 열고 안을 들여다봤지만, 안도감이 들기는커녕 화가 나서 피자를 먹고 싶다는 생각이 전혀 들지 않았다.

와 흔들리는 야자수 화면이 가득했고 그와 함께 잔잔한 배경 음악이 흘러나왔다. 그리고 주변은 화초와 야자수로 둘러싸여 있었다. 입국 수속을 기다리는 줄이 빨리 줄어들지는 않았지만 예전보다는 훨씬 더 편안하게 느껴졌다. 이런 분위기 덕분에 멕시코 해변으로 달려가고 싶다는 생각이 더 강해졌고 마음이 들떴다. 몇 가지 시각적 신호의 변화가 큰 차이를 만들어낸 것이다.

• **잘 보이지 않는 시각적 신호에도 주의를 기울여라.** 당신은 어떤 이미지를 컴퓨터 바탕화면이나 핸드폰 잠금화면으로 사용하는가? 그 이미지들도 당신의 핸드폰이나 컴퓨터 화면을 보는 사람들에게 신호를 제공한다. 또한 명함 뒷면에는 어떤 이미지를 사용하는가? 사람의 이미지 등을 사용해 인간미를 보이거나 판매를 늘릴 수 있는 온화함의 신호를 보내도록 하라. 또는 인증 마크, 이메일 하단에 있는 당신의 서명, 당신 제품의 검사 승인서 등을 추가해두 좋다.

● 시각적 신호 #3: 비언어적 브랜드

벤저민 프랭클린Benjamin Franklin은 미국의 공사 자격으로 프랑스 베르사유로 갔다. 그는 루이 16세의 궁정 대신들과 차별화되고 싶었다. 흰가루를 뿌린 가발, 벨벳 코트, 실크 바지 등이 유행이었지만 프랭클린은 그들과 다르게 보이기로 결심했다. 그는 여행을 준비하면서 딸에게 다음과 같이 말했다. "나는 군주보다는 개척자처럼 보이고 싶단다."

그는 가발을 쓰지 않고 평범한 미국의 면제품 옷을 입기로 했다. 그것은 대성공이었다! 그는 다르게 보였고, 다르게 행동했으며, 궁정 대신들은 신대륙에서 온 그의 이상한 모습에 환호하며 매우 흥미로워했다. 프랭클린은 미국의 가치와 개척 정신을 대표하는 살아 있는 상징이 되기를 원했고, 마침내 자신을 대표하는 비언어적 브랜드를 만든 것이다. 비언어적 브랜드란 시각적 신호를 활용해 가치, 문화, 개성을 표현하는 것이다.

작가이자 코미디언인 내 친구 데이비드 니힐도 비언어적 브랜드를 만들었다. 니힐이 코미디나 연설 분야에서 일하기 전에 그는 다른 직업을 찾고 있었다. 그러던 중 마침 런던에 있는 세계에서 가장 큰 사교육 회사에서 유망한 자리를 얻게 됐다. 첫 출근 전날, 그는 모든 옷을 세탁해서 널어놓다가 한 가지 큰 문제가 생겼다는 것을 깨달았다. 셔츠가 모두 건조기에서 줄어든 것이다.

시간이 촉박해서 새 셔츠를 살 시간은 없었다. 그래서 그는 셔츠가 줄어든 것을 숨길 수 있는 영리한 방법을 생각해냈다. 니힐은 이렇게 설명했다. "사람들이 셔츠 소매가 짧다는 걸 눈치채지 못하게 하기 위해 소매를 걷어 올렸지요."

첫 주 동안 그는 매일 다른 셔츠를 입었지만 항상 소매를 걷어 올린 차림으로 다녔다. 그러면서 아무도 눈치채지 못하기를 기도했다. 그러나 사람들은 니힐이 전혀 예상하지 못한 방식으로 그 사실을 눈치채고 있었다. "사람들이 나를 '소매를 걷어붙인 사나이' 또는 '문제해결사'라고 부르기 시작하더군요. 놀라운 일이 벌어진 거지요. 소매를 걷어 올린 모습이 마치 내가 일에 적극적으로 임하는 사람처럼, 그러니까 내 손이 항상 일할 준비가 되어 있는 것처럼, 곧 무슨 일을 시작할 것처럼 보이게 만들었으니 말입니다."

니힐은 회사가 인정하는 문제 해결사가 됐다. 물론 그게 그의 담당 업무는 아니었지만 말이다. "나는 다른 사람들을 추월해 승진하기 시작했지요. 머지않아 특별 프로젝트의 책임자가 되면서 문제를 해결하는 것이 내 업무가 됐습니다. 월급은 세 배로 올랐고, 직원 수가 5만 명이 넘는 회사에서 갑자기 CEO에게 직접 보고하는 지위까지 오른 것이죠. 모든 사람이 나를 '아일랜드 출신의 소매를 걷어붙인 사나이, 데이비드'라고 불렀습니다. 이 모든 것이 내가 셔츠를 건조하는 기본적인 문제를 해결할 수 없었기 때문에 벌어진 일이에요."

니힐의 이런 시각적 신호는 그에 대한 사람들의 인식을 변화시켰고, 급기야 니힐 자신의 인식까지 변화시켰다. "나 자신도 나를 문제 해결자나 행동가라고 생각하기 시작했지요. 나는 더 빨리 결정을 내렸고, 행동하기 전 허락을 구하기보다는 일단 행동하고 난 후 용서를 구했고, 무엇이든 실험을 해야만 직성이 풀렸고, 심지어 번지점프를 한 번도 해본 적이 없으면서 전 직원을 데리고 번지점프를 했습니다. 나는 더 용감해졌고, 야심과 자신감을 갖게 됐어요."

니힐은 단순한 시각적 신호 하나로 자신도 모르게 비언어적 브랜드를 만들었다. 훌륭한 비언어적 브랜드는 다른 사람의 관심을 끌 만큼 충분히 흥미로울 뿐 아니라 자신의 가치를 다른 사람에게 알린다. 셔츠 소매 걷어 올리기가 다른 사람들에게 그가 행동하는 사람이라는 신호를 준 셈이다.

최고의 비언어적 브랜드 신호는 그 사람의 개성적 특징까지도 구현한다. 영화배우이자 코미디언인 루실 볼Lucille Ball의 불타는 듯한 빨간 머리나 가수 프린스Prince의 유별난 옷차림을 생각해보라. 비언어적 브랜드는 또 그 사람을 즉각적으로 인지할 수 있게 해준다. 가수 시나트라Sinatra의 대표 상징은 중절모였고, 전설적인 디자이너 코코 샤넬Coco Chanel은 늘 진주를 착용하고 다녔으며, 레슬링 선수 출신 배우 미스터 티Mr. T는 항상 골드 체인을 달고 다녔다. 찰리 채플린Charlie Chaplin의 콧수염과 중산모, 과학 교육자이자 TV 프로그램 〈빌 나이 더 사이언스 가이Bill Nye the Science Guy〉로 유명한 빌 나이의 나비 넥타이와 실험실 가운, 엘튼 존Elton John의 유별난 안경, 패리스 힐튼 Paris Hilton의 치와와 강아지와 작은 지갑 가방, 셜록 홈즈의 사냥 모자와 파이프와 트렌치코트 등도 비언어적 신호의 유명한 사례이다.

시각적 신호는 당신이 무슨 일을 하는 사람이고 당신에게 무엇이 중요한지 등 당신에 관한 모든 것을 즉시 사람들에게 말해준다. 예를 들어, 미국 상원의원을 지낸 고故 로버트 버드Robert Byrd는 항상 재킷 주머니에 미국 헌법 한 권을 넣고 다녔다고 한다. 정치인들이 좋아하는 또 다른 상징이 무엇인지 아는가? 바로 국기 배지다. 국기 배지는 그 자체로 정치적 열망을 상징하는 것처럼 보인다.

또한 시각적 신호는 사람들의 의견과 행동을 매우 빠르게 바꿀 수 있는 방법 중 하나다. 연구원들은 연구실에 백팩이나 서류 가방을 두기만 해도 행동이 바뀐다는 사실을 발견했다. 백팩은 더 많은 협력 (온화함의 신호)을, 서류 가방은 능력 있는 행동(능력의 단서)을 촉발한다는 것이다.

비언어적 브랜드 구축은 개인적 목표를 이루기 위해 시각적 신호를 사용하는 좋은 방법이다. 예를 들어, 수상 경력이 있는 텔레비전 제작자이자 영화 스튜디오 간부인 리 톰린슨Lee Tomlinson은 후두암 3기를 이겨내고 나서 의료인에게 영감을 주는 데 여생을 바치겠다고 결심했다. 그는 발표할 때나 TED 강의를 할 때, 환자복을 입고 무대에 등장한다. 정장이 아닌 환자복을 입고 무대에 오르면, 곧바로 청중의 연민이 유발되고 그들이 따뜻한 마음 상태에 놓인다는 사실을 발견했기 때문이다. 청중은 그를 따로 환자로 시각화할 필요 없이 즉각적으로 환자라고 인식할 수 있었다. 시각적 신호는 아이디어에 생기를 불어넣는다.

나는 교구teaching aids를 사용해 비언어적 브랜드를 구축하는 방법을 좋아한다. 나는 지난 14년 동안 유튜브 방송을 해왔다. 가르칠 목적으로 유튜브를 사용하기 때문에, 화장법이나 신상품을 소개하는 다른 유튜브와 차별화하기 위해 많은 창의력을 발휘해야 했다. **핵심은 당신의 브랜드 자산(유튜브, SNS, 프로필, 마케팅 자료, 명함 등) 전반에 걸쳐 일관된 언어 신호를 만드는 것이다.**

나는 내 유튜브 동영상을 보는 사람이 결정을 내리는 데 도움이 되도록 시각적 신호를 사용한다. 나는 특정 소품을 사용하면 사람들의 시선을 즉시 그 소품으로 돌릴 수 있다는 사실을 발견했다. 예를 들어 복잡한 아이디어를 시연하거나 설명하면서 유능함을 제시할 때는 화이트보드를 동원한다.

발표 기술에 관해 동영상 강의를 할 때는 단상 뒤에 서서 녹화를 하기 때문에, 학생들은 어떤 동영상이 자신들을 위한 강의인지 정확하게 안다.

인터넷을 통한 가상 강의virtual webinars를 할 때는, 내가 가장 좋아하는 화학물질인 옥시토신, 세로토닌, 도파민의 사진이 담긴 액자를 내 뒤의 벽에 걸어놓는다. 이는 인터넷 강의 첫 시간부터 유능함의

포스트잇의 힘

Fun Tip

나는 포스트잇이 누군가에게 무언가를 기억하도록 장려하는 매우 간단한 시각적 방법이라는 사실을 발견했다. 그래서 강의를 하며 포스트잇에 '중요 사항'이라고 쓴 사진을 슬라이드로 보여준다. 이는 꼭 기억해야 하는 내용임을 시각적으로 알리는 신호이며, 사람들에게 중요 사항이므로 노트에 메모하라고 상기시키는 역할을 한다.

신호를 보내는 것이다. 나는 강의 도중에도 이 액자들을 교구로 사용한다. 이 액자들을 뒤에 걸어놓지 않으면 사람들이 이 화학물질의 중요성을 이해하기 어렵다는 것을 알았기 때문이다. 시각적 신호는 이해를 높이고 메시지를 강화하는 데 도움이 된다.

또한 변화를 상징하기 위해서도 비언어적 브랜드를 사용할 수 있다. 영화배우 펠리시아 데이Felicia Day는 회고록 『인터넷에서 당신은 결코 이상한 사람이 아니에요You're Never Weird on the Internet』에서, 왜 자신의 바이올린 공연에 관객이 아무도 없었는지에 대한 이야기를 들려준다. 그녀는 자신의 **비언어적 브랜드**를 바꿈으로써 사람들의 관심을 끌어야겠다고 생각했다. 그녀는 이름과 사진을 올리는 진부한 포스터를 붙이는 대신, '펠리시아: 전사 바이올리니스트'라는 제목과 함께 TV 드라마 〈여전사 지나Xena: Warrior Princess〉의 의상을 입은 자신의 사진이 들어간 새 전단지를 만들었다. 당신도 더 많은 사람이 바이올린 공연을 보러 오기 시작했을 거라고 확실히 예상할 수 있을 것이다.

Fun Tip ──────────────── **고양이를 안지 마세요!**

당신이 이성애자인 독신 남성이고 데이트 앱을 사용한다면, 다음과 같은 사실을 알고 나서 고양이를 내려놓고 싶을지 모른다. 연구에 따르면, 여성들은 고양이를 안고 있는 남자를 덜 남성적이라고 생각하며, 데이트하고 싶은 생각도 덜 든다고 평가하는 것으로 나타났다. 고양이 애호가들에게는 유감이지만.

나는 종일 워크숍을 하면서 포장된 선물 상자라는 시각적 신호가 도움이 된다는 사실을 발견했다. 나는 강의 마지막 시간까지 사람들의 관심을 잡아두기 위해 종종 포장된 선물 상자를 무대 위에 올려놓는다. 포장된 선물 상자를 보면 도파민이 유발되어 계속 관심을 집중하고 오후의 슬럼프도 극복할 수 있기 때문이다. 물론 강의가 끝나면 강의에 가장 집중한 청중에게 그것을 선물한다.

당신의 사무실, 영상통화의 배경, 집 안 벽에 붙어 있는 신호에 주의를 기울여라. 벽에 붙어 있는 학위증, 상장, 각종 증명서는 모두 당신의 유능함을 보여주는 신호들이다. 가족사진, 재미있는 인용문, 기념품은 모두 당신의 온화함을 보여준다. 노스웰 글자체로 유명한 우리의 친구 주디 홀러의 동영상 배경에는 피냐타pinata(스페인어권 사회에서 아이들이 파티 때 눈을 가리고 막대기로 쳐서 넘어뜨리는, 장난감과 사탕이 가득 든 통. 이 통을 깨뜨려 그 안의 사탕을 파티 참석자들에게 나누어 준다-옮긴이)가 있다. 그것은 그녀가 재미있는 마인드의 소유자임을 즉각적으로 보여준다.

어떻게 하면 더 많은 시각적 신호를 재미있게 이용할 수 있을까?

백팩에 배지를 꽂는다든가, 노트북이나 범퍼에 스티커를 붙인다든 가, 발표나 설명을 할 때 당신의 생각을 나타내주는 소품을 사용하는 등 이 모든 시각적 신호가 당신에 대한 사람들의 인식을 형성하는 데 도움이 된다.

● 시각적 신호 #4: 색상의 의미

1967년, 디즈니랜드에서 비밀 클럽이 문을 열었다. 이곳은 초대받 은 사람만이 참가할 수 있었고, 이 마술 왕국에서 술을 살 수 있는 유 일한 장소였다. 그리고 오 이런, 그곳은 특권층을 위한 곳이었다. 그 곳에 들어가기 위해서는 대기자 명단에 등록하고 수천 달러를 내야 만 했으니까 말이다. 디즈니 기획자들은 이곳을 숨기기 위해 큰 노 력을 기울였다. 사실 수많은 디즈니 방문객들이 뉴올리언스 광장New Orleans Square의 중심에 자리한 이 '클럽 33'의 문 바로 옆을 지나쳤다. 그 문은 숨겨지거나 막혀 있지는 않았지만 그래도 눈에 잘 띄지 않았 다. 왜냐고? 디즈니가 그 문을 감추기 위해 모든 사물을 두 가지 색깔 로 칠해놓았기 때문이다. 그들은 이 두 색깔을 '저리 가 녹색Go Away Green'과 '모기 회색NoSeeUm Grey'이라고 불렀다.

관리 건물, 직원 출입구, 다용도 박스는 모두 이 두 가지 색상으 로 칠해진다. 공원의 밝고 화려한 색상과는 달리, 이 두 색상은 주변 배경과 어우러져 잘 식별되지 않는다. 색상은 뭔가 중요한 것이 눈에 띄도록(또는 눈에 띄지 않도록) 주의를 환기하는 훌륭한 도구 중 하나다. 또한 신경 지도를 활성화하는 매우 빠른 방법 중 하나다.

한 연구에 따르면, 사람들은 어떤 타인이나 제품과 처음 상호작용을 할 때 90초 안에 자신의 마음을 결정하는데, 62~90%는 오직 **색상만 보고 결정한다**고 한다.

색 심리학은 대부분 사이비 과학이다. 우리는 색이 중요하다는 사실은 알지만, 색이 우리에게 어떻게 영향을 미치는지 100% 확실하게 이해할 수는 없다. 과학자들은 모든 색과 그 연관성에 대해 신뢰할 수 있는 지도를 아직 만들지 못했다. 그러나 색 연구에서 우리가 응용할 수 있는 몇 가지 유망한 시각적 단서가 있다. 가장 중요한 단서는 색이 우리 뇌의 신경 지도를 활성화한다는 것이다.

예를 들어 한 연구에서, 연구원들은 실험 대상자들에게 따뜻한 색(오렌지색, 빨간색, 노란색)과 차가운 색(파란색, 녹색, 보라색)의 위약 placebo pills을 제공했다. 연구원들은 따뜻한 색의 위약이 차가운 색의 위약보다 더 효과적이라고 보고됐다는 사실을 발견했다! 왜 이런 현상이 나타났을까? 과학자들은 따뜻한 색이 '촉진 효과'와 관련이 있는 반면, 파란색과 초록색은 '진정 효과'와 관련이 있다고 믿고 있다.

색을 사용하는 가장 좋은 방법은 일반적인 신경 지도에 대해 생각해보는 것이다. 사람들은 하나의 색상을 보고 무엇을 연상하는가? 이 색은 일반적으로 어떤 물체에 사용되는가? 어떤 국제적인 유명 브랜드가 특정한 색 조합을 사용하는가? 당신 나라의 문화는 어떤 특정한 색을 특정한 것과 연관시키는가?

예를 들어, 중국에서는 노란색을 왕족과 연결시킨다. 중국의 초대 황제는 황제黃帝, 즉 Yellow Emperor로 알려져 있다. 미국에서

민주당은 청색당이고 공화당은 적색당이다. 2020년 미국 대통령 선거 기간에 보수 성향의 뉴스 네트워크로 알려진 폭스 뉴스Fox News는 모든 대통령 후보 토론 배너에서 대통령이라는 단어를 빨간색으로 표시한 반면, 진보 성향 네트워크인 MSNBC는 선거 보도 기간에 모든 대통령 토론 배너에서 대통령이라는 단어를 파란색으로 표시했다. 이 같은 미묘한 색상 표시로 폭스는 빨간색 대통령을 원했고 MSNBC는 파란색 대통령을 원했음이 그대로 드러난 것이다.

또 특정 색이 특정 상황과 연관 있다는 보편적인 증거는 없지만, 특정 상황에서 특정 색은 우리에게 특정 신호를 보낼 수 있다. 몇 가지 특정 색상에 대한 패턴을 알아보자.

빨간색

우리는 분노나 기쁨으로 얼굴이 달아오르면 얼굴이 붉게 변한다. 이는 문화, 성별, 인종과 관계없는 공통의 현상이다. 연구원들은 빨간색이 지배와 흥분의 감정을 자극하는 등 우리의 감정에 가장 큰 영향을 미친다는 사실을 발견했다. 빨간색이 권력, 힘, 위협, 지배의 의미를 내포하는 테스토스테론(자신감 형성과 남성 역할의 수행에 기여한다고 알려진 남성 성호르몬-옮긴이) 기반의 신호를 나타낸다는 것이다.

한 연구팀은 무작위로 빨간색 운동복을 입은 선수가 (파란색에 비해) 경기에서 이길 가능성이 더 크다는 점을 발견했다. 특히 남자 선수는 더욱 그렇다고 한다.

이것이 우리에게 어떤 도움이 될까? 빨간색은 행동 지향적인 색이다. 사람들이 주의를 기울이게 만든다. 당신이 빨간색 옷을 입으면,

다른 사람의 주의를 끈다. 홍보물, 사무실, 프로필에 빨간색을 사용하면 다른 차분한 색을 사용했을 때보다 더 두드러져 보일 것이다.

동굴에 살았던 우리 조상들이 식량으로 쓸 열매를 찾을 때, 그들은 밝고 잘 익은 과일, 대개는 빨간 딸기나 빨간 사과를 찾았으리라고 추측할 수 있다. 빨간색은 딸기를 따든, 화난 친구를 진정시키든, 우리가 행동을 취하고 싶게 만든다.

다음은 빨간색을 전략적으로 사용하기 위한 몇 가지 팁이다.

- 발표에서 강조해야 할 중요한 메모가 있는가? 그 부분을 빨간색으로 표시해놓아라.
- 슬라이드나 그래프에서 중요하지 않은 항목에는 빨간색을 사용하지 마라.
- 누군가를 조용한 곳에서 편안하게 쉬게 하고 싶은가? 빨간 방이나 빨간 의자를 사용하지 마라.
- 다른 사람과 자연스럽게 어울리고 싶은가? 빨간색 옷을 입지 마라. 사람들의 눈에 띄고 싶은가? 그렇다면 빨간색 옷이 효과가 있을 것이다.

결론적으로 빨간색은 행동하도록 영감을 준다. 빨간색을 현명하게 사용하라.

파란색

당신이 이 세상 어디에 있든지, 맑은 하늘은 파란색이다. 일반적으로 깊은 물은 파란색으로 보인다. 그래서 대개 파란색은 고요함과 관련된 신경 지도를 유발한다. 입증되지는 않았지만 파란색이 우리 신체가 편안하게 느끼는 색이라는 설도 있다. 아마도 맑은 파란색 하늘이나 깨끗한 파란색 물을 볼 때 고요함과 관련된 신경 지도가 활성화되기 때문일 것이다. 심지어 파란색 가로등을 설치하면 범죄 감소로 이어질 수 있다고 주장하는 이들도 있다. 비즈니스의 세계에서 기업이 매장이나 로고에 파란색을 사용하면 품질과 신뢰에 대한 인식을 높인다는 시장 조사 결과도 있다.

또 다른 연구에 따르면 파란색 불빛blue light이 주의를 요하는 작업을 할 때 조심성과 성과를 높인다고 한다. 심지어 파란색 방에서 일할 때 더 생산적이라는 연구 결과까지 있다!

그렇다면 어떻게 해야 파란색을 가장 잘 사용할 수 있을까?

- 차분하고 침착해 보이고 싶은가? 파란색 옷을 입어보라. 나는 나 자신을 진정시키기 위해 무대에 오를 때 파란 옷을 입는다.
- 사무실이나 책상에 색상을 입히고 싶은가? 파란색 등을 달아보라.
- 발표를 더 흥미롭게 만들고 싶은가? 유인물, 자료, 슬라이드에 흑백 대신 파란색을 사용해보라.

결론적으로 파란색은 침착함, 생산성, 신뢰를 유발하는 데 좋은 색상이다.

녹색

지난 몇십 년 동안, 초록색은 새로운 신경 지도를 만들었다. 연구원들은 기업이 브랜드에 초록색을 사용하는 것이 환경보호론과 밀접한 관련이 있다는 사실을 발견했다.

초록색은 종종 친환경적이고, 환경적으로 안전하며, 화학물질이 없는 '깨끗한' 이미지, 심지어 사회적으로 책임을 다하는 제품과 회사를 나타내기 위해 사용된다. 우리는 '친환경적으로 되기'나 '친환경적인 제품인가요?'라고 말할 때, 'going green'이나 'green product'라는 용어를 사용한다.

또 다른 연구에서는 초록색이 행복과 즐거움과 연관된 색이라는 점을 발견했다. 이 개념은 내게도 반향을 일으켜, 어렸을 때 '빨간불, 초록불Red Light, Green Light' 게임(우리나라의 '무궁화꽃이 피었습니다' 게임과 비슷하다-옮긴이)을 하며 놀았던 기억을 떠올리게 했다. 술래가 '초록색!'을 외치면 움직였고(가거나 달리거나 뛰거나) '빨간불!'을 외치면 몸이 즉시 얼어붙곤 했다. 지금까지도 나는 운동을 하면서 시작 시간을 알릴 때는 초록색 플래시 카드를, 끝나는 시간을 알릴 때는 빨간색 플래시 카드를 사용한다. 또한 연구원들은 운동선수들이 빨간색 환경에서보다 초록색 환경에서 좀 더 즐겁게 체력 테스트에 임한다고 보고한다는 사실을 발견했다.

이는 본능적인 관점이라고 이해할 수 있다. 초록색에 둘러싸여 있으면, 풍부한 물과 영양분이 있는 무성하고 비옥한 환경이 연상되기 때문이다. 그렇다면 초록색을 어떻게 사용할 수 있을까?

- 색상으로 규칙을 정하면 규칙을 수월하게 지킬 수 있다. 일부 회사는 코로나19 팬데믹 동안 업무에 복귀해야 하는 직원들에게 빨간색, 노란색, 초록색 완장을 나누어 줬다. 그리고 초록색 완장은 '포옹과 하이파이브를 기꺼이 허용합니다', 노란색 완장은 '대화하는 것은 허용하지만 접촉은 원치 않습니다', 빨간색 완장은 '안녕! 나는 거리를 유지하고 있습니다'라는 뜻이라는 규칙을 정했다. 사람들은 다른 사람들이 입고 다니는 옷의 색상을 보고 그 사람의 요구를 빠르게 확인하기도 한다.
- 친환경적인 생각, 제품, 정보가 있다면, 그것을 녹색으로 표현하라. 또 누군가를 상쾌하고 활기차게 느끼게 하고 싶을 때도 녹색이 최고의 색상이다.
- 주변을 초록색으로 치장하라. 책상 옆에 작은 다육 식물을 두는 것도 좋고, 책상 뒤에 초록색 나무로 배경을 만드는 것도 좋다. 초록색은 자연과 휴식이라는 긍정적인 연상을 활성화한다.

결론적으로 초록색은 당신을 친환경적인 사람이라고 생각하게 만든다.

노란색

노란색에 대한 광범위한 연구에 따르면, 연구원들은 50개 이상의 나라에서 노란색이 기쁨과 강하게 연관되어 있다는 것을 발견했다. 충분히 그럴 만하다. 어렸을 때 햇빛 아래서 놀았던 모든 행복한 나날을 생각해보라. 등 뒤에서 느껴지는 태양의 따뜻함, 구름 한 점 없는 날의 끝없는 가능성, 이 모든 것들이 많은 사람이 노란색을 행복의 신호라고 느끼는 이유일 것이다.

그래서 내 유튜브 채널 〈사이언스 오브 피플〉 로고의 컬러 팝color pop(디지털 환경에서 이미지의 일부를 컬러로 표시해 강조하고 나머지 부분은 흑백으로 표시하는 방법-옮긴이)도 노란색으로 선택했다. 우리는 웹사이트에서 흰색과 검은색을 주로 사용하지만, 노란색 하나로 모든 것을 밝힌다. 그런데 이 선택이 예기치 않은 문제를 일으켰다. 노란색은 많은 양의 빛을 반사시키기 때문에 눈을 피로하게 만든다. 또 노란 글자는 읽기 가장 어려운 색상 중 하나이며, 노란색을 슬라이드, 유인물 또는 컴퓨터의 배경으로 사용하면 심각한 눈 피로로 이어질 수 있다. 이런. 그러니 좋은 색이긴 하지만 노란색을 너무 많이 사용하지는 마라. 노란색은 어떻게 사용해야 할까?

- 노란색은 컬러 팝에는 좋지만, 프레젠테이션, 문서, 마케팅 자료에 너무 많이 사용하면 보기 어려우므로 주의하라.
- 즐겁게 또는 행복하게 보이기를 원하는가? 노란색이 답이다!

결론적으로 노란색은 햇빛과 같다. 햇빛은 따뜻하고 사랑스러운 느낌을 주지만 너무 많으면 피부가 탈 수 있다.

지금까지 살펴본 색상 연구를 자신의 신경 지도와 조합하여 목표에 맞는 색상을 사용하도록 하라. 이를 위한 몇 가지 아이디어를 소개한다.

- 당신의 모든 브랜드 자산(유튜브, SNS, 프로필, 마케팅 자료, 명함 등)을 특정 색상으로 통일시켜라. 프레젠테이션이나 슬라이드를 디자인할 때, 당신의 의도에 맞는 색상을 고른다. 프로필 사진이나 중요 사진의 색상은 의도적으로 선택하라. 당신의 사무실이나 집안에 색상을 입힐 때는 그 안에 있는 사람들이 환영받는다는 느낌이 드는 색상을 선택하라. 당신의 명함 색깔은 무엇인가? 흑백보다 더 흥미로운 색상을 고려해보라.

- 누군가에게 무언가를 제안할 때는 그들의 색상을 사용하라. 지난 2016년, 우리 회사는 전담 마케팅 에이전시를 찾고 있었다. 우리는 여러 회사로부터 제안을 받았지만 한 회사의 제안이 눈에 띄었다. 그 이유가 무엇이었을까? 그 회사는 제안서에 우리 웹사이트의 브랜드 색상, 글꼴, 이미지를 그대로 사용했다. 제안서 전체에 자기 브랜드를 사용하는 대신 우리 브랜드를 사용한 것이다. 그들의 제안서가 이미 우리 브랜드의 시각적 신호를 사용하고 있었기 때문에, 그들의 아이디어가 마치 우리의 아이디어처럼 느껴졌다.

- 개인 브랜드 색상을 만들어라. 나는 파란색을 많이 사용하는 편이다. 첫 책 『캐치』의 미국판 표지에도 파란색을 사용했다. 그래서 우리 팀은 그 색을 '매혹의 파란색captivate blue'이라고 부른다. 우리 사무실에 있는 네임펜, 포스트잇, 메모지, 심지어 양초까지도 '매혹의 파란색'이다. 우리는 감사 편지나 선물을 보낼 때도 항상 '매혹의 파란색' 종이를 사용한다. 발표할 때도 나는 내 책 표지나 슬라이드와 같은 '매혹의 파란색' 의상을 가장 많이 입는다. 당신도

개인 브랜드 색상을 가지고 있는가?

● 시각적 신호 #5: 무의식적인 편견

지금까지 우리는 힘을 실어주는 신호에 대해 이야기했다. 다른 사람들과 더 연결되고 우리의 생각을 공유하기 위해 신호를 어떻게 활용하는지에 대해 이야기했다. 그러나 받아들이기 어려운 신호도 있다. 알아두긴 해야겠지만, 이야기하기에는 매우 불편한 신호 말이다. 바로 성별, 계급, 인종, 외모 같은 신호들이다. 우리는 이런 신호를 통해 누군가를 판단하지만, 사실 이는 우리가 통제할 수 있는 성격의 신호가 아니다. 또한 이러한 신호 대부분은 무의식적으로 보내진다.

무의식적인 편견은 우리가 특정 집단의 사람들에 대해 가지고 있는 사회적 고정관념이다. 여러 신호 중 단 한 가지 신호만 보여도 우리가 의식적으로 인식하지 못하는 신경 지도가 활성화된다. 안타깝게도 연구원들은 가상 이력서 실험에서 백인으로 보이는 이름이 흑인으로 보이는 이름보다 면접 요청을 받을 가능성이 50% 더 높다는 것을 발견했다. 또 다른 연구에서 이학부理學部 교수들은 관리자 채용에서 남성 지원자가 여성 지원자보다 훨씬 더 유능하고 고용 가능성이 높다고 평가했으며, 남성 지원자에게 더 높은 초봉을 제안했다.

또 어느 연구는 '남자 동성애자 같은 목소리'를 내는 사람은 그들의 실제 성적 성향과 상관없이 더 많은 차별과 오명에 직면한다는 것을 발견했다. 또 매력적으로 생긴 사람이 더 유능하다고 평가되고 더 많은 월급을 받는 것으로 나타났다. 이것을 '뷰티 프리미엄beauty premium'이라고 한다. 이 프리미엄은 남녀를 불문하고 존재한다. 또한 화장한 여성이 더 신뢰감을 얻고 경제 게임에서 더 많은 돈을 받는다는 것을 발견했다. 흥미롭게도 덜 매력적으로 여겨지는 여성일수록 화장이 신뢰도를 더 높이는 것으로 나타났다.

우리가 시각적으로 알아차릴 수 있는 신호는 화장만이 아니다. 헤어스타일도 시각적인 신호로 작용한다. 꾸미지 않은 곱슬머리의 흑인 여성은 파마로 머리카락을 편 흑인 여성이나 백인 여성(백인 여성은 곱슬머리든 편 머리든 상관없이)보다 덜 전문적이고 덜 유능하게 인식되며, 따라서 면접 요청도 덜 받는 것으로 나타났다.

이런 신호들은 바꾸기도 어렵고 해결하기도 어렵지만, 우리는 이에 맞서야 한다. 다행히 좋은 소식도 있다. 연구 결과에 따르면 이런 무의식적인 편견도 바뀔 가능성이 있다고 한다. 우리는 적어도 이런 편견의 영향을 최소화하기 위한 조치를 취할 수 있다. 우리는 두 가지 측면에서 무의식적인 편견 신호와 싸워야 한다.

첫 번째 중요한 단계는, 우리 자신이 가지고 있을지도 모르는 무의식적인 편견을 되도록 더 많이 인식하는 것이다. 하버드대학교는 '암묵적 편견 깨기 프로젝트Project Implicit'라는 계획을 추진하면서 장애, 인종, 나이, 성별sexuality, 사회적 성gender, 몸무게, 종교, 피부색 등에 대한 우리의 무의식적인 편견을 측정할 수 있는 무료 테스트를 일반 대중에게 제공하고 있다. 당신에게도 암묵적인 편견이 있는지 알고 싶다면, 이 테스트를 통해 당신의 부정적인 신경 연관성을 정면으로 다뤄보기를 권장한다.

두 번째 단계는 당신을 향한 다른 사람들의 무의식적인 편견과 어떻게 싸울 것인가 하는 것이다. 작은 시각적인 신호도 도움이 될 수 있다. 연구원들은 옷으로 흑인 남성에 대한 사람들의 무의식적인 편견을 바꿀 수 있는지 실험했다. 연구팀은 세 가지 다른 옷을 입은 다섯 명의 흑인 남성의 사진을 찍었다. 그들은 실험 대상자들에게 무작위로 사진을 나누어 주고 몇 가지 특징에 따라 그들의 순위를 매기게 했다.

먼저 무의식적인 인종차별 편견 테스트인 '상징적 인종차별 척도 Symbolic Racism Scale'에서 높은 점수를 받은 실험 대상자들(인종차별 편견 성향이 높은 사람들)은 비교적 엄격하게 판단하는 경향을 보였다.

그래도 단추를 채우는 셔츠와 정장 바지(가장 격식을 차린 의상)를 입은 흑인 남성이 가장 긍정적인 평가를 받았다. 그들은 축구 유니폼을 입은 흑인 남성보다 더 신뢰감이 느껴지고, 더 지적이며, 더 따뜻하다고 평가받았다. 운동복을 입고 땀을 흘리는 흑인 남성보다 더 똑똑하고 더 열심히 일하는 사람으로 평가받았음은 물론이다.

나는 앞 장에서 여성이 온화함에서 더 높은 평가를 받고, 남성이 능력 면에서 더 높게 평가된다고 언급한 바 있다. 불공평하기는 하지만, 이런 편견이 엄연히 존재함을 아는 것이 중요하다. 여성이 진지하게 받아들여지기를 원한다면 의도적으로 능력을 높게 보이도록 노력할 필요가 있다. 남성 역시 더 신뢰감 있게 보이려면 의도적으로 온화함을 높여야 한다. 중요한 것은 **당신에게 어떤 편견이 유리하게 또는 불리하게 작용하는지 깨닫고 천천히, 의식적으로, 의도적으로 그에 대응해야 한다는 것이다.**

나는 여성 강연자이자 비교적 젊은 층에 속하는 작가로서, 특히 무대에서 설 때는 유능함의 신호를 드러내기 위해 더 노력해야 한다는 사실을 알고 있다. 나는 이 책에서 공유한 모든 팁을 활용해 다음 몇 가지 방법으로 이를 수행하고 있다.

- 특히 나를 소개할 때 유능함의 단어를 더 많이 사용한다. 또한 나의 경력, 링크드인 프로필, 소개 슬라이드에 유능함의 신호를 더 많이 표시한다.
- 나는 오랫동안 성대 훈련을 해왔기 때문에 자연스러운 최저 음역대로 장시간 말할 수 있다. 질의응답 시간에 나올 수 있는 나를 긴장하게 만드는 질문에 대비해 미리 연습해서 질문식 어조나 보컬 프라이가 나오지 않도록 한다.
- 다른 강연자들보다 더 격식 있는 복장을 차려입는다.
- 첫인상과 마지막 인상을 결정하는 멘트에 유능함을 나타내는 비언어적 신호를 강화한다.
- 슬라이드에 유능함을 나타내는 시각적 신호를 사용함으로써 나를 브랜드화한다. 내 동영상에서 뒷배경으로 나오는 각종 화학약품, 유튜브 채널명 〈사이언스 오브 피플〉, 심지어 우리가 연구실에서 하는 작은 실험조차도 의도적으로 연출한 유능함의 신호들이다.

다른 사람이 우리를 어떻게 인식하느냐에 따라 우리의 행동 방식을 바꿀 필요가 없다면 더 공정한 세상이 될 것이다. 게다가 다른 사람의 편견에 맞서 싸워야 하는 사람이 당신 자신이라는 것은 불공평한 일이다. 언젠가 이러한 편견이 바뀌는 시대가 오기를 바란다. 그때까지 우리가 공유하고 있는 편견을 바꾸기 위해 함께 노력해보자. 그러기 위해 당신은 어떤 신호를 연출하고 있는가?

시각적 신호에 대해 배운 모든 것을 실행해보자. 다음의 비언어적 브랜드 자산에서 당신이 어떤 시각적 신호를 사용하고 있는지 살펴보라. 그런 다음 당신이 만들고 싶은 시각적 신호와 비언어적 브랜딩을 브레인스토밍해보라.

	현재 사용하고 있는 시각적 신호	만들고 싶은 비언어적 브랜드
당신의 프로필 사진은 당신을 어떻게 나타내는가? 시각적인 신호를 사용하고 있는가?		
명함, 웹사이트, 이력서, 기타 마케팅 자료에서 어떤 시각적 신호를 사용하는가?		
사무실, 집, 영상통화 배경에 당신의 능력을 보여주는 어떤 소품이 있는가?		
당신을 나타내는 대표적 글자체나 색상이 있는가?		

당신의 재능을
의심하지 마라

물리학자 하인리히 헤르츠Heinrich Hertz는 오랫동안 전자기파를 연구한 끝에 마침내 1889년에 놀라운 발견을 했다. 그가 세계 최초로 그 존재를 입증한 전자기파는 장차 세상이 소통하는 방식을 영원히 바꿀 참이었다. 하지만 헤르츠는 아직 이 아이디어의 가치를 알지 못했다. 그에게 전자기파의 발견에 대한 중요성을 물었을 때, 그는 "아무 쓸모 없는 것에 불과하다"라고 말했다. 무선 전파가 어디에 쓰이느냐고 물었을 때도, 그는 "쓰일 데가 없을 겁니다"라고 대답했다.

쓸모가 없다고? 그의 획기적인 발견이 향후 수십 년 동안 통신, 오락, 심지어 전쟁에까지 혁신을 일으킬 것이라는 사실을 그는 거의 깨닫지 못했다. 그로부터 한참 세월이 흐른 뒤인 1930년에 헤르츠의 동료들은 주파수 단위에 그의 이름을 붙임으로써 그의 업적을 기렸다.

헤르츠는 자신과 자신이 한 일을 엄청나게 과소평가했다. 그는 자신이 발견한 아이디어의 잠재력을 보지 못했다. 자신의 실험을 대단치 않은 일로 여겼다. 나는 하인리히 헤르츠 같은 사람들을 자주 만난다. 실제로는 똑똑하고 창의적이며 혁신적인 사고를 하면서도, 자신을 과소평가하고 자신의 재능을 의심하고 자기 일을 하찮게 생각하는 사람들 말이다. 더는 그래서는 안 된다!

당신은 다른 사람들과 공유할 가치가 있는 아이디어를 가지고 있다. 당신은 존경받을 자격이 있고, 진지하게 받아들여질 자격이 있으며, 열심히 노력한 일에 대해 인정받을 자격이 있다.

이 책에 적힌 모든 신호는 수많은 방식으로 내게 도움을 줬다. 여기서 소개한 신호를 나는 각종 회의나 영상통화 그리고 중요한 대화를 하기 전에 실제로 사용한다. 이런 카리스마 신호를 활용해서 다른 사람들이 당신에게서 더 큰 자신감을 느끼게 되기를 바란다. 유능함의 신호는 사람들이 당신을 더 진지하게 받아들이고, 당신의 생각을 존중하고, 당신에 대한 믿음을 높이도록 도와줄 것이다. 온화함 신호는 사람들이 당신을 더 신뢰하고, 함께 일하기를 원하고, 당신의 생각에 더 흥미를 갖도록 도와줄 것이다. 하지만 이 모든 신호는 당신이 그것을 사용해야만 그 힘을 발휘할 수 있다.

● 규칙 #1: 긍정적인 신호를 찾아라

신호 읽는 법을 배운다면서 만나는 모든 사람을 면밀히 조사하라는 의미는 아니다. 상대방의 모든 말을 일일이 살펴보라는 의미도 아니다. 물론 거짓말을 하거나 부정직한 사람을 색출하라는 의미도 아니다. 사실 이런 식의 접근은 오히려 거짓말하는 사람을 알아채는 데 그다지 효과적이지 않다.

연구원들은 우리가 다른 사람을 더 신뢰할수록 그들의 숨겨진 감정을 더 정확하게 발견한다는 사실을 확인했다. 신호 읽기의 진정한 달인은 상대방이 보내는 가장 긍정적인 신호를 찾는다. 다만, 부정적인 신호가 나타나면 그것을 발견하는 방법도 알고 있다.

한 가지 기억할 점은, 맥락에서 벗어나서 신호를 해석해서는 안 된다는 것이다. 부정적인 신호에 대해서는 특히 그렇다. 부정적인 신호를 보고 그에 대해 결론을 내리기 전에, 자신에게 물어보라. 다르게 해석할 여지는 없는가? 상대방이 나와 만나기 전에 다른 특별한 경험을 한 것은 아닌가? 혹시 배우자와 싸운 건 아닐까? 방금 비행기에서 내려서 잠시 불안한 건 아닐까? 회사에서 안 좋은 일이 있었던 건 아닐까? 상대방에게서 부정적인 신호를 본다면, 맥락과 배경을 먼저 확인해보라.

● 규칙 #2: 거짓 신호를 보내지 마라

신호를 배운다는 것은 원래의 자기보다 더 똑똑하게 보이게 하거나 실제보다 더 호감 가는 사람으로 보이는 척하라는 의미가 아니다. 그러니까 당신을 가장하라는 게 아니다. 아무리 강력한 신호를 사용해도 전문가를 속일 수는 없다. 시간이 지나면 들통나게 마련이다.

당신이 실제로 능력 있는 사람이라고 느껴지지 않는다면, 굳이 가장하려고 하지 마라. 유능함의 신호가 지금까지는 통했을지 몰라도 곧 당신의 진면모가 드러날 것이다. 당신이 전문지식을 연마하고 기술을 끌어올려야 한다면, 먼저 그렇게 하라.

온화함의 신호도 꾸며낼 수 있을까? 그렇다. 그러나 그 또한 피곤한 짓이다. 당신이 실제로 어떤 사람을 따뜻하게 대하고 싶은 기분을 느끼지 못한다면 거짓으로 온화함을 가장하지 마라. 그들에게서 당신이 정말로 좋아하는 점을 찾아라. 공통의 관심사를 찾아라. 조금이라도 동의할 수 있는 공동의 목표를 강조하라. 상대방에 대한 혐오와 위선을 감추려면 더 큰 노력이 필요하다. 당신이 먼저 상대방을 좋아할 진짜 이유를 찾아서 진실한 신호를 보내는 편이 차라리 더 쉽다.

● 규칙 #3: '세 번 시도'의 법칙을 지켜라

지금까지 우리는 기업 리더, 정치인, 세계적인 소통가로부터 40가지가 넘는 강력한 신호를 배웠다. 이제 당신은 모든 상호작용에서 카리스마를 발휘할 수 있는 신호의 목록을 모두 손에 넣었다.

이 책에서 소개한 모든 신호를 최소한 세 번은 시도해보라. 첫 번째는 조금 불편하게 느껴질 수 있다. 그래도 괜찮다! 그것은 당신이 아직 배우고 있다는 뜻일 뿐이다. 두 번째 시도에서는 조금 더 힘이 실리는 느낌이 들 것이다. 세 번째가 되면 이제 그 신호가 당신이 앞으로 계속 사용할 신호인지 의식적으로 결정할 수 있을 것이다.

앞서 만든 신호 차트는 모든 신호를 추적하고 어떻게 사용하는지를 기록하는 가장 좋은 방법이다. 다음과 같이 시도해보기 바란다.

- 각각 다른 시나리오에서 모든 신호를 3회 이상 디코딩해보라.
- 각각 다른 시나리오에서 모든 신호를 3회 이상 인코딩해보라.
- 모든 신호가 당신의 카리스마 목표에 어떻게 도움이 되는지 메모해보라.

다음은 내 수강생들이 신호 차트를 어떻게 채우는지를 보여주는예다.

신호	디코딩	인코딩	내면화
몸을 앞으로 기울이기: 관심, 호기심, 참여를 보여주기 위해 몸을 앞으로 기울인다.	1. 댄이 회의에서 우리의 의견에 동의할 때 몸을 앞으로 기울였다. 2. 지역 뉴스에서 두 앵커가 농담을 주고받으며 서로에게 몸을 기울였다. 3. 우리가 아이스크림을 내놓을 때 아이들이 기다리는 동안 몸을 앞으로 기울였다.	1. 댄이 내게 몸을 기울였을 때 나도 그를 따라 몸을 앞으로 기울였다. 2. 샘과 나쁜 성적에 대해 이야기할 때 몸을 앞으로 기울였다. 효과가 있었다! 3. 영상통화를 하면서 몸을 앞으로 기울여 관심을 보였다.	1. 다음 발표를 할 때 이 신호를 추가할 것이다!

이제 당신의 신호 차트를 만들어볼 차례다. 신호 디코딩과 인코딩을 추적하면서 그것이 당신의 기분에 어떤 영향을 미치는지 살펴보라.

카리스마 신호

카리스마 있는 모습을 보이고 싶다면 언제든지 이 신호를 사용하라.

신호	디코딩	인코딩	내면화
몸을 앞으로 기울이기: 관심, 호기심, 참여를 보여주기 위해 몸을 앞으로 기울인다.			
안티 블로킹: 열린 몸은 열린 마음을 표시한다. 팔, 컴퓨터, 노트북, 지갑, 클립보드 등과 같은 장애물이 당신의 몸을 가리지 않도록 한다.			
프론팅: 당신의 발가락, 몸통, 상체가 상대방을 향하게 해서 비언어적인 존경심을 보여준다.			
공간 활용: 당신의 목적에 맞춰 친밀 구역, 사적 구역, 사교 구역, 공적 구역 등 네 개의 공간을 모두 관찰한다.			
자신감 있는 음정: 자신감을 나타내기 위해 자연스러운 최저음 목소리를 사용한다.			

신호	디코딩	인코딩	내면화
호흡을 가다듬기 위한 일시 정지: 말하는 도중 일시 정지해 호흡을 가다듬고 속도를 늦춰 상대방의 흥미를 유발한다.			
카리스마 있는 단어: 당신의 카리스마 목표에 맞는 단어를 사용하라.			

온화함의 신호

아래 신호들을 사용해 온화함, 호감, 신뢰를 유발하라.

신호	디코딩	인코딩	내면화
끄덕이기: 동의와 참여를 보여주기 위해 고개를 끄덕인다.			
머리 기울이기: 상대방의 말에 관심을 가지고 귀 기울이고 있다는 것을 보여주기 위해 머리를 기울인다.			
눈썹 치켜올리기: 눈썹을 치켜올려 흥미와 즐거움을 표현한다.			
미소: 진정한 미소만이 행복감을 높이고 상대방을 격려한다.			
터치: 적절한 터치는 유대감을 높이는 화학물질을 생성한다.			

신호	디코딩	인코딩	내면화
미러링: 존경을 표하기 위해 상대방의 비언어적 제스처 또는 자세를 세심하게 따라 한다.			
선제적 온화함: 전화통화, 대화, 이메일을 시작할 때 온화함의 신호를 먼저 보낸다.			
다양한 음성: 연습이 지나쳐 쉰 목소리가 나오지 않도록 하라. 목소리에 강조 음성과 개성을 더하라.			
환영 음성: 듣기 좋은 소리를 내고, 언어적 뉘앙스를 사용하고, 음성으로 상대방을 따라 하며 온화함을 높인다.			
온화한 말: 온화한 말은 신뢰, 동정심, 공감을 유발한다.			

유능함의 신호

아래 신호들을 사용해 실력, 능숙함, 유능함을 보일 수 있다.

신호	디코딩	인코딩	내면화
파워 자세: 자신감을 보여주기 위해 충분한 공간을 확보한다.			
눈 가늘게 뜨기: 아래 눈꺼풀에 힘을 주면서 관심을 갖고 상대방의 말에 귀를 기울이고 있음을 보여준다.			

신호	디코딩	인코딩	내면화
스티플링: 긴장하지 않고 평온하며 자신감 있는 상태임을 보여준다.			
설명하는 제스처: 강조하고 있다는 것을 보여주기 위해 명확한 손 제스처를 사용한다.			
음량 조절: 음량을 조정해 중요할 때는 목소리를 높이고, 사람들이 몸을 기대기를 원할 때는 부드럽게 말한다.			
강력한 일시 정지: 중요한 부분 바로 앞에 일시 정지함으로써 흥미를 유발한다.			
유능함의 단어: 유능함의 단어는 총명함, 강력한 힘, 신뢰감을 떠올리게 한다.			

위험 구역 신호

의도적으로 부정적이 되고 싶지 않다면 이런 시도를 해서는 안 된다. 그러나 이런 신호를 디코딩해야 하거나 실수로 인코딩했다면 반드시 기록해놓아라.

신호	디코딩	인코딩	내면화
입술 오므림: 일자로 닫힌 입술은 진실한 감정을 억누르거나 숨기고 있음을 나타낸다.			
거리 두기: 뭔가를 좋아하지 않거나 누군가와 멀어지기를 원한다면, 거리를 벌리기 위해 뒤로 물러서거나 몸을 뒤로 젖힌다.			

신호	디코딩	인코딩	내면화
환기: 긴장하면 몸을 식히거나 공간을 확보하기 위해 피부에 공기를 쐬려고 한다.			
위로의 제스처: 스스로를 진정시키거나 위로하기 위해 자신을 만진다.			
몸치장: 외모를 돋보이게 하기 위해 헤어 스타일, 화장을 고치고 옷, 액세서리를 착용한다.			
쇄골 사이 홈 만지기: 긴장하거나 스스로를 위로하고 싶을 때, 두 쇄골 사이의 홈(또는 그 근처의 넥타이, 목걸이, 셔츠)을 만진다.			
차단: 스스로 보호하거나 위로하고 싶을 때, 몸, 입, 눈 앞에 장벽을 친다.			
수치심: 수치심을 느낄 때, 손끝으로 이마의 양옆을 만질 수 있다.			
분노: 분노를 느낄 때, 눈썹을 끌어당겨 주름을 만들고, 아래 눈꺼풀에 힘을 주며, 입술을 긴장시킨다.			
콧구멍 벌렁거림: 화가 나면 콧구멍이 확장될 수 있다.			
슬픔: 슬픔을 느낄 때, 눈썹의 모서리를 아래로 끌어당기고, 입술을 찌푸리며, 위쪽 눈꺼풀은 아래로 처진다.			

신호	디코딩	인코딩	내면화
입으로 어깨를 으쓱하는 모양: 입꼬리를 끌어당겨 찡그리는 표정은 불신이나 의심을 의미한다.			
경멸: 경멸을 느낄 때 입의 한쪽을 들어 올려 비웃음을 보인다.			
질문식 어조: 질문을 할 때, 문장의 마지막 발성을 올린다. 하지만 설명식 문장에서 질문식 어조를 사용해서는 안 된다.			
보컬 프라이: 숨이 차거나 불안을 느낄 때, 성대가 서로 마찰하며 그 진동으로 보컬 프라이를 만들어낸다.			
삽입어: '저', '음' 같은 불필요한 삽입어는 자신감이나 지식이 부족하다는 것을 나타낸다.			
거부의 음성: 뭔가를 좋아하지 않을 때, 아이쿠, 앗, 휴 같은 부정적으로 들리는 소리를 낸다. 이는 '동의하지 않음'을 나타낸다.			

직장이나 집에서 친구 등 다른 사람들과 함께 몇 가지 시나리오에서 모든 신호를 디코딩하고 인코딩하는 연습을 해보라. 당신의 온화함과 유능함을 최대한 끌어올려 항상 카리스마 구역에 머물도록 하라.

앞의 모든 신호를 당신을 위해 최대한 활용하라. 때로는 수정하고 때로는 조정해가면서 당신의 신호로 만들어라. 공격적으로 보일 수 있는 콧구멍 벌렁거림만 빼고 말이다.

나는 언제나 당신을 응원하면서, 이 신호들이 내게 그랬던 것처럼 당신의 의사소통, 상호작용, 자신감을 어떻게 변화시키는지 보고 싶다. 하나의 신호가 큰 차이를 만들 수 있다는 점을 명심하라.

당신의 성공을 위하여,
바네사 반 에드워즈

추신. 시간 내서 이 책을 읽어주신 독자 여러분께 감사드립니다. 배움의 여정을 저와 함께해주시고, 저를 믿고 시간을 투자해주셔서 정말 고맙습니다. 즐거웠다면 이 지식을 다른 사람에게도 공유해주십시오. 이 책을 친구에게 선물하고, 동료에게 빌려주고, 필요한 사람에게 나누어주십시오.

다시 한번 감사드립니다.

·참고문헌·

서문 ——

- *Shark Tank*, season 5, episode 9, aired November 15, 2013, on ABC, http://www.imdb.com/title/tt3263264.
- "The Unstoppable March of the Upward Inflection?," *BBC News*, August 11, 2014, https://www.bbc.com/news/magazine-28708526.
- Michel Belyk and Steven Brown, "Perception of Affective and Linguistic Prosody: An ALE Meta-Analysis of Neuroimaging Studies," *Social Cognitive and Affective Neuroscience* 9, no. 9 (September 2014): 1395-403, https://doi.org/10.1093/scan/nst124.
- Belyk and Brown, "Perception of Affective and Linguistic Prosody"; Maria del Mar Vanrell et al., "Intonation as an Encoder of Speaker Certainty: Information and Confirmation Yes-No Questions in Catalan," *Language and Speech* 56, no. 2 (2013): 163-90, https://doi.org/10.1177/0023830912443942.
- Desmond Morris, Bodytalk: *A World Guide to Gestures* (London: Jonathan Cape, 1994).
- Aldert Vrij, *Detecting Lies and Deceit: Pitfalls* and Opportunities, 2nd ed. (West Sussex, England: John Wiley & Sons, 2008).
- Konstantin O. Tskhay, Rebecca Zhu, and Nicholas O. Rule, "Perceptions of Charisma from Thin Slices of Behavior Predict Leadership Prototypicality Judgments," *Leadership Quarterly* 28, no. 4 (March 2017): 555-62, https://doi.org/10.1016/j.leaqua.2017.03.003.
- Jolene Simpson, "Does Nodding Cause Contagious Agreement? The Influence of Juror Nodding on Perceptions of Expert Witness Testimony," (PhD diss.,

University of Alabama, 2009), https://www. semanticscholar. org/paper/Does-nodding-cause-contagious-agreement%3Athe-of-on-Simpson/f1175810c56ddf6cf798cec9cf2c2935c9549fa9.

- Zijian Harrison Gong and Erik P. Bucy, "When Style Obscures Substance: Visual Attention to Display Appropriateness in the 2012 Presidential Debates," *Communication Monographs* 83, no. 3 (July 2016): 349-72, https://doi. org/10. 1080/03637751. 2015. 1119868.

- Alex Pentland, *Honest Signals: How They Shape Our World* (Cambridge, MA: MIT Press, 2008).

- Jacquelyn Crane and Frederick G. Crane, "Optimal Nonverbal Communications Strategies Physicians Should Engage in to Promote Positive Clinical Outcomes," *Health Marketing Quarterly* 27, no. 3 (August 2010): 262-74, https://doi. org/10. 1080/07359683. 2010. 495300.

1장 ——

- Susan T. Fiske, Amy J. Cuddy, Peter Glick, and Jun Xu, " 'A Model of (Often Mixed) Stereotype Content: Competence and Warmth Respectively Follow from Perceived Status and Competition': Correction to Fiske et al. (2002)," *Journal of Personality and Social Psychology* (April 25, 2019), https://doi. org/10. 1037/pspa0000163.

- Chris Malone and Susan T. Fiske, *The Human Brand: How We Relate to People, Products, and Companies* (San Francisco, CA: Jossey-Bass, 2013).

- Malone and Fiske, *The Human Brand*.

- *Shark Tank* (@ABCSharkTank), "Remember Jamie Siminoff? Well, he's back, but this time it's a little different! #SharkTank," Twitter, October 4, 2018,

- Alan Alda and Goldie Hawn, "Goldie Hawn: She's Got Your Brain on Her Mind," September 29, 2020, *Clear+Vivid with Alan Alda*, podcast, 43:00, https://podcasts. apple. com/us/podcast/goldie-hawn-shes-got-your-brain-on-her-mind/id1400082430?i=1000492899514.

- Wendy Levinson et al., "Physician-Patient Communication. The Relationship with Malpractice Claims Among Primary Care Physicians and Surgeons," *JAMA* 277, no. 7 (February 19, 1997): 553-59, https://jamanetwork. com/journals/jama/article-abstract/414233.

- Gordon T. Kraft-Todd et al., "Empathic Nonverbal Behavior Increases Ratings of Both Warmth and Competence in a Medical Context," *PLoS ONE* 12, no. 5 (May 15,

2017): e0177758, https://pubmed.ncbi.nlm.nih.gov/28505180.
- Dana R. Carney, "The Nonverbal Expression of Power, Status, and Dominance," *Current Opinion in Psychology* 33 (June 2020): 256-64, https://doi.org/10.1016/j.copsyc.2019.12.004.
- "Jeff Bezos Takes Reporter on Exclusive Tour of Early Amazon HQ," *60 Minutes Australia*, 2000, video, 11:46, https://www.youtube.com/watch?v=44XbHVRxnMA.
- "Jeff Bezos Talks Amazon, Blue Origin, Family, and Wealth," *Business Insider*, May 5, 2018, video, 48:30, https://www.youtube.com/watch?v=SCpgKvZB_VQ.

2장 ——

- Michael H. Morgan and David R. Carrier, "Protective Buttressing of the Human Fist and the Evolution of Hominin Hands," *Journal of Experimental Biology* 216, no. 2 (January 15, 2013): 236-44, https://doi.org/10.1242/jeb.075713.
- Massachusetts General Hospital, "Study Identifies Neurons That Help Predict What Another Individual Will Do," *PsyPost*, March 1, 2015, https://www.psypost.org/2015/03/study-identifies-neurons-that-help-predict-what-another-individual-will-do-32117.
- Daniel Goleman, *Social Intelligence: The New Science of Human Relationships* (New York: Random House, 2011).
- Srinivasan S. Pillay, MD, *Your Brain and Business: The Neuroscience of Great Leaders* (Upper Saddle River, NJ: FT Press, 2010), 30.
- *Queer Eye*, "The Anxious Activist," season 5, episode 5, aired June 5, 2020, https://www.imdb.com/title/tt12455268.
- Elaine Hatfield, John T. Cacioppo, and Richard L. Rapson, "Emotional Contagion," *Current Directions in Psychological Science* 2, no. 3(1993): 96-100, https://doi.org/10.1111/1467-8721.ep10770953.
- Madeleine L. Van Hecke, Lisa P. Callahan, Brad Kolar, and Ken A. Paller, *The Brain Advantage: Become a More Effective Business Leader Using the Latest Brain Research* (Amherst, NY: Prometheus Books, 2010).
- Sigal G. Barsade, "The Ripple Effect: Emotional Contagion and Its Influence on Group Behavior," *Administrative Science Quarterly* 47, no. 4 (2002): 644-75, https://doi.org/10.2307/3094912.
- Matthew D. Lieberman, *Social: Why Our Brains Are Wired to Connect* (Oxford, UK: Oxford University Press, 2013).

- Ron Friedman et al., "Motivational Synchronicity: Priming Motivational Orientations with Observations of Others' Behaviors," *Motivation and Emotion* 34, no. 1 (March 2009): 34-38, https://doi.org/10.1007/s11031-009-9151-3.
- Alex Pentland, *Honest Signals: How They Shape Our World* (Cambridge, MA: MIT Press, 2008).
- Daniel Goleman, Richard E. Boyatzis, and Annie McKee, *The New Leaders: Transforming the Art of Leadership into the Science of Results* (New York: Little, Brown, 2002).
- Mary Seburn, "Encoding and Decoding of Meaning in Social Behavior," *McNair Scholars Journal* 1, no. 1 (January 1, 1997), https://scholarworks.gvsu.edu/mcnair/vol1/iss1/8.
- Laura P. Naumann et al., "Personality Judgments Based on Physical Appearance," *Personality and Social Psychology Bulletin* 35, no. 12 (September 2009): 1661-71, https://doi.org/10.1177/0146167209346309.
- Pessi Lyyra, James H. Wirth, and Jari K. Hietanen, "Are You Looking My Way? Ostracism Widens the Cone of Gaze," *Quarterly Journal of Experimental Psychology* 70, no. 8 (August 2017): 1713-21, https://doi.org/10.1080/17470218.2016.1204327.
- Mary P. Rowe, "Barriers to Equality: The Power of Subtle Discrimination to Maintain Unequal Opportunity," *Employee Responsibilities and Rights Journal* 3, no. 2 (1990): 153-63, https://doi.org/10.1007/BF01388340.
- Pentland, *Honest Signals*.

3장 ——

- "Dr. Kofi Essel," https://www.ahealthieramerica.org/articles/dr-kofi-essel-966.
- Eddie Harmon-Jones, Philip A. Gable, and Tom F. Price, "Leaning Embodies Desire: Evidence That Leaning Forward Increases Relative Left Frontal Cortical Activation to Appetitive Stimuli," *Biological Psychology* 87, no. 2 (March 2011): 311-13, https://doi.org/10.1016/j.biopsycho.2011.03.009.
- Albert Mehrabian, "Inference of Attitudes from the Posture, Orientation, and Distance of a Communicator," *Journal of Consulting and Clinical Psychology* 32, no. 3 (June 1968): 296-308, https://doi.org/10.1037/h0025906.
- Robert Gifford, Cheuk Fan Ng, and Margaret Wilkinson, "Nonverbal Cues in the Employment Interview: Links Between Applicant Qualities and Interviewer Judgments," *Journal of Applied Psychology* 70, no. 4 (November 1985): 729-36,

https://doi.org/10.1037/0021-9010.70.4.729.

- Hillary Anger Elfenbein and Nalini Ambady, "On the Universality and Cultural Specificity of Emotion Recognition: A Meta-Analysis," *Psychological Bulletin* 128, no. 2 (April 2002): 203-35, https://doi.org/10.1037/0033-2909.128.2.203.

- Harmon-Jones, Gable, and Price, "Leaning Embodies Desire."

- Mehrabian, "Inference of Attitudes from the Posture, Orientation, and Distance of a Communicator."

- Desmond Morris, *Peoplewatching: The Desmond Morris Guide to Body Language* (New York: Random House, 2012).

- Mehrabian, "Inference of Attitudes from the Posture, Orientation, and Distance of a Communicator."

- Evy Poumpouras, "About," https://www.evypoumpouras.com/about.

- "Science and Communication: Alan Alda in Conversation with Neil deGrasse Tyson," 92nd Street Y, June 8, 2017, video, 36:54, https://www.youtube.com/watch?v=syIb73RQqVU.

- Andrew J. Hale et al., "Twelve Tips for Effective Body Language for Medical Educators," *Medical Teacher* 39, no. 9 (September 2017): 914-19, https://doi.org/10.1080/0142159X.2017.1324140.

- Valentina Rita Andolfi, Chiara Di Nuzzo, and Alessandro Antonietti, "Opening the Mind through the Body: The Effects of Posture on Creative Processes," *Thinking Skills and Creativity* 24 (June 2017): 20-28, https://doi.org/10.1016/j.tsc.2017.02.012.

- Dave Blackwell, "Jazz Surprise by Taking Stockton," *Deseret News*, June 19, 1984, https://news.google.com/newspapers?id=U_VSAAAAIBAJ&pg=5125%2C1607899; "John Stockton Stats," Basketball Reference, accessed September 15, 2021, https://www.basketball-reference.com/players/s/stockjo01.html.

- "NBA All-Time Assists Leaders," ESPN, accessed September 15, 2021, http://www.espn.com/nba/history/leaders/_/stat/assists.

- Marion K. Underwood, "III. Glares of Contempt, Eye Rolls of Disgust and Turning Away to Exclude: Non-Verbal Forms of Social Aggression Among Girls," *Feminism & Psychology* 14, no. 3 (August 2004): 371-75, https://doi.org/10.1177/0959353504044637; Rebecca P. Lawson, Colin W. G. Clifford, and Andrew J. Calder, "About Turn: The Visual Representation of Human Body Orientation Revealed by Adaptation," *Psychological Science* 20, no. 3 (March 2009): 363-71, https://doi.org/10.1111/j.1467-9280.2009.02301.x; Jeffrey David Robinson, "Getting Down to Business: Talk, Gaze, and Body Orientation During

Openings of Doctor-Patient Consultations," *Human Communication Research* 25, no. 1 (September 1998): 97-123. https://doi.org/10.1111/j.1468-2958.1998. tb00438.x.

- Virginia M. Gunderson and Joan S. Lockard, "Human Postural Signals as Intention Movements to Depart: African Data," *Animal Behaviour* 28, no. 3 (1980): 966-67, https://doi.org/10.1016/S0003-3472(80)80159-X.

- "John Stockton and Karl Malone," NBA, August 9, 2009, video, 3:21, https://www.youtube.com/watch?v=cYOf4hYa5A0&list=PLqaqx66q9hd_H4-7NTabVEyK-wffKdzZp&index=44.

- "Top 10 All-Time Point Guards," SI.com photo gallery, March 11, 2009, https://web.archive.org/web/20090311053817/http://sportsillustrated.cnn.com/multimedia/photo_gallery/2005/11/22/gallery.alltimepointguards/content.6.html.

- *Seinfeld*, season 5, episode 18, "The Raincoats," aired April 28, 1994, on NBC, https://www.youtube.com/watch?v=sRZ5RpsytRA.

- Leslie A. Hayduk, "Personal Space: Understanding the Simplex Model," *Journal of Nonverbal Behavior* 18, no. 3 (1994): 245-60, https://doi.org/10.1007/BF02170028; Edward T. Hall, *The Hidden Dimension: An AnthropologistExamines* Man's Use of Space in Public and Private (New York: Anchor Books, 1969); Carlos E. Sluzki, "Proxemics in Couple Interactions: Rekindling an Old Optic," *Family Process* 55, no. 1 (2016): 7-15, https://doi.org/10.1111/famp.12196; JorgeRios-Martinez, Anne Spalanzani, and Christian Laugier, "From Proxemics Theory to Socially-Aware Navigation: A Survey," *International Journal of Social Robotics* 7, no. 2(2015): 137-53, https://doi.org/10.1007/s12369-014-0251-1.

- Edgar C. O'Neal et al., "Effect of Insult upon Personal Space Preferences," *Journal of Nonverbal Behavior* 5, no. 1 (1980): 56-62, https://doi.org/10.1007/BF00987055.

- Brant Pitre, *Jesus and the Last Supper* (Grand Rapids, MI: William B. Eerdmans Publishing Company, 2017).

- Vanessa Van Edwards, "How to Pick the Right Seat in a Meeting EVERY Time," Science of People, March 5, 2020, https://www.scienceofpeople.com/seating-arrangement.

- Karlton Lattimore, "The Effect of Seating Orientation and a Spatial Boundary on Students' Experience of Person-Centered Counseling" (master's thesis, Cornell University, August 19, 2013), https://www.semanticscholar.org/paper/The-Effect-Of-Seating-Orientation-And-A-Spatial-On-Lattimore/2643c3d0a4e54e88e08 d3cc91fde3625e2f2ead5.

- Juliet Zhu and Jennifer Argo, "Exploring the Impact of Various Shaped Seating Arrangements on Persuasion," *Journal of Consumer Research* 40, no. 2 (August 2013): 336-49, https://doi.org/10.1086/670392.
- Mark L. Knapp, Judith A. Hall, and Terrence G. Horgan, *Nonverbal Communication in Human Interaction*, 8th ed. (Boston: Wadsworth, Cengage Learning, 2014).
- Aeon, "How We Learn to Read Another's Mind by Looking into Their Eyes," https://aeon.co/ideas/how-we-learn-to-read-anothers-mind-by-looking-into-their-eyes.
- Tobias Grossmann, "The Eyes as Windows into Other Minds: An Integrative Perspective," *Perspectives on Psychological Science* 12, no. 1 (2017): 107-21, https://doi.org/10.1177/1745691616654457.
- Sarah Jessen and Tobias Grossmann, "Unconscious Discrimination of Social Cues from Eye Whites in Infants," *PNAS* 111, no. 45 (November 11, 2014): 16208-13, https://doi.org/10.1073/pnas.1411333111.
- P. J. Whalen et al., "Human Amygdala Responsivity to Masked Fearful Eye Whites," *Science* 306, no. 5704 (December 17, 2004): 2061, https://doi.org/10.1126/science.1103617.
- Kai MacDonald, "Patient-Clinician Eye Contact: Social Neuroscience and Art of Clinical Engagement," *Postgraduate Medicine* 121, no. 4 (July 2009): 136-44, https://doi.org/10.3810/pgm.2009.07.2039.
- Universitaet Tübingen, "Tiny Eye Movements Highlight the World Around Us," PsyPost, July 16, 2015, https://www.psypost.org/2015/07/tiny-eye-movements-highlight-the-world-around-us-35907.
- Gregor Domes et al., "Oxytocin Improves 'Mind-Reading' in Humans," *Biological Psychiatry* 61, no. 6 (March 15, 2007): 731-33, https://doi.org/10.1016/j.biopsych.2006.07.015; Aeon, "How We Learn to Read Another's Mind by Looking into Their Eyes."
- Takahiko Koike et al., "Neural Substrates of Shared Attention as Social Memory: A Hyperscanning Functional Magnetic Resonance Imaging Study," *NeuroImage* 125 (January 15, 2016): 401-12, https://doi.org/10.1016/j.neuroimage.2015.09.076.
- Steven Pace, "Gazing Up and to the Right of the Audience Gives a Heroic Impression," PsyPost, April 18, 2016, https://www.psypost.org/2016/04/gazing-right-audience-gives-heroic-impression-42400.
- University of Cambridge, "Eye Contact with Your Baby Helps Synchronize Your Brainwaves, Study Finds," PsyPost, November 29, 2017, https://www.psypost.org/2017/11/eye-contact-baby-helps-synchronize-brainwaves-study-finds-50285;

Teresa Farroni, Gergely Csibra, Francesca Simion, and Mark H. Johnson, "Eye Contact Detection in Humans from Birth," *PNAS* 99, no. 14 (July 9, 2002): 9602-5, https://doi.org/10.1073/pnas.152159999; Mary Jane Maguire-Fong, *Teaching and Learning with Infants and Toddlers: Where Meaning-Making Begins* (New York: Teachers College Press, 2015).

- Hironori Akechi et al., "Attention to Eye Contact in the West and East: Autonomic Responses and Evaluative Ratings," *PLoS ONE* 8, no. 3 (March 13, 2013): e59312, https://doi.org/10.1371/journal.pone.0059312.
- Emily Shemanski, "Cultures Perceive Direct Eye Contact Differently," PsyPost, June 22, 2015, https://www.psypost.org/2015/06/cultures-perceive-direct-eye-contact-differently-35291; Academy of Finland, "Personality Shapes the Way Our Brains React to Eye Contact," PsyPost, June 5, 2015, https://www.sciencedaily.com/releases/2015/06/150605081615.htm.

4장 ——

- Brooks Barnes, "Disneyland Map Is Headed to Auction," *New York Times*, May 11, 2017, https://www.nytimes.com/2017/05/11/movies/walt-disney-hand-drawn-map-of-disneyland-is-headed-to-auction.html.
- Brady MacDonald, "How Many People Will Disneyland Admit with Reduced Capacity?," *Orange County Register*, July 14, 2020, https://www.ocregister.com/2020/07/14/how-many-people-will-disneyland-admit-with-reduced-capacity.
- Disney Institute, *Be Our Guest: Perfecting the Art of Customer Service*, rev. ed. (New York: Disney Editions, 2011).
- Richard E. Nisbett and Timothy D. Wilson, "The Halo Effect: Evidence for Unconscious Alteration of Judgments," *Journal of Personality and Social Psychology* 35, no. 4 (1977): 250-56, https://doi.org/10.1037/0022-3514.35.4.250.
- Camiel J. Beukeboom, "When Words Feel Right: How Affective Expressions of Listeners Change a Speaker's Language Use," *European Journal of Social Psychology* 39, no. 5 (August 2009): 747-56, https://onlinelibrary.wiley.com/doi/10.1002/ejsp.572.
- Emma Otta et al., "The Effect of Smiling and of Head Tilting on Person Perception," *Journal of Psychology* 128, no. 3 (1994): 323-31, https://doi.org/10.1080/00223980.1994.9712736.

- Otta et al., "The Effect of Smiling and of Head Tilting on Person Perception."

- Kimberly Schneiderman, "Using LinkedIn to Connect," *Career Planning and Adult Development Journal* 32, no. 3 (2016): 32-37, https://www.semanticscholar.org/paper/Using-Linkedin-to-Connect-Schneiderman/046c9ecd7a6c8ed9d1ad399e77e32220397b946b.

- Marco Costa, Marzia Menzani, and Pio Enrico Ricci Bitti, "Head Canting in Paintings: An Historical Study," *Journal of Nonverbal Behavior* 25, no. 1 (March 2001): 63-73, https://doi.org/10.1023/A:1006737224617.

- Otta et al., "The Effect of Smiling and of Head Tilting on Person Perception."

- Erving Goffman, "Gender Advertisements," *Studies in the Anthropology of Visual Communication* 3, no. 2 (Philadelphia, PA: Society for the Anthropology of Visual Communication, 1976).

- Barry M. Bloom, "A-Rod Signals Support for Salary Cap Along with Mets Bid," *Sportico* (blog), July 17, 2020, https://www.sportico.com/leagues/baseball/2020/a-rod-signals-support-for-salary-cap-along-with-mets-bid-1234609420.

- "Eye to Eye: A-Rod Speaks Out," *60 Minutes*, December 17, 2007, video, 2:13, https://www.youtube.com/watch?v=oVcqLt9sJLs.

- Jay Weaver, "Alex Rodriguez's DEA Confession: Yes, I Used Steroids from Fake Miami Doctor," *Miami Herald*, November 5, 2014, https://www.miamiherald.com/sports/mlb/article3578762.html.

- Jolene Simpson, "Does Nodding Cause Contagious Agreement? The Influence of Juror Nodding on Perceptions of Expert Witness Testimony," (PhD diss., University of Alabama, 2009), https://www.semanticscholar.org/paper/Does-nodding-cause-contagious-agreement%3Athe-of-on-Simpson/f1175810c56ddf6cf798cec9cf2c2935c9549fa9.

- Marie Helweg-Larsen, Stephanie J. Cunningham, Amanda Carrico, and Alison M. Pergram, "To Nod or Not to Nod: An Observational Study of Nonverbal Communication and Status in Female and Male College Students," *Psychology of Women Quarterly* 28, no. 4 (December 2004): 358-61, https://doi.org/10.1111/j.1471-6402.2004.00152.x.

- *Dating in the Dark Australia*, season 1, episode 7, aired January 19, 2011, on Fox8, video, 43:51, https://www.youtube.com/watch?v=qxuFUbb86qQ

- Karen L. Schmidt and Jeffrey F. Cohn, "Human Facial Expressions as Adaptations: Evolutionary Questions in Facial Expression Research," *American Journal of Physical Anthropology* 116, no. S33 (January 2001): 3-24, https://doi.org/10.1002/ajpa.20001.

- Chris Frith, "Role of Facial Expressions in Social Interactions," *Philosophical*

Transactions of the Royal Society B: Biological Sciences 364, no. 1535 (December 12, 2009): 3453-58, https://doi.org/10.1098/rstb.2009.0142.

- María L. Flecha-García, "Eyebrow Raises in Dialogue and Their Relation to Discourse Structure, Utterance Function and Pitch Accents in English," Speech Communication 52, no. 6 (2010): 542-54, https://doi.org/10.1016/j.specom.2009.12.003.

- Karl Grammer et al., "Patterns on the Face: The Eyebrow Flash in Cross-Cultural Comparison," Ethology 77, no. 4 (1988): 279-99, https://onlinelibrary.wiley.com/doi/abs/10.1111/j.1439-0310.1988.tb00211.x.

- "Science and Communication: Alan Alda in Conversation with Neil deGrasse Tyson," 92nd Street Y, June 8, 2017, video, 36:54, https://www.youtube.com/watch?v=syIb73RQqVU.

- Mark L. Knapp, Judith A. Hall, and Terrence G. Horgan, Nonverbal Communication in Human Interaction, 8th ed. (Boston: Wadsworth, Cengage Learning, 2014).

- Takashi Tsukiura and Roberto Cabeza, "Orbitofrontal and Hippocampal Contributions to Memory for Face-Name Associations: The Rewarding Power of a Smile," Neuropsychologia 46, no. 9 (2008): 2310-19, https://doi.org/10.1016/j.neuropsychologia.2008.03.013.

- Beatrice Biancardi, Angelo Cafaro, and Catherine Pelachaud, "Analyzing First Impressions of Warmth and Competence from Observable Nonverbal Cues in Expert-Novice Interactions," ICMI '17: Proceedings of the 19th ACM International Conference on Multimodal Interaction (November 2017): 341-49, https://doi.org/10.1145/3136755.3136779.

- Simone Schnall and James Laird, "Keep Smiling: Enduring Effects of Facial Expressions and Postures on Emotional Experience and Memory," Cognition and Emotion 17, no. 5 (September 2003): 787-97, https://doi.org/10.1080/02699930302286.

- Ron Gutman, "The Hidden Power of Smiling," filmed March 2011, TED video, 7:10, https://www.ted.com/talks/ron_gutman_the_hidden_power_of_smiling.

- Barbara Wild, Michael Erb, and Mathias Bartels, "Are Emotions Contagious? Evoked Emotions While Viewing Emotionally Expressive Faces: Quality, Quantity, Time Course and Gender Differences," Psychiatry Research 02, no. 2 (July 2001): 109-24, https://doi.org/10.1016/S0165-1781(01)00225-6.

- Ulf Dimberg, Monika Thunberg, and Kurt Elmehed, "Unconscious Facial Reactions to Emotional Facial Expressions," Psychological Science 11, no. 1 (January 2000): 86-89, https://doi.org/10.1111/1467-9280.00221.

- Laura E. Kurtz and Sara B. Algoe, "When Sharing a Laugh Means Sharing More: Testing the Role of Shared Laughter on Short-Term Interpersonal Consequences," *Journal of Nonverbal Behavior* 41, no. 1 (March 1, 2017): 45-65, https://link.springer.com/article/10.1007/s10919-016-0245-9.
- Marianne Sonnby-Borgström, "Automatic Mimicry Reactions as Related to Differences in Emotional Empathy," *Scandinavian Journal of Psychology* 43, no. 5 (December 2002): 433-43, https://doi.org/10.1111/1467-9450.00312.
- Scott Cacciola, "Dallas's Secret Weapon: High Fives," *Wall Street Journal*, June 9, 2011, https://www.wsj.com/articles/SB10001424052702304392704576373641168929846.
- Paul J. Zak, *The Moral Molecule: The Source of Love and Prosperity* (New York: Dutton, 2012).
- Alberto Gallace and Charles Spence, "The Science of Interpersonal Touch: An Overview," *Neuroscience & Biobehavioral Reviews* 34, no. 2(2010): 246-59, https://doi.org/10.1016/j.neubiorev.2008.10.004.
- L. Gebauer et al., "Oxytocin Improves Synchronisation in Leader-Follower Interaction," *Scientific Reports* 6, no. 1 (December 8, 2016): 38416, https://doi.org/10.1038/srep38416.
- Michael Lynn, Joseph-Mykal Le, and David S. Sherwyn, "Reach Out and Touch Your Customers," *Cornell Hospitality Quarterly* 39, no. 3 (June 1, 1998): 60-65, https://doi.org/10.1177/001088049803900312.
- Martin S. Remland, Tricia S. Jones, and Heidi Brinkman, "Proxemic and Haptic Behavior in Three European Countries," *Journal of Nonverbal Behavior* 15, no. 4 (December 1991): 215-32, https://doi.org/10.1007/BF00986923.
- Erwan Codrons, Nicolo F. Bernardi, Matteo Vandoni, and Luciano Bernardi, "Spontaneous Group Synchronization of Movements and Respiratory Rhythms," *PLoS ONE* 9, no. 9 (September 12, 2014): e107538, https://doi.org/10.1371/journal.pone.0107538; Tamami Nakano and Shigeru Kitazawa, "Eyeblink Entrainment at Breakpoints of Speech," *Experimental Brain Research* 205, no. 4 (2010): 577-81, https://doi.org/10.1007/s00221-010-2387-z.
- Alex Pentland, Honest Signals: How They Shape Our World (Cambridge, MA: MIT Press, 2008).
- Ap Dijksterhuis, Pamela K. Smith, Rick B. van Baaren, and Daniel H. J. Wigboldus, "The Unconscious Consumer: Effects of Environment on Consumer Behavior," *Journal of Consumer Psychology* 15, no. 3 (December 2005): 193-202, https://doi.org/https://doi.org/10.1207/s15327663jcp1503_3.
- Robert W. Levenson and Anna M. Ruef, "Empathy: A Physiological Substrate,"

Journal of Personality and Social Psychology 63, no. 2 (August 1992): 234-46, https://doi.org/10.1037/0022-3514.63.2.234.

5장 ──

- "The Kennedy-Nixon Debates," History, updated June 10, 2019, https://www.history.com/topics/us-presidents/kennedy-nixon-debates.
- Bill Newcott, "Behind the Scenes of the First Televised Presidential Debates 60 Years Ago," *National Geographic*, September 25, 2020, https://www.nationalgeographic.com/history/article/behind-scenes-first-televised-presidential-debates-nixon-jfk-1960.
- Tanya Vacharkulksemsuk et al., "Dominant, Open Nonverbal Displays Are Attractive at Zero-Acquaintance," *PNAS* 113, no. 15 (April 12, 2016): 4009-14, https://doi.org/10.1073/pnas.1508932113.
- Dana R. Carney, "The Nonverbal Expression of Power, Status, and Dominance," *Current Opinion in Psychology* 33 (June 2020): 256-64, https://doi.org/10.1016/j.copsyc.2019.12.004.
- John H. Riskind and Carolyn C. Gotay, "Physical Posture: Could It Have Regulatory or Feedback Effects on Motivation and Emotion?," *Motivation and Emotion* 6, no. 3 (September 1982): 273-98, https://doi.org/10.1007/BF00992249.
- Maarten W. Bos and Amy J. C. Cuddy, "iPosture: The Size of Electronic Consumer Devices Affects Our Behavior," *Harvard Business School, Working Paper 13-097*, May 20, 2013, https://dash.harvard.edu/handle/1/10646419.
- Daniel H. Lee and Adam K. Anderson, "Reading What the Mind Thinks from How the Eye Sees," *Psychological Science* 28, no. 4 (February 2017): 494-503, https://doi.org/10.1177/0956797616687364.
- Fiona Ellis, "Will Ferrell: The Zoolander Look Was a Blue Steel from Pierce Brosnan," *Irish Sun*, February 13, 2016, https://www.thesun.ie/archives/bizarre/142684/will-ferrell-the-zoolander-look-was-a-blue-steel-from-pierce-brosnan.
- Linda Talley and Samuel Temple, "Silent Hands: A Leader's Ability to Create Nonverbal Immediacy," *Journal of Social, Behavioral, & Health Sciences* 12, no. 1 (2018), https://doi.org/10.5590/JSBHS.2018.12.1.09.
- Andrew J. Hale et al., "Twelve Tips for Effective Body Language for Medical Educators," *Medical Teacher* 39, no. 9 (May 14, 2017): 914-19, https://doi.org/10.1080/0142159X.2017.1324140.

- "2018 PokerStars Caribbean Adventure: $1,650 National Championship," PokerNews, January 9, 2018, https://www.pokernews.com/tours/pca/2018-pca/1650-no-limit-holdem; Maria Konnikova, *The Biggest Bluff: How I Learned to Pay Attention, Master Myself, and Win* (New York: Penguin Press, 2020).
- Linda Talley and Samuel Temple, "How Leaders Influence Followers Through the Use of Nonverbal Communication," *Leadership & Organization Development Journal* 36, no. 1 (March 2015): 69-80, https://doi.org/10.1108/LODJ-07-2013-0107.
- Stephen Porter and Mary Ann Campbell, "A. Vrij, Detecting Lies and Deceit: The Psychology of Lying and Implications for Professional Practice," *Expert Evidence* 7, no. 3 (1999): 227-32, https://doi.org/10.1023/A:1008978705657.
- Geoffrey Beattie, *Visible Thought: The New Psychology of Body Language* (London: Routledge, 2003).
- William Harms, "Susan Goldin-Meadow on What Gesture Says about How Our Minds Work," American Association for the Advancement of Science, October 27, 2014, https://www.aaas.org/susan-goldin-meadow-what-gesture-says-about-how-our-minds-work.
- Allan Pease and Barbara Pease, *The Definitive Book of Body Language* (New York: Bantam Books, 2006).
- Susan Goldin-Meadow, *Hearing Gesture: How Our Hands Help Us Think* (Cambridge, MA: Harvard University Press, 2003).
- Beattie, *Visible Thought*; David McNeill and Elena T. Levy, "Conceptual Representations in Language Activity and Gesture," in *Speech, Place, and Action: Studies in Deixis and Related Topics*, eds. Robert J. Jarvella and Wolfgang Klein (New York: John Wiley & Sons, 1982), 271-95; Geoffrey Beattie and Heather Shovelton, "What Properties of Talk Are Associated with the Generation of Spontaneous Iconic Hand Gestures?," *British Journal of Social Psychology* 41, no. 3 (October 2002): 403-17, https://doi.org/10.1348/014466602760344287.
- Beattie, *Visible Thought*; McNeill and Levy, "Conceptual Representations in Language Activity and Gesture"; Beattie and Shovelton, "What Properties of Talk Are Associated with the Generation of Spontaneous Iconic Hand Gestures?"
- "Eva Peron's Final Speech (1951)," YouTube, April 2, 2012, video, 1:38, https://www.youtube.com/watch?v=Dr7ymWtnHWc.
- Daniel J. Siegel, *Mindsight: The New Science of Personal Transformation* (New York: Bantam Books, 2010).
- Vanessa Van Edwards, "How to Get Someone to Stop Talking to You, Nicely," Science of People, June 30, 2017, https://www.scienceofpeople.com/stop-

talking.

- Annick Darioly and Marianne Schmid Mast, "The Role of Nonverbal Behavior for Leadership: An Integrative Review," in *Leader Interpersonal and Influence Skills: The Soft Skills of Leadership*, eds. Ronald E. Riggio and Sherylle J. Tan (London: Routledge, 2014), 73-100.

6장 ——

- "2005: Lance Armstrong Denies Doping," *Larry King Live*, CNN, aired August 25, 2005, video, 2:10, https://www.cnn.com/videos/sports/2011/05/20/vault.2005.lkl.armstrong.cnn.
- David DeSteno et al., "Detecting the Trustworthiness of Novel Partners in Economic Exchange," *Psychological Science* 23, no. 12 (November 2012): 1549-56, https://doi.org/10.1177/0956797612448793.
- "Richard Nixon Associated Press Q and A Session 1973," Buyout Footage Historic Film Archive, video, quote at 35:08, https://www.youtube.com/watch?v=NqPAixaBFOQ.
- Nalini Ambady, Jasook Koo, Robert Rosenthal, and Carol H. Winograd, "Physical Therapists' Nonverbal Communication Predicts Geriatric Patients' Health Outcomes," *Psychology and Aging* 17, no. 3 (September 2002): 443-52, https://doi.org/10.1037/0882-7974.17.3.443.
- James A. Roberts and Meredith E. Daniel, "Put Down Your Phone and Listen to Me: How Boss Phubbing Undermines the Psychological Conditions Necessary for Employee Engagement," *Computers in Human Behavior* 75 (2017): 206-17, https://doi.org/10.1016/j.chb.2017.05.021; Beth Elwood, "'Phubbing' Study Finds Ignoring Others for Your Phone Screen Is Linked to Increased Anxiety and Depression," PsyPost, April 27, 2020, https://www.psypost.org/2020/04/phubbing-study-finds-ignoring-others-for-your-phone-screen-is-linked-to-increased-anxiety-and-depression-56624.
- Severine Koch, Rob W. Holland, Maikel Hengstler, and Ad van Knippenberg, "Body Locomotion as Regulatory Process: Stepping Backward Enhances Cognitive Control," *Psychological Science* 20, no. 5 (May 2009): 549-50, https://doi.org/10.1111/j.1467-9280.2009.02342.x.
- "Dateline Special Interview with Britney Spears, Part 02," *Dateline*, NBC, aired June 15, 2006, video, 9:49, https://www.youtube.com/watch?v=-Q8dFKDeNjg.
- Elizabeth G. Shreve, Jinni A. Harrigan, John R. Kues, and Denise K. Kagas,

"Nonverbal Expressions of Anxiety in Physician-Patient Interactions," *Psychiatry* 51, no. 4 (December 1988): 378-84, https://doi.org/10.1080/00332747.1988.1102 4414.

- John A. Daly et al., "Sex and Relationship Affect Social Self-Grooming," *Journal of Nonverbal Behavior* 7, no. 3 (1983): 183-89, https://doi.org/10.1007/BF00986949.
- Lee Moran, " 'Pinocchio Effect': Lying Sends Nose-Tip Temperature Soaring, but Size Unchanged: Scientists," *New York Daily News*, November 24, 2012, https://www.nydailynews.com/life-style/health/pinocchio-effect-lying-sends-nose-tip-temperature-soaring-scientists-article-1.1206872.
- A. R. Hirsch and C. J. Wolf, "Practical Methods for Detecting Mendacity: A Case Study," *Journal of the American Academy of Psychiatry and the Law* 29, no. 4 (December 2001): 438-44, http://jaapl.org/content/29/4/438.
- Jehanne Almerigogna, James Ost, Lucy Akehurst, and Mike Fluck, "How Interviewers' Nonverbal Behaviors Can Affect Children's Perceptions and Suggestibility," *Journal of Experimental Child Psychology* 100, no. 1 (May 1, 2008): 17-39, https://doi.org/10.1016/j.jecp.2008.01.006; Erin A. Heerey and Ann M. Kring, "Interpersonal Consequences of Social Anxiety," *Journal of Abnormal Psychology* 116, no. 1 (March 2007): 125-34, https://doi.org/10.1037/0021-843X.116.1.125; Randall A. Gordon, Daniel Druckman, Richard M. Rozelle, and James C. Baxter, "Non-Verbal Behaviour as Communication: Approaches, Issues, and Research," in *The Handbook of Communication Skills*, 3rd ed., ed. Owen Hargie (London: Routledge, 2006), 73-120, https://www.routledgehandbooks.com/doi/10.4324/9781315436135-4.
- Tony W. Buchanan, Christina N. White, Mary Kralemann, and Stephanie D. Preston, "The Contagion of Physiological Stress: Causes and Consequences," *European Journal of Psychotraumatology* 3 (September 10, 2012), https://doi.org/10.3402/ejpt.v3i0.19380.
- "How to Conquer Your Fears with Kindness," Vanessa Van Edwards, November 11, 2016, video, 8:15, https://www.youtube.com/watch?v=l8ByY5-Po50.
- Katherine Gould, "The Vagus Nerve: Your Body's Communication Superhighway," Live Science, November 12, 2019, https://www.livescience.com/vagus-nerve.html.
- Donald R. Meyer, Harry P. Bahrick, and Paul M. Fitts, "Incentive, Anxiety, and the Human Blink Rate," *Journal of Experimental Psychology* 45, no. 3 (March 1953): 183-87, https://doi.org/10.1037/h0058609.
- "Brain's Punctuation Marks: Blink Research Pioneer Says We Don't Blink at Random," *Washington University Record*, February 4, 1988, https://

digitalcommons.wustl.edu/record/433.

- "Ashton Kutcher vs. Allen Iverson, Jermaine O'Neal, George Lopez & Tyrese | Punk'd," *Punk' d*, season 5, episode 2, aired July 3, 2005, on MTV, video, 19:19, https://www.youtube.com/watch?v=ldPOO9GXCUE.
- Jason P. Martens, Jessica L. Tracy, and Azim F. Shariff, "Status Signals: Adaptive Benefits of Displaying and Observing the Nonverbal Expressions of Pride and Shame," *Cognition & Emotion* 26, no. 3 (April 2012): 390-406, https://doi.org/10.1080/02699931.2011.645281; Carlos F. Benitez-Quiroz,Ramprakash Srinivasan, and Aleix M. Martinez, "Facial Color Is an Efficient Mechanism to Visually Transmit Emotion," *PNAS* 115, no. 14 (April 3, 2018): 3581-86, https://doi.org/10.1073/pnas.1716084115.
- Alex Pentland, *Honest Signals: How They Shape Our World* (Cambridge, MA: MIT Press, 2008).
- Chris Frith, "Role of Facial Expressions in Social Interactions," *Philosophical Transactions of the Royal Society B: Biological Sciences* 364, no. 1535 (December 12, 2009): 3453-58, https://doi.org/10.1098/rstb.2009.0142.
- Andrew N. Meltzoff, " 'Like Me': A Foundation for Social Cognition," *Developmental Science* 10, no. 1 (February 2007): 126-34, https://doi.org/10.1111/j.1467-7687.2007.00574.x.
- Sandra E. Duclos and James D. Laird, "The Deliberate Control of Emotional Experience Through Control of Expressions," *Cognition & Emotion* 15, no. 1 (2001): 27-56, https://doi.org/10.1080/02699930126057.
- Michael B. Lewis and Patrick J. Bowler, "Botulinum Toxin Cosmetic Therapy Correlates with a More Positive Mood," *Journal of Cosmetic Dermatology* 8, no. 1 (March 2009): 24-26, https://doi.org/https://doi.org/10.1111/j.1473-2165.2009.00419.x.
- Daniele Marzoli et al., "Sun-Induced Frowning Fosters Aggressive Feelings," *Cognition & Emotion* 27, no. 8 (2013): 1513-21, https://doi.org/10.1080/02699931.2013.801338.
- Drew Westen, *The Political Brain: The Role of Emotion in Deciding the Fate of the Nation* (New York: PublicAffairs, 2008).
- "George W.'s Smirk: A Chatterbox Investigation," *Slate*, December 8, 1999, https://slate.com/news-and-politics/1999/12/george-w-s-smirk-a-chatterbox-investigation.html.
- Linda Talley and Samuel Temple, "How Leaders Influence Followers Through the Use of Nonverbal Communication," *Leadership & Organization Development Journal* 36, no. 1 (March 2015): 69-80, https://doi.org/10.1108/LODJ-07-2013-

0107.

- Aaron Sell, Leda Cosmides, and John Tooby, "The Human Anger Face Evolved to Enhance Cues of Strength," *Evolution and Human Behavior* 35, no. 5 (May 2014): 425-29, https://doi.org/10.1016/j.evolhumbehav.2014.05.008.
- John M. Gottman, "A Theory of Marital Dissolution and Stability," *Journal of Family Psychology* 7, no. 1 (1993): 57-75, https://doi.org/10.1037/0893-3200.7.1.57; John M. Gottman, *What Predicts Divorce? The Relationship Between Marital Processes and Marital Outcomes* (Hove, UK: Psychology Press, 2014; https://doi.org/10.4324/9781315806808); John M. Gottman and Robert Wayne Levenson, "How Stable Is Marital Interaction Over Time?," *Family Process* 38, no. 2 (June 1999): 159-65, https://doi.org/https://doi.org/10.1111/j.1545-5300.1999.00159.x.
- Paul Ekman and Wallace V. Friesen, *Unmaking the Face: A Guide to Recognizing Emotions from Facial Clues* (New York: Prentice-Hall, 1975).
- Lisa Feldman Barrett and Elizabeth A. Kensinger, "Context Is Routinely Encoded During Emotion Perception," *Psychological Science* 21, no. 4 (April 2010): 595-99, https://doi.org/10.1177/0956797610363547.
- Naomi B. Rothman and Gregory B. Northcraft, "Unlocking Integrative Potential: Expressed Emotional Ambivalence and Negotiation Outcomes," *Organizational Behavior and Human Decision Processes* 126 (January 2015): 65-76, https://doi.org/10.1016/j.obhdp.2014.10.005.
- Barrett and Kensinger, "Context Is Routinely Encoded During Emotion Perception."
- Gordon, Druckman, Rozelle, Baxter, "Non-Verbal Behaviour as Communication."

7장 ——

- *Love Is Blind*, season 1, episode 1, "Is Love Blind?," released February 13, 2020, on Netflix, https://www.netflix.com/title/80996601.
- Anna Oleszkiewicz, Katarzyna Pisanski, Kinga Lachowicz-Tabaczek, and Agnieszka Sorokowska, "Voice-Based Assessments of Trustworthiness, Competence, and Warmth in Blind and Sighted Adults," *Psychonomic Bulletin & Review* 24, no. 3 (June 2017): 856-62, https://doi.org/10.3758/s13423-016-1146-y.
- William J. Mayew and Mohan Venkatachalam, "The Power of Voice: Managerial Affective States and Future Firm Performance," *Journal of Finance* 67, no. 1

(January 2012): 1-43, https://doi.org/10.1111/j.1540-6261.2011.01705.x.

- Pavel Šebesta, Vít Třebický, Jitka Fialová, and Jan Havlíček, "Roar of a Champion: Loudness and Voice Pitch Predict Perceived Fighting Ability but Not Success in MMA Fighters," *Frontiers in Psychology* 10 (April 2019), 859, https://doi.org/10.3389/fpsyg.2019.00859.

- Nalini Ambady et al., "Surgeons' Tone of Voice: A Clue to Malpractice History," *Surgery* 132, no. 1 (July 2002): 5-9, https://doi.org/10.1067/msy.2002.124733.

- Alan Alda and Betty White, "Betty White and Alan Alda Fall Desperately in Love," *Clear+Vivid with Alan Alda*, podcast, 40:00, https://omny.fm/shows/clear-vivid-with-alan-alda/betty-white-and-alan-alda-fall-desperately-in-love.

- Gina Villar, Joanne Arciuli, and Helen Paterson, "Vocal Pitch Production During Lying: Beliefs about Deception Matter," *Psychiatry, Psychology and Law* 20, no. 1 (February 2013): 123-32, https://doi.org/10.1080/13218719.2011.633320.

- Timothy DeGroot and Stephan J. Motowidlo, "Why Visual and Vocal Interview Cues Can Affect Interviewers' Judgments and Predict Job Performance," *Journal of Applied Psychology* 84, no. 6 (December 1999): 986-93, https://doi.org/10.1037/0021-9010.84.6.986; Timothy DeGroot, Federico Aime, Scott G. Johnson, and Donald Kluemper, "Does Talking the Talk Help Walking the Walk? An Examination of the Effect of Vocal Attractiveness in Leader Effectiveness," *Leadership Quarterly* 22, no. 4 (2011): 680-89, https://doi.org/10.1016/j.leaqua.2011.05.008.

- L. A. McCoy, "The Power of Your Vocal Image," *Journal of the Canadian Dental Association* 62, no. 3 (March 1996): 231-34.

- Villar, Arciuli, and Paterson, "Vocal Pitch Production During Lying."

- J. J. Kevin Nugent et al., *Understanding Newborn Behavior and Early Relationships* (Baltimore: Brookes Publishing, 2007).

- Eric Bucy, "Nonverbal Cues," in *The International Encyclopedia of Media Effects*, eds. Patrick Rössler, Cynthia A. Hoffner, and Liesbet van Zoonen (West Sussex, UK: John Wiley & Sons, 2017); Casey A. Klofstad, Rindy C. Anderson, and Stephen Nowicki, "Perceptions of Competence, Strength, and Age Influence Voters to Select Leaders with Lower-Pitched Voices," *PLoS ONE* 10, no. 8 (August 7, 2015): e013377, https://doi.org/10.1371/journal.pone.0133779.

- Mariëlle Stel et al., "Lowering the Pitch of Your Voice Makes You Feel More Powerful and Think More Abstractly," *Social Psychological and Personality Science* 3, no. 4 (July 2012): 497-502, https://doi.org/10.1177/1948550611427610.

- Katie Heaney, "What Kind of Person Fakes Their Voice?," *The Cut*, March 21, 2019, https://www.thecut.com/2019/03/why-did-elizabeth-holmes-use-a-fake-deepvoice.html.

- Michel Belyk and Steven Brown, "Perception of Affective and Linguistic Prosody: An ALE Meta-Analysis of Neuroimaging Studies," *Social Cognitive and Affective Neuroscience* 9, no. 9 (2014): 1395-403, https://doi.org/10.1093/scan/nst124.
- "The Unstoppable March of the Upward Inflection?," *BBC News*, August 11, 2014, https://www.bbc.com/news/magazine-28708526.
- Villar, Arciuli, and Paterson, "Vocal Pitch Production During Lying."
- "Vocal Fry: What It Is and How to Get Rid of It," Science of People, September 14, 2018, https://www.scienceofpeople.com/vocal-fry.
- Rindy C. Anderson, Casey A. Klofstad, William J. Mayew, and Mohan Venkatachalam, "Vocal Fry May Undermine the Success of Young Women in the Labor Market," *PLoS ONE* 9, no. 5 (May 28, 2014): e97506, https://doi.org/10.1371/journal.pone.0097506; Lesley Wolk, Nassima B. Abdelli-Beruh, and Dianne Slavin, "Habitual Use of Vocal Fry in Young Adult Female Speakers," *Journal of Voice* 26, no. 3 (May 2012): e111-16, https://doi.org/10.1016/j.jvoice.2011.04.007.
- Laetitia Bruckert et al., "Vocal Attractiveness Increases by Averaging," *Current Biology* 20, no. 2 (January 2010): 116-20, https://doi.org/10.1016/j.cub.2009.11.034.
- Alex B. Van Zant and Jonah Berger, "How the Voice Persuades," *Journal of Personality and Social Psychology* 118, no. 4 (April 2020): 661-82, https://doi.org/10.1037/pspi0000193.
- Rachel Hosie, "Study Reveals the Most Annoying Filler Words British People Use," *Independent*, September 26, 2018, https://www.independent.co.uk/lifestyle/uk-british-slang-urban-dictionary-filler-words-a8555681.html.
- University of Gothenburg, "Pauses Can Make or Break a Conversation," PsyPost, September 30, 2015, https://www.psypost.org/2015/09/pauses-can-make-or-break-a-conversation-38070.
- Brown University, "Whether Our Speech Is Fast or Slow, We Say about the Same," PsyPost, January 17, 2017, https://www.psypost.org/2017/01/whether-speech-fast-slow-say-46941.
- Abdullah A. Khuwaileh, "The Role of Chunks, Phrases and Body Language in Understanding Co-Ordinated Academic Lectures," *System* 27, no. 2 (1999): 249-60, https://doi.org/10.1016/S0346-251X(99)00019-6.
- Andrew J. Hale et al., "Twelve Tips for Effective Body Language for Medical Educators," *Medical Teacher* 39, no. 9 (May 14, 2017): 914-19, https://doi.org/10.1080/0142159X.2017.1324140.

- University of Chicago Booth School of Business, "The Sound of Intellect: Job Seeker's Voice Reveals Intelligence," PsyPost, February 21, 2015, https://www.psypost.org/2015/02/the-sound-of-intellect-job-seekers-voice-reveals-intelligence-31900.

8장 ——

- Max Fisher, " 'Irony Lady': How a Moscow Propagandist Gave Margaret Thatcher Her Famous Nickname," *Washington Post*, April 8, 2013, https://www.washingtonpost.com/news/worldviews/wp/2013/04/08/irony-lady-how-a-moscow-propagandist-gave-margaret-thatcher-her-famous-nickname.
- Anne Karpf, *The Human Voice: The Story of a Remarkable Talent* (London: Bloomsbury, 2006).
- "Question Time," UK Parliament, accessed September 16, 2021, https://www.parliament.uk/about/how/business/questions.
- Karpf, *The Human Voice*.
- Xiaoming Jiang and Marc D. Pell, "On How the Brain Decodes Vocal Cues about Speaker Confidence," *Cortex* 66 (May 1, 2015): 9-34, https://doi.org/10.1016/j.cortex.2015.02.002.
- "How to Speak with Confidence and Sound Better," Science of People, April 20, 2020, https://www.scienceofpeople.com/speak-with-confidence.
- Steve Ayan, "Nine Things You Don't Know about Yourself," *Greater Good*, June 4, 2018, https://greatergood.berkeley.edu/article/item/nine_things_you_dont_know_about_yourself; Rébecca Kleinberger, "Why You Don't Like the Sound of Your Own Voice," filmed November 2017, TED video, 12:42, https://www.youtube.com/watch?v=g3vSYbT1Aco.
- Christer Gobl and Ailbhe Ní Chasaide, "The Role of Voice Quality in Communicating Emotion, Mood and Attitude," *Speech Communication* 40, no. 1-2 (April 2003): 189-212, https://doi.org/10.1016/S0167-6393(02)00082-1; McGill University, "Human Sounds Convey Emotions Clearer and Faster Than Words," PsyPost, January 18, 2016, https://www.psypost.org/2016/01/human-sounds-convey-emotions-clearer-and-faster-than-words-40283.
- Springer Select, "Words Have Feelings," PsyPost, December 12, 2012, https://www.psypost.org/2012/12/words-have-feelings-15507.
- Fergus Lyon, Guido Möllering, and Mark Saunders, *Handbook of Research Methods on Trust*, 2nd ed. (Northampton, MA: Edward Elgar Publishing, 2016).

- Matt Abrahams, "A Big Data Approach to Public Speaking," Stanford Graduate School of Business, April 4, 2016, https://www.gsb.stanford.edu/insights/big-data-approach-public-speaking.
- Jared R. Curhan and Alex Pentland, "Thin Slices of Negotiation: Predicting Outcomes from Conversational Dynamics Within the First 5 Minutes," *Journal of Applied Psychology* 92, no. 3 (June 2007): 802-11, https://doi.org/10.1037/0021-9010.92.3.802.
- Rebecca K. Ivic and Robert J. Green, "Developing Charismatic Delivery Through Transformational Presentations: Modeling the Persona of Steve Jobs," *Communication Teacher* 26, no. 2 (January 2012): 65-68, https://doi.org/10.1080/17404622.2011.643808.
- Vanessa Van Edwards, "5 Vocal Warm Ups Before Meetings, Speeches and Presentations," Science of People, January 25, 2019, https://www.scienceofpeople.com/vocal-warm-ups.

9장 ——

- Frank Luntz, *Words That Work: It's Not What You Say, It's What People Hear* (New York: Hachette Books, 2007).
- Adam L. Penenberg, "PS: I Love You. Get Your Free Email at Hotmail," *TechCrunch*, October 18, 2009, https://techcrunch.com/2009/10/18/ps-i-love-you-get-your-free-email-at-hotmail.
- Varda Liberman, Steven M. Samuels, and Lee Ross, "The Name of the Game: Predictive Power of Reputations versus Situational Labels in Determining Prisoner's Dilemma Game Moves," *Personality and Social Psychology Bulletin* 30, no. 9 (October 2004): 1175-85, https://doi.org/10.1177/0146167204264004.
- Penn State, "Emoticons May Signal Better Customer Service," PsyPost, May 21, 2015, https://www.psypost.org/2015/05/emoticons-may-signal-better-customer-service-34525.
- Roderick I. Swaab, William W. Maddux, and Marwan Sinaceur, "Early Words That Work: When and How Virtual Linguistic Mimicry Facilitates Negotiation Outcomes," *Journal of Experimental Social Psychology* 47, no. 3 (May 2011): 616-21, https://doi.org/10.1016/j.jesp.2011.01.005.
- Kate Muir et al., "When Asking 'What' and 'How' Helps You Win: Mimicry of Interrogative Terms Facilitates Successful Online Negotiations," *Negotiation and Conflict Management Research* 14, no. 2 (2021), https://doi.org/10.1111/

ncmr.12179.

- "Jennifer Aniston's First Text During Her Plane Scare Was from Ellen," *Ellen DeGeneres Show*, NBC, aired June 5, 2019, video, 6:48, https://www.youtube.com/watch?v=NUjlpiEF9DE.
- Lisa A. Williams and Monica Y. Bartlett, "Warm Thanks: Gratitude Expression Facilitates Social Affiliation in New Relationships via Perceived Warmth," *Emotion* 15, no. 1 (February 2015): 1-5, https://doi.org/10.1037/emo0000017.

10장 ——

- Richard E. Nisbett and Timothy D. Wilson, "Telling More Than We Can Know: Verbal Reports on Mental Processes," *Psychological Review* 84, no. 3 (March 1977): 231-59, https://doi.org/10.1037/0033-295X.84.3.231.
- Allan M. Collins and Elizabeth F. Loftus, "A Spreading-Activation Theory of Semantic Processing," *Psychological Review* 82, no. 6 (November 1975): 407-28, https://doi.org/10.1037/0033-295X.82.6.407.
- Rebecca Adams, "The Story of How Two Candy Lovers Found Business Partners (and Love) on Match.com," *HuffPost*, April 28, 2014, https://www.huffpost.com/entry/sugarfina-candy_n_5191870.
- Elisabeth Donahue, "Font Focus: Making Ideas Harder to Read May Make Them Easier to Retain," Princeton University, October 28, 2010, https://www.princeton.edu/news/2010/10/28/font-focus-making-ideas-harder-read-may-make-them-easier-retain; Aditya Shukla, "Font Psychology: New Research & Practical Insights," *Cognition Today*, May 28, 2018, https://cognitiontoday.com/font-psychology-research-and-application.
- Connor Diemand-Yauman, Daniel M. Oppenheimer, and Erikka B. Vaughan, "Fortune Favors the **Bold** (*and the Italicized*): Effects of Disfluency on Educational Outcomes," *Cognition* 118, no 1 (2011): 111-15, https://doi.org/10.1016/j.cognition.2010.09.012.
- Joshua M. Ackerman, Christopher C. Nocera, and John A. Bargh, "Incidental Haptic Sensations Influence Social Judgments and Decisions," *Science* 328, no. 5986 (June 25, 2010): 1712-15, https://doi.org/10.1126/science.1189993.
- Eric W. Dolan, "Cold Temperatures Make People Cold-Hearted, Study on Moral Judgments Finds," *PsyPost*, October 8, 2014, https://www.psypost.org/2014/10/cold-temperatures-make-people-cold-hearted-study-moral-judgments-finds-28614.

- Judith Simon Prager and Judith Acosta, *Verbal First Aid: Help Your Kids Heal from Fear and Pain-and Come Out Strong* (New York: Berkley Books, 2010), 13.

- Anne Trafton, "In the Blink of an Eye," MIT News, January 16, 2014, https://news.mit.edu/2014/in-the-blink-of-an-eye-0116.

- Robert B. Cialdini, *Pre-Suasion: A Revolutionary Way to Influence and Persuade* (New York: Simon & Schuster, 2016).

- Elizabeth Segran, "Netflix Knows Which Pictures You'll Click On-and Why," *Fast Company*, May 3, 2016, https://www.fastcompany.com/3059450/netflix-knows-which-pictures-youll-click-on-and-why.

- "Kevin Hart on Quarantine with Pregnant Wife & Backyard Camping with Kids," *Jimmy Kimmel Live*, ABC, May 22, 2020, video, 6:44, https://www.youtube.com/watch?v=WzpXypS1ihs.

- Richard E. Mayer, "Applying the Science of Learning: Evidence-Based Principles for the Design of Multimedia Instruction," *American Psychologist* 63, no. 8 (November 2008): 760-69, https://doi.org/10.1037/0003-066X.63.8.760.

- James C. Humes, *Speak Like Churchill, Stand Like Lincoln: 21 Powerful Secrets of History's Greatest Speakers* (New York: Crown, 2002).

- Johanna Neuman, "Robert Byrd Dies at 92; U.S. Senator from West Virginia," *Los Angeles Times*, June 29, 2010, https://www.latimes.com/archives/la-xpm-2010-jun-29-la-me-byrd-20100628-story.html.

- Travis J. Carter, Melissa J. Ferguson, and Ran R. Hassin, "A Single Exposure to the American Flag Shifts Support Toward Republicanism up to 8 Months Later," *Psychological Science* 22, no. 8 (July 2011): 1011-18, https://doi.org/10.1177/0956797611414726.

- "Lee Tomlinson-Cancer Survivor Sparking the C.A.R.E. Effect Movement," speech at Eagles Talent Speakers Bureau, February 23, 2018, video, 3:33, https://www.youtube.com/watch?v=48DHHBTljA4.

- Eric W. Dolan, "Women Rate Men as Less Masculine and Less Dateable When They've Got a Cat in Their Lap," PsyPost, August 19, 2020, https://www.psypost.org/2020/08/women-rate-men-as-less-masculine-and-less-dateable-when-theyve-got-a-cat-in-their-lap-57738.

- Darren Bridger, *Neuro Design: Neuromarketing Insights to Boost Engagement and Profitability* (London: Kogan Page, 2017).

- Satyendra Singh, "Impact of Color on Marketing," *Management Decision* 44, no. 6 (July 2006): 783-89, https://doi.org/10.1108/00251740610673332.

- Andrew J. Elliot, "Color and Psychological Functioning: A Review of Theoretical and Empirical Work," *Frontiers in Psychology* 6 (April 2, 2015): 368, https://doi.

org/10.3389/fpsyg.2015.00368.

- Anton J. M. de Craen et al., "Effect of Colour of Drugs: Systematic Review of Perceived Effect of Drugs and of Their Effectiveness," *BMJ* 313, no. 7072 (December 1996): 1624-26, https://doi.org/10.1136/bmj.313.7072.1624.

- Qiao Wang (@QwQiao), "Notice that on Fox the 'presidential' in 'presidential debate' is red, and on MSNBC the 'presidential' is blue," Twitter, October 22, 2020.

- Danielle Levesque, "Psychology Research Reveals the Connection between Color and Emotion," PsyPost, January 30, 2016, https://www.psypost.org/2016/01/psychology-research-reveals-the-connection-between-color-and-emotion-40586.

- Andrew J. Elliot and Markus A. Maier, "Color Psychology: Effects of Perceiving Color on Psychological Functioning in Humans," *Annual Review of Psychology* 65, no. 1 (January 2014): 95-120, https://doi.org/10.1146/annurev-psych-010213-115035.

- Michael Price, "You Can Thank Your Fruit-Hunting Ancestors for Your Color Vision," *Science*, February 19, 2017, https://www.science.org/content/article/you-can-thank-your-fruit-hunting-ancestors-your-color-vision.

- Lu Ann Ahrens, "Color Psychology: Does It Affect How You Feel?," *Lu Ann Ahrens* (blog), April 17, 2018.

- Zena O'Connor, "Colour Psychology and Colour Therapy: Caveat Emptor," *Color Research & Application* 36, no. 3 (June 2011): 229-34, https://doi.org/10.1002/col.20597.

- Lauren I. Labrecque and George R. Milne, "Exciting Red and Competent Blue: The Importance of Color in Marketing," *Journal of the Academy of Marketing Science* 40, no. 5 (September 2012): 711-27, https://doi.org/10.1007/s11747-010-0245-y.

- Elliot, "Color and Psychological Functioning."

- University of Oregon, "Research Suggests Color Affects Ethical Judgments of Brands," PsyPost, December 3, 2015, https://www.psypost.org/2015/12/research-suggests-color-affects-ethical-judgments-of-brands-39676; Aparna Sundar and James J. Kellaris, "How Logo Colors Influence Shoppers' Judgments of Retailer Ethicality: The Mediating Role of Perceived Eco-Friendliness," *Journal of Business Ethics* 146, no. 3 (2017): 685-701, https://doi.org/10.1007/s10551-015-2918-4.

- Walid Briki and Olivier Hue, "How Red, Blue, and Green Are Affectively Judged: Affective Judgments of Colors," *Applied Cognitive Psychology* 30, no. 2 (2016): 301-4, https://doi.org/10.1002/acp.3206.

- Briki and Hue, "How Red, Blue, and Green Are Affectively Judged."

- Domicele Jonauskaite and Christine Mohr, "A Commentary: The Sun Is No Fun Without Rain: Reply to 'The Sun and How Do We Feel about the Color Yellow? Methodological Concerns,'" *Journal of Environmental Psychology* 67 (February 1, 2020): 101379, https://doi.org/10.1016/j.jenvp.2019.101379.
- Kendra Cherry and Amy Morin, "The Color Psychology of Yellow," Very Well Mind, March 25, 2020, https://www.verywellmind.com/the-color-psychology-of-yellow-2795823.
- Kizza Chadiha, "State of Science on Unconscious Bias," UCSF Office of Diversity and Outreach, https://diversity.ucsf.edu/resources/state-science-unconscious-bias.
- Corinne A. Moss-Racusin et al., "Science Faculty's Subtle Gender Biases Favor Male Students," *PNAS* 109, no. 41 (October 9, 2012): 16474-79, https://doi.org/10.1073/pnas.1211286109.
- "People with 'Gay-Sounding' Voices Face Discrimination and Anticipate Rejection," University of SURREY, February 15, 2021, https://www.surrey.ac.uk/news/gay-men-who-sound-gay-encounter-more-stigma-and-discrimination-heterosexual-peers.
- Eric W. Dolan, "Women Viewed as More Trustworthy When Wearing Makeup and Receive Larger Money Transfers in an Economic Game," PsyPost, May 3, 2020, https://www.psypost.org/2020/05/women-viewed-as-more-trustworthy-when-wearing-makeup-and-receive-larger-money-transfers-in-an-economic-game-56679.
- Christy Zhou Koval and Ashleigh Shelby Rosette, "The Natural Hair Bias in Job Recruitment," *Social Psychological and Personality Science* 12, no. 5 (May 2021): 741-50, https://doi.org/10.1177/1948550620937937.
- Nilanjana Dasgupta, "Implicit Attitudes and Beliefs Adapt to Situations," *Advances in Experimental Social Psychology* 47 (December 2013): 233-79, https://doi.org/10.1016/B978-0-12-407236-7.00005-X.
- Regan A. R. Gurung et al., "Can Success Deflect Racism? Clothing and Perceptions of African American Men," *Journal of Social Psychology* 161, no. 1 (2021): 119-28, https://doi.org/10.1080/00224545.2020.1787938.

결론 ——

- The Editors of Encyclopaedia Britannica, "Radio Wave," accessed September 16, 2021, https://www.britannica.com/science/radio-wave; "Heinrich Rudolf Hertz,"

Hebrew University of Jerusalem, updated July 30, 2004, https://web.archive.org/web/20090925102542/http://chem.ch.huji.ac.il/history/hertz.htm.

- Nancy L. Carter and J. Mark Weber, "Not Pollyannas: Higher Generalized Trust Predicts Lie Detection Ability," *Social Psychological and Personality Science* 1, no. 3 (July 2010): 274-79, https://doi.org/10.1177/1948550609360261.

KI신서 11532

큐
CUES

1판 1쇄 인쇄 2023년 12월 29일
1판 1쇄 발행 2024년 1월 3일

지은이 바네사 반 에드워즈
옮긴이 홍석윤
펴낸이 김영곤
펴낸곳 (주)북이십일 21세기북스

콘텐츠개발본부이사 정지은
정보개발팀장 이리현
정보개발팀 강문형 이수정 박종수
외주편집 신혜진
디자인 표지 장마 **본문** 홍경숙
해외기획실 최연순
출판마케팅영업본부장 한충희
마케팅1팀 남정한 한경화 김신우 강효원
출판영업팀 최명열 김다운 김도연
제작팀 이영민 권경민

출판등록 2000년 5월 6일 제406-2003-061호
주소 (10881) 경기도 파주시 회동길 201(문발동)
대표전화 031-955-2100 **팩스** 031-955-2151 **이메일** book21@book21.co.kr

(주)북이십일 경계를 허무는 콘텐츠 리더

21세기북스 채널에서 도서 정보와 다양한 영상자료, 이벤트를 만나세요!
페이스북 facebook.com/jiinpill21 **포스트** post.naver.com/21c_editors
인스타그램 instagram.com/jiinpill21 **홈페이지** www.book21.com
유튜브 youtube.com/book21pub

서울대 **가**지 않아도 들을 수 있는 **명강**의! 〈서가명강〉
유튜브, 네이버, 팟빵, 팟캐스트에서 '서가명강'을 검색해보세요!

ⓒ 바네사 반 에드워즈, 2024
ISBN 979-11-7117-217-7 03190